LES ÊTRES DE RAISON

DU MÊME TRADUCTEUR

F. Suárez, *Disputes métaphysiques I, II, III,* texte intégral présenté, traduit et annoté par J.-P. Coujou, Paris, Vrin, 1998, 346 pages.

F. Suárez, *Disputes métaphysiques XXXI,* texte intégral présenté, traduit et annoté par J.-P. Coujou, Paris, Vrin, 1999, 344 pages.

J.-P. Coujou, *Suárez et la refondation de la métaphysique comme ontologie*. Étude et traduction de l'*Index détaillé de la* Métaphysique *d'Aristote de F. Suárez*, Louvain-Paris, Peeters, 1999, 246 pages.

J.-P. Coujou, *Le vocabulaire de Suárez*, Paris, Ellipses, 2001, 64 pages.

BIBLIOTHÈQUE DES TEXTES PHILOSOPHIQUES

Fondateur : Henri GOUHIER Directeur : Jean-François COURTINE

F. SUÁREZ

LES ÊTRES DE RAISON

DISPUTE MÉTAPHYSIQUE LIV

Texte latin présenté, traduit et annoté

par

Jean-Paul COUJOU

PARIS

LIBRAIRIE PHILOSOPHIQUE J. VRIN

6, Place de la Sorbonne, V[e]

2001

Imprimé en France

ISSN 0249-7972

ISBN 2-7116-1513-8

REMARQUES DU TRADUCTEUR

L'édition de référence de cette traduction a été l'édition Vivès, Paris, 1878, tome 26 (p. 1014-1041). Nous avons suivi les corrections apportées par John P. Doyle (à partir de l'édition 1597 de Salamanque), *Francisco Suárez, On beings of reason (De entibus rationis), Metaphysical Disputation LIV*, Marquette University Press, Milwaukee, Wisconsin, 1995. Nous sommes également très redevables à cette excellente édition pour une partie de notre annotation. Nous tenons enfin à remercier Monsieur Jean-François Courtine pour ses conseils et pour les rectifications qu'il a permis d'apporter à notre texte.

LES ÊTRES DE RAISON ET L'EXTENSION LOGIQUE DU CHAMP DE L'ONTOLOGIE

INTRODUCTION

La dispute LIV occupe une place spécifique dans l'encyclopédie métaphysique que représentent l'ensemble des *Disputes métaphysiques* publiées en 1597. Elle constitue l'aboutissement de la division ontologique opérée entre l'étant fini et l'étant fini à la dispute XXVIII. La dispute I, en comprenant la métaphysique comme science de l'étant en tant qu'étant réel, avait posé le problème de la légitimité de l'étude des êtres de raison * ainsi que de leur situation et de leur fonction dans le système du savoir. Pour Suárez, la condition de toute détermination de l'objet adéquat de la science implique la référence à une théorie de la représentation de l'objet selon son unité.

Or, si l'unité de l'étant telle qu'elle est pensée par la métaphysique est de l'ordre de la réalité, celle de l'être de raison reste purement nominale [1]. L'étude des êtres de raison n'en demeure pas moins légitime à partir du moment où il a été établi qu'ils ne constituent pas des étants en soi ; ils entretiennent cependant une relation de proportionnalité avec les étants réels qui mérite un examen approfondi. Ce dernier a pour fonction d'établir une différence dans l'ordre de l'ontique à partir de laquelle on séparera ce qui possède entité et réalité dans les étants et ce qui n'est que production nominale. Les étants ont également une fonction spécifique qu'il convient d'expliciter : ils rendent partiellement intelligibles les propriétés de l'étant réel et par conséquent de l'objet de l'ontologie. Après l'étude de l'étant, des transcendantaux (l'Un, le Vrai, le Bien), des différents types de causalités, de Dieu, de l'essence et de l'existence et des différentes catégories d'accidents qui ont tous en commun de renvoyer à l'étant réel, il appartenait (puisque la question était en suspens) d'exposer la modalité spécifique

* Nous avons choisi de traduire *ens rationis* par "être de raison" et non par étant de raison, alors que nous avons toujours traduit *ens* par "étant". Le terme "être de raison" apparaît plus conforme à l'héritage de la terminologie classique.

1. *D.M.* I, 1, § 4-6.

selon laquelle la métaphysique comprend les êtres de raison. Ces derniers sont identifiables à des privations d'entité qui ne sont objets d'une connaissance possible qu'à partir du moment où ils désignent des choses s'écartant de la raison véritable de l'étant. Il revient alors à la dispute LIV de s'interroger sur les relations de raison et les opérations de l'intellect, ainsi que sur les objets qui s'y rattachent.

Suárez rappelle d'entrée de jeu[1] que la détermination du contenu de la métaphysique a laissé intentionnellement de côté l'explicitation du statut spécifique des êtres de raison compris comme pures productions de l'intellect. La tradition philosophique avec Aristote[2] les avait exclus de l'objet propre de la métaphysique puisque l'objet de cette dernière s'identifiait à l'étant réel compris dans l'intégralité de son extension. François de Meyronnes[3], disciple de Duns Scot, avait également récusé au Moyen Âge leur existence. Pour François de Meyronnes si l'on pose que les êtres de raison existent en tant que produits de l'intellect, il devient alors problématique de les dissocier des étants réels comme les espèces intelligibles et les concepts, dont l'existence présente la même forme. Si une telle distinction s'avère possible, ils s'apparenteront à des non réalités dépourvues d'existence. Enfin, l'être de raison n'est d'aucune utilité dans la représentation des étants réels.

Contrairement à l'étant réel, l'être de raison est dépourvu d'entité et d'effectivité. L'exemple du « bouc-cerf » chez Aristote[4] révèle qu'en tant qu'être de raison, il n'est qu'une pure production de l'imagination impliquant l'impossibilité d'une synthèse entre deux essences réelles. Le terme « bouc-cerf » est en deçà du vrai ou du faux si l'on ne détermine pas préalablement son existence ou sa non existence du point de vue de son adéquation à la réalité ou à la temporalité. L'être de raison « bouc-cerf » ne possède alors aucun être ou intelligibilité en soi indépendamment de la pensée[5]. La construction mentale qu'implique l'être de raison est incapable d'accéder par soi à la vérité, le caractère contradictoire de sa formulation du fait de l'exclusion réciproque de chacun des termes le constitue plutôt comme un « étant erroné »[6]. Il n'en reste pas moins que Aristote reconnaît

1. *D.M.* LIV, proême, § 1.

2. Aristote, *Métaphysique*, E, 2, 1027 a 5.

3. François de Meyronnes, *Praeclarissima ac multum subtilia egregiaque scripta illuminati doc. F. Francisci de Mayronnis ordinis Minorum in quatuor Sententiarum. Ac quolibeta eiusdem*, …, Quodlibetti Questio VII (éd. Venetiis, 1520), fol. 238v-241r.

4. Aristote, *De l'interprétation*, c. 1, 16 a 16; *Premiers Analytiques*, I, c. 38, 49 a 24; *Physique*, IV, c. 1, 208a 30.

5. Voir Aristote, *Analytiques postérieurs*, II, c. 7, 92b 6.

6. Aristote, *Métaphysique*, Δ, c. 29, 1024b 17-18.

au terme « bouc-cerf » une signification[1] alors même qu'on doit nécessairement constater qu'il ne correspond à aucune réalité. L'exclusion ontologique de l'être de raison n'induit pas l'impossibilité d'une attribution sémantique. Quel peut être alors le contenu de la signification assignée à l'être de raison, à partir du moment où son manque d'être et d'intelligibilité semble proscrire tout type d'affirmation le concernant ? Si l'étant réel constitue l'objet spécifique de la métaphysique, quelle place légitime doit par conséquent être accordée à l'être de raison ? Au moment même où l'objet de la métaphysique a été déterminé, l'être de raison remet en question cet établissement. Doit-on réduire l'être de raison aux choses impossibles ? Dans ce cas, son exclusion du champ de la métaphysique demeure pertinente[2], mais si la définition de l'être de raison, de sa fonction et de son statut est lacunaire ou tronquée, c'est l'objet même de la métaphysique qui doit être repensé et élargi.

Une difficulté apparaît d'emblée concernant la délimitation du champ d'extension des êtres de raison. Il convient, au moment où l'on reconnaît que la métaphysique étudie ses objets en les mettant en relation avec les êtres de raison du fait du rapport de proportionnalité que l'on peut établir entre eux et les étants réels, d'affirmer clairement qu'ils ne constituent pas véritablement des étants. Les êtres de raison ne sont donc pas selon la tradition étudiés pour eux-mêmes, mais en tant qu'ils sont susceptibles d'expliquer les propriétés de l'étant réel. Ainsi, l'application des êtres de raison aux disciplines comme la métaphysique, la philosophie naturelle, la logique et la théologie représente un moyen méthodologique pour expliciter par des artifices de l'intellect et du langage, l'articulation d'éléments réels dans un système du savoir. Le genre et l'espèce permettent par exemple de rendre intelligible l'unité des étants, leur spécificité, par leur appartenance à un ensemble conçu par l'intellect.

Contre la tradition aristotélicienne, Suárez invoque la nécessité pour la métaphysique de procéder à une étude approfondie des êtres de raison[3]. Cette étude ne menace pas la légitimité de l'exercice métaphysique, elle en constitue plutôt le couronnement car elle implique la réflexion de l'intellect sur le fondement, la légitimité et l'utilité de ses propres créations. Comment justifier alors cette étude au moment même où il faut reconnaître que les êtres de raison ne sont pas des étants véritables mais des « ombres d'étants »[4] ou des « apparences d'étant »[5], qu'ils n'ont pas d'intelligibilité

1. Aristote, *De l'interprétation*, c. 1, 16a 16.

2. Aristote, *Métaphysique*, Γ, 2, 1003b 8-11 ; E, 4, 1027b 18 ; Thomas d'Aquin, *In XII libros Metaphysicorum Aristotelis expositio*, VI, c. 3, lect. 4.

3. Suárez, *D.M.* LIV, § 1, Proême.

4. *Ibid.*

en soi mais relativement à une analogie avec les étants réels, qu'ils ne sont pas objets d'une science possible et qu'à ce jour on ne peut recenser aucune science qui leur soit intégralement consacrée? On ne peut assigner cette tâche à la dialectique qui a pour fin de procéder à une orientation et à une réduction à une pure technique les actes intellectifs.

Il n'y a d'examen légitime de l'être de raison par une science qu'à la condition qu'il soit articulé à la connaissance d'un étant réel. Par conséquent, il ne peut exister de science pouvant prétendre faire de la connaissance des êtres de raison un principe et une fin. Si le physicien fait référence à la privation comme être de raison, c'est dans le but de préciser le rapport de la matière à la forme; s'il se reporte au vide, c'est toujours relativement au lieu[1]. À l'intelligibilité première qu'implique la représentation de l'étant réel, se surajoute comme complément l'intelligibilité seconde de l'être de raison. Ainsi, pour Suárez, si l'on prend l'exemple du « bouc-cerf », ce terme ne renvoie à aucun étant existant en dehors de l'intellect tout en gardant cependant un certain type d'intelligibilité. L'être de raison s'identifie à une entité signifiante pouvant avoir une modalité opératoire parce qu'elle détermine le sens de relations spécifiques entre des étants réels. Le manque ontologique propre à l'être de raison à partir du moment où il est clairement établi, n'exprime pas une erreur de raisonnement, mais un moyen méthodologique et épistémologique de réexamen de la validité des rapports ontologiques établis entre les étants réels.

Il est donc légitime pour la métaphysique d'étudier l'être de raison, ses propriétés et ses divisions, puisque leur intelligibilité demeure tributaire pour être concevable de sa comparaison « avec les raisons véritables et réelles des étants »[2]. L'être de raison qui se caractérise par son caractère fictif ou apparent a pour norme d'intelligibilité « ce qui est véritablement »[3]. L'usage des êtres de raison selon une exigence opératoire est propre à des sciences comme la physique et la dialectique; cependant, la maîtrise dans l'utilisation n'implique pas la connaissance et la détermination de leur essence. Du point de vue d'une théorie de la connaissance, leur déficience ontologique renvoie à la réalité d'un ordre ontique mal connu : celui des productions de l'intellect. Même si la production de cet ordre ontique est assujetti à celui des étants réels, la détermination de sa nature et de son intelligibilité permettra de renouveler la compréhension de l'articulation des étants réels entre eux. La non réalité ontologique est alors

5. *De anima*, Disp. IX, Q. 1, § 4. L'être de raison ne possède qu'une unité nominale et non entitative.

1. Suárez, *D.M.* LIV, § 1, Proême.

2. Suárez, *D.M.* LIV, Proême, § 2.

3. *Ibid.*

condition de la reformulation d'un rapport logico-ontique. De même, on se rendra compte, du point de vue éthique et politique, du pouvoir de renouvellement de l'espace social du concept de l'état de nature qui s'apparente à un être de raison destiné à repenser les rapports entre les individus.

DÉTERMINATION DE L'ESSENCE DE L'ÊTRE DE RAISON

Toute position légitime d'êtres de raison requiert leur différenciation préalable par rapport aux étants réels puisqu'ils n'ont ni existence réelle, ni véritable ressemblance avec les étants réels. Par conséquent, il semble d'emblée impossible de déterminer un concept commun de l'étant du fait de l'absence d'existence impliquée par les êtres de raison. Cette différenciation s'articule à une distinction entre la relation réelle et la relation de raison. La deuxième ne peut être définie ou connue sans être référée à autre chose; la première porte sur les choses relatives[1]. Aristote[2], en ce sens, opère une distinction entre ce qui existe véritablement dans la réalité et ce qui existe en fonction de l'appréhension de l'intellect. Ainsi, dire qu'un homme est aveugle, ne revient pas à exprimer un être en soi, mais implique que l'ajout de ce prédicat modifie son mode d'être. La négation et la privation[3] comme êtres de raison traduisent un manque propre à l'étant tout en énonçant la vérité d'une proposition qui n'a pas pour objet l'existence dans la réalité.

Il convient alors de procéder, en fonction des diverses relations de raison pouvant être établies, à une typologie des êtres de raison. Tout d'abord, l'être de raison par son caractère artificiel est le résultat d'une production de la raison. Cependant, une représentation peut avoir un être objectif dans l'intellect et accéder au statut d'être réel véritable[4]. Il n'est pas alors légitime de parler d'être de raison puisque la représentation de l'intellect renvoie effectivement à un étant réel singulier. L'étant est être de raison lorsqu'il est posé par la raison comme n'ayant d'être réel et positif que parce qu'il est indissociable de l'intellect qui le pense. Il possède donc un être objectif dans la raison. Être objectivement dans l'intellect ou être pensé comme étant sans avoir par soi d'entité constituent par conséquent les caractères spécifiques de tout être de raison. Ainsi que l'a montré Thomas d'Aquin[5], on ne peut appréhender ce qui n'est pas qu'en le

1. Suárez, *D.M.* XLVII, sec. 3, § 2.
2. Aristote, *Métaphysique*, Δ, 7, 1017a 32.
3. *Ibid.*, Γ, 2, 1003b 8-11.
4. Suárez, *D.M.* LIV, sec. 1, § 6.
5. Thomas d'Aquin, *De natura generis*, c. 1.

représentant sous la modalité de l'être. Tout ce qui est pensé par notre intellect n'a pas à l'évidence par soi un être réel. De même qu'Averroès [1], Suárez considère que les choses comprises comme impossibles n'ont pour seul être que le fait d'être pensées, ainsi la chimère. Ces précisions permettent à Suárez de clairement différencier une fonction logique et une fonction existentielle du verbe « être », puisque dire qu'il y a des êtres de raison ne signifie pas qu'ils sont dans la réalité, mais qu'ils résultent d'une production logique de l'intellect. Poser un être de raison signifie, contrairement à l'énonciation existentielle, reconnaître du point de vue logique l'inexistence de ce qui est posé. L'intellect humain a donc le pouvoir de faire abstraction de l'existence comme fait brut pour créer une forme d'être à partir de l'inexistant. Comment concevoir alors ce pouvoir pour qu'il ne s'apparente pas à une pure illusion et ne remette pas par là même en question l'exercice de la métaphysique ?

ORIGINE ET FONCTION DES ÊTRES DE RAISON

Pour légitimer l'emploi des êtres de raison, il convient d'en produire la généalogie et de déterminer les moments opportuns à leur utilisation. 1) La création des êtres de raison découle de l'exigence intellectuelle de parvenir à la connaissance de la négation et de la privation comme principes explicatifs de la relation entre les étants réels. La détermination du contenu de l'ontologie a clairement établi que l'étant en tant qu'objet adéquat de l'intellect ne peut constituer un objet légitime pour la pensée que s'il est conçu dans l'horizon de l'être. L'élaboration d'une conceptualisation de la négation ou de la privation résulte d'une opération de l'intellect qui, en les pensant sous la forme de l'étant, assigne un nouveau mode d'être dans l'ordre de l'ontique, celui des êtres de raison. 2) Étant donné le caractère fini de notre intellect, il lui est impossible de « connaître les choses telles qu'elles sont en soi » [2], et il les représente alors par le biais de la comparaison ou de la métaphore ; il crée au moyen du langage des relations de raison qui servent de substituts en l'absence de relation réelle. Être fini pour l'intellect dans son pouvoir de connaître, ne signifie pas pour lui être condamné à être limité dans ses moyens d'approche de la réalité. L'impossibilité éventuelle de connaître un étant singulier par la médiation d'un concept unique suppose la possibilité en retour de sa détermination par l'utilisation de concepts multiples. L'intellect, en procédant par décomposition se donne les moyens d'atteindre une réalité qui n'était pas d'abord

1. Averroès, *In Metaphy.*, VI, c. 2, t. 3 (éd. Venise, 1562, f. 152).
2. Suárez, *D.M.* LIV, sec. 1, § 8.

accessible du fait de l'impossibilité de sa saisie globale. Selon le même schéma, l'intellect opère des distinctions de raison entre des étants qui ne sont pas articulés entre eux dans la réalité; cette représentation logico-formelle, qui fait abstraction de la réalité des relations, est à l'origine de la construction de relations de raison. En procédant par comparaison, l'intellect se refuse ainsi à se limiter au constat de son impossibilité à concevoir la chose telle qu'elle est en soi. Ainsi, sur le plan historico-politique, l'intellect, n'étant pas en mesure de se représenter la forme originaire de l'être-en-commun, recourt à l'invention de l'état de nature pour rendre raison des relations interhumaines. L'intellect attribue également à une réalité qu'il ne peut déterminer une forme qui correspond à ce qu'il désire en connaître. Ce procédé n'en reste pas moins expression d'une connaissance partielle de la chose, mais qui se pose comme telle. 3) L'intellect manifeste également son pouvoir d'invention en mettant en œuvre l'imagination créatrice. La chimère considérée comme un être impossible résulte d'une association d'éléments réels « qui ne peuvent constituer une composition dans la réalité »[1]. Ce pouvoir indéfini de création de l'intellect traduit la fécondité et la liberté de l'esprit humain dans le monde de la culture et de l'action. Les représentations qu'impliquent les êtres de raison ne montrent pas que l'intellect est dans l'erreur puisque, au moment même où il les pose, il en reconnaît l'inexistence (car leur unique réalité consiste dans le fait d'être des objets de l'intellect). C'est évidemment la non reconnaissance de cette dernière qui est source d'erreur et d'illusion.

Comparaison entre les êtres de raison et les étants réels

Entre la chimère et l'étant réel, objet de la métaphysique, il n'existe qu'une communauté de nom. Ainsi, l'être de raison n'est pas subsumé sous l'analogie d'attribution intrinsèque que l'on constate entre Dieu et les créatures, ou entre la substance et les accidents. Suárez établit uniquement entre l'être de raison et l'étant réel une analogie de proportionnalité extrinsèque[2]. Cette dernière peut être désignée plus simplement par le terme de métaphore[3]. La dénomination extrinsèque ne fait pas partie des propriétés de la chose, ce qui revient à dire qu'une propriété est conforme à un étant de manière intrinsèque, alors que la dénomination extrinsèque implique une conformité accidentelle. Cette dernière découle d'une analogie de

1. *Ibid.*
2. *Ibid.*, § 9.
3. *D.M.* VIII, sec. 7, § 21-22.

proportion ou d'une relation à autre chose. Ainsi, qualifier un pré fleuri de « riant » signifie que ce prédicat s'accorde au sujet d'inhérence selon une modalité purement métaphorique. Cette qualification de « riant » n'est pas distincte de celle par laquelle ce même pré est dit vert ou fleuri, elle leur est identique relativement à une signification métaphorique. Il en résulte que cette attribution ne peut concerner une propriété extrinsèque à l'étant désigné.

Par conséquent, parler d'étant en ce qui concerne la chimère ou le bouc-cerf, c'est utiliser métaphoriquement ce mot. La relation entre l'être de raison et l'étant réel est donc à penser en terme d'analogie ; tel est le cas dans les formules « homme riant » et « pré riant ». Logiquement, rien ne conduit à une telle transposition de l'attribut à un sujet qui n'a pas en soi une telle propriété ; nous sommes donc en présence d'un acte de l'intellect qui, en établissant par le jugement une comparaison, opère cette transposition. La métaphore n'exprime pas évidemment une propriété ontologique immanente à l'étant désigné, mais l'effet d'un processus intellectuel et perceptif pouvant être décomposé et analysé. Il n'en reste pas moins que l'explicitation de cette proportionnalité avec l'étant réel contraint également à reconnaître l'irréductibilité de ce dernier à l'être de raison. Par extension, la distinction de raison reçoit le nom de distinction par analogie avec la distinction réelle ; elle n'a d'autre fondement que la distinction de concepts effectuée par l'intellect. Cette analogie de proportionnalité concernant la relation repose soit une propriété caractéristique de l'étant, soit elle s'y reporte pour se légitimer.

Suárez constate alors qu'il est impossible d'assigner un concept commun aux étants réels et aux êtres de raison [1]. La chimère, du fait de son impossibilité, représente un non-étant, l'usage de la métaphore consacrant une déficience ontologique. Attribuer un concept unique à ces deux types d'étants demanderait que la forme signifiée par le nom soit vraie. C'est le fait d'être qui assigne à l'étant son nom d'étant ; or, les êtres de raison ne sont pas puisqu'il n'y a pas d'identité entre n'être objectivement que dans l'intellect, c'est-à-dire être pensé ou créé, et être réellement. L'être de raison n'est donc pas de l'ordre de l'être mais de la pensée. Ce qui a l'être et qui peut être porté à la détermination par le concept commun d'étant, n'appartient pas alors au domaine des êtres de raison. Il en résulte qu'ils n'ont pas d'essence et ne sont pas intrinsèquement intelligibles ; ils ne peuvent l'être que selon une modalité extrinsèque. Il est possible à partir de là de saisir la différence entre l'accident qui est un étant selon une modalité analogique, mais intrinsèquement et proprement [2], et l'être de raison qui est

1. *Ibid.*, § 10.
2. *Ibid.*

pensé sur le mode de l'étant. L'être de raison en lui-même n'est rien, il n'a pas immanent en lui le fondement de la proportion, mais il est pensé comme ayant une proportion[1] afin de renouveler un mode de compréhension.

DÉTERMINATION DE LA CAUSE DE L'ÊTRE DE RAISON

À l'encontre de la position aristotélicienne, Suárez rejette l'idée d'une cause formelle, matérielle et finale aux êtres de raison. Ces derniers ne peuvent avoir en soi aucune cause finale car ils ne représentent pas ce qui découlerait d'une intention de la nature ou d'un agent. Si l'on peut évoquer l'existence d'une cause finale, c'est au sens où elle exprime le projet d'une pensée humaine pensant ou inventant les êtres de raison, c'est-à-dire « d'une cause finale de la pensée même de l'homme que de l'objet propre produit ou pensé »[2]. Cette distinction renvoie implicitement à la distinction scolastique[3] entre la *finis operis* – le but de l'œuvre – et la *finis operantis* – le but de celui qui accomplit l'œuvre –, ce qui revient à dire que la présence de cette dernière ne requiert pas l'existence de la première.

La modalité selon laquelle l'être de raison est imaginé n'exige aucune cause formelle; ainsi que le montre l'utilisation de la métaphore ou de l'analogie, il procède lui-même à l'imitation d'une forme. Enfin, l'être de raison ne réside dans le sujet d'aucune chose mais objectivement dans l'intellect, ce qui signifie qu'il fait abstraction de toute cause matérielle. Suárez prend pour exemple[4] l'affirmation selon laquelle l'homme constitue une espèce. Il est légitime d'assimiler cette espèce à un être de raison. La matière de ce dernier serait l'homme, et la forme, la relation spécifique. Le langage permet alors de dire qu'il y a une « quasi matière » à cette dénomination.

Il existe, néanmoins, une cause efficiente aux êtres de raison. Comme l'existence de l'être de raison est liée à une modalité proportionnelle, il n'est pas superflu de rechercher la cause de son être. Son existence provient du fait d'être pensé, ce qui revient à dire que l'intellect le constitue de manière efficiente en tant qu'il est cause de la pensée par laquelle le contenu de l'être de raison est créé. Le terme de cette production s'identifie au

1. Thomas d'Aquin, *De veritate*, q. 2, a. 11, ad. 5 (éd. Léonine, tome XXII, Vol. 1, 1975), p. 80.

2. Suárez, *D.M.* LIV, sec. 2, § 1.

3. Voir Carolus Boyer, S.J., *Cursus Philosophiae*, éd. Altera (Buenos Aires, 1939), I, p. 356.

4. Suárez, *D.M.* LIV, sec. 2, § 1.

concept formel, et son objet, au concept objectif. L'être de raison comme pensée ou fiction possède bien une réalité dans l'intellect lui-même, son efficience trouve son aboutissement dans le concept formel de l'esprit.

Il convient alors de poser que l'intellect constitue la cause efficiente de l'être de raison. Il est à l'origine de leur production en créant un concept formel qui révèle explicitement qu'il y a un être objectif de l'être de raison immanent à l'intellect. Ce n'est que par un acte de l'intellect que l'être de raison possède un être objectif qui est purement d'ordre intellectif. Cette thèse requiert de déterminer la nature de cet acte de l'intellect (représentation, jugement, raisonnement), car est-il également possible de dire que l'imagination et la volonté possèdent les mêmes capacités ?

Peut-on affirmer, en fonction de la sentence attribuée à Durand de saint Pourçain, que l'être de raison soit réductible à une dénomination extrinsèque ? Selon ce dernier, il y a distinction réelle entre le sujet et sa relation, alors que la relation est identique au sujet lui-même eu égard à son exigence interne d'une liaison à autre chose. La quasi totalité des relations (comme la ressemblance et la différence, l'égalité et l'inégalité) n'existent que dans l'intellect; la seule relation réelle réside dans la causalité. Il y a une *ratio* commune immanente aux étants et il appartient aux opérations de l'intellect d'attribuer l'unité d'un terme universel à ce que l'on détermine de commun dans les essences d'une multiplicité d'objets faisant partie de la même espèce. L'universel est alors compris par Durand de saint Pourçain comme une unité logique ayant son fondement dans la réalité; « être connu », « être universel », et « être un sujet » constituent donc des objets d'une dénomination extrinsèque. Ils représentent des termes destinés à qualifier les choses extérieurement à leur réalité intrinsèque.

Quelle est l'origine, pour Suárez, de l'identification de la dénomination extrinsèque à un être de raison ? Considérer la dénomination sous une forme réelle reviendra à reconnaître son existence dans les choses et par voie de conséquence, sa non appartenance aux êtres de raison. Il apparaît clairement que cette forme possèdera un être réel indépendamment de la raison. L'origine de la dénomination, malgré son caractère extrinsèque montre qu'elle est réelle et ne saurait être identifiée à une pure production de l'intellect. Pour éviter toute équivoque, il faut comprendre que l'on n'entend pas par dénomination « l'imposition du nom dénominatif »[1] qui résulte effectivement d'une production conventionnelle de la raison, mais des relations des étants entre eux sur lesquelles reposent ces noms dénominatifs. Il convient de dire qu'il y a, immanente à la dénomination extrinsèque, une union réelle. Dans la dénomination extrinsèque extraite des étants eux-mêmes, on constate l'existence d'une relation réelle d'un étant à un autre.

1. Suárez, *D.M.* LIV, sec. 2, § 10.

Cette relation est comprise extensivement par Suárez puisqu'elle intègre aussi bien la relation prédicative que la relation transcendantale [1].

Après avoir établi que l'être de raison ne saurait avoir d'autre origine à sa production qu'un acte de l'intellect, il appartient de définir la nature de ce dernier. L'existence de l'être de raison résulte d'un acte spécifique de l'intellect par la médiation duquel « on conçoit sur le mode de l'être ce qui dans la réalité n'a pas d'entité » [2]. L'intellect se définit donc également par son pouvoir créateur d'entités logiques dont l'être est normé par l'étant réel.

L'acte de l'intellect présidant à la création des êtres de raison est de nature comparative et réfléchie. Il suppose effectivement un autre concept d'un étant réel à partir duquel l'être de raison est analogiquement élaboré. Si l'on prend l'exemple de la privation de lumière dans les ténèbres, elle implique préalablement une certaine connaissance de la lumière qui permet par position du contraire, d'en concevoir l'éloignement. Il s'agit de l'acte d'une connaissance réfléchie parce qu'elle en suppose une autre comme son fondement. Elle permet de caractériser très précisément les relations de raison, qualifiées par les dialecticiens d'intentions secondes [3]. Dans ces relations, l'opération de l'intellect est première ; elle implique dans un second temps l'ajout d'un acte second représentant le sujet connu en tant que condition de la position d'une relation prédicative qui n'est pas immanente à la structure ontologique de la réalité. Ainsi, dire que Pierre est blanc traduit une opération directe de l'intellect, mais également une composition intellectuelle n'existant pas dans la réalité, à savoir la position d'un étant comme sujet d'inhérence et d'un autre étant comme prédicat. L'intellect, du point de vue logique, examine l'ordre des extrêmes selon un schéma de composition rationnelle sujet-prédicat qui ne leur est pas inhérent. Par conséquent, « les intentions secondes sont créées au moyen de concepts réfléchis qui opèrent sur des dénominations premières, dérivées de concepts immédiats » [4] ; ces derniers n'appartiennent pas à la raison propre de l'être de raison. On peut alors distinguer en fonction de cet examen de l'appréhension par l'intellect selon la modalité d'un étant de ce qui n'est pas un étant, une réflexion portant sur les universels [5], sur le type de relation qui en découle et sur les êtres de raison qui apparaissent d'emblée comme inventés. La connaissance par laquelle est obtenu l'universel se présente sous les formes suivantes : 1) une nature commune peut être abstraite par

1. Suárez, *D.M.* XLVII, sec. 3, § 10-13, et sec. 4, § 1-21 ; *De Angelis*, VI, c. 6, § 24, Éd. Vivès, II, p. 663-664.

2. *D.M.* LIV, sec. 2, § 15.

3. *Ibid.*, § 16.

4. *Ibid.*

5. *D.M.* VI, sec. 6, § 11-12.

son exclusion de l'un de ses inférieurs sans procéder à une comparaison quelconque, soit du concept supérieur par un concept inférieur, soit des inférieurs entre eux. Ainsi, c'est ce qui se produit lorsque je fais abstraction des propriétés individuelles de Pierre et que j'arrête ma réflexion sur la considération de la nature humaine. 2) Il est possible d'abstraire une nature commune en comparant les singuliers ou inférieurs entre eux. Dans la comparaison entre Pierre et Paul je comprends qu'ils sont semblables eu égard à la nature humaine. Cependant, cette comparaison suppose comme sa condition, l'exclusion antérieure, car elle implique que l'on sache que deux singuliers possèdent cette nature, cette dernière étant exclue de chaque individu.

Par la médiation de cette comparaison, on apporte la connaissance de la ressemblance et de l'accord de différents inférieurs dans une nature abstraite et séparée[1]. La comparaison permet d'établir de nouvelles distinctions ; elle rend possible l'examen soit 1) de la relation de ressemblance des particuliers entre eux, or cette comparaison n'appartient pas en soi à la constitution de l'universel mais à une étude de la relation réciproque des particuliers eux-mêmes ; soit 2) de la relation d'une nature commune aux particuliers dans lequels elle existe. Lorsque l'intellect appréhende Pierre et Paul en fonction de leur ressemblance dans l'être de l'homme, il comprend le prédicat « homme » articulé à Pierre et à Paul du fait de sa communauté avec les particuliers. L'intellect fait ainsi clairement apparaître une relation de raison à partir d'une réalité commune à d'autres réalités. Une nature abstraite et comparée à ses inférieurs se voit attribuer la dénomination de genre et d'espèce qui ne constitue pas une dénomination réelle, mais de raison. Ce type de connaissance n'est pas constitutif d'une universalité, il en traduit plutôt une représentation formelle et expresse[2]. L'abstraction des universels implique trois critères que l'on retrouvera dans le *De anima* : 1) l'exclusion de la matière par laquelle la forme devient potentiellement communicable ; on a affaire à l'abstraction formelle ; 2) la constitution d'un concept englobant potentiellement une multiplicité d'inférieurs ou de singuliers ; 3) l'élaboration de ce concept par comparaison dans la représentation des particuliers.

L'examen du statut ontologique de l'être de raison conduit à préciser la réponse à l'interrogation sur l'extension de l'attribut universel aux choses. Il existe deux types d'étants qui sont universels : 1) les productions de l'intellect sur le mode de l'étant dénommées êtres de raison ; 2) les étants indépendants des opérations de l'esprit qui représentent des étants réels et qui sont appelés universels. Tous les étants existant indépendamment

1. *Ibid.*, § 12.
2. *Ibid.*

d'une opération de l'intellect sont singuliers ou individuels[1]. « Être universel » ne peut constituer une propriété intrinsèque de ce qui n'est pas un concept; les universels ne sont donc pas réellement séparables des singuliers. Toute la difficulté et l'ambiguïté provient de l'usage des termes; les étants indépendants de l'esprit ne peuvent être légitimement appelés universels que par la médiation d'une dénomination extrinsèque ainsi qu'il a été déterminé. Ainsi, la nature de Jean n'est pas communicable, c'est-à-dire que du fait de son individualité, elle ne peut être partagée avec d'autres étants; elle ne peut être conçue que par l'esprit et ne peut faire l'objet d'une distributivité ontologique. « Être un universel » constitue donc une propriété intrinsèque à certains concepts; les universels s'identifient alors à des natures communicables par la médiation des actes de l'intellect. Il convient donc de bien veiller à ne pas transposer la possible production d'un universel par l'intellect au caractère irréductiblement singulier de l'individualité. L'unité formelle de l'essence individuelle est proportionnellement multipliée en fonction du nombre d'individus existants[2]. L'individualisation de l'étant réel marque les limites de l'extension du logique dans la sphère de l'onto-logie.

On dégage alors les conclusions suivantes de ce premier examen logico-ontologique de l'être de raison : 1) Il ne peut y avoir d'universel indépendamment des actes de l'intellect et de l'existence des étants singuliers. 2) Tout ce qui existe réellement, c'est-à-dire indépendamment de l'esprit, constitue un étant singulier. 3) L'être de raison est universel en tant qu'entité mentale, et son être est analogiquement dérivé du travail d'élaboration de l'intellect. 4) L'universalité d'un concept résulte d'un processus d'abstraction. 5) La quiddité (ou communauté de nature) est l'expression d'une similitude réelle entre des étants de même nature.

Cette détermination du rapport à l'universel permet également de poser que les sens, la volonté et l'appétit, ne sont pas en mesure d'être à l'origine de la production des êtres de raison; ils restent tous les trois dans l'incapacité de concevoir ce qui n'est pas sur le mode de l'étant. Ainsi, les sens restent limités à l'immédiateté de la donation sensible; ils ignorent toute réflexivité et n'ont pour objet la recherche de la quiddité de l'étant. La détermination de l'étant en tant qu'étant ne constitue pas par conséquent l'objet de leur recherche. Le même argument peut être rapporté à l'usage de la volonté puisque son objet est l'étant comme bien, et non l'étant en tant qu'étant. Le bien vers lequel tend cette volonté fait l'objet d'une représentation intellective préalable, seule en mesure de créer une relation de raison.

1. C'est l'objet de la *D.M.* V.

2. Voir l'introduction éclairante de J.-F. Ross, dans : *Francis Suárez, On formal and universal unity*, Marquette University Press, Milwaukee, 1964, p. 1-27.

L'objet vers lequel tend le vouloir peut être universel, mais la volonté n'en suppose pas moins son invention par l'intellect. L'orientation de la volonté vers un objet du fait d'une dénomination extrinsèque (l'objet est qualifié de bon) ou d'une relation de raison (déterminer dans cet objet en quoi consiste l'être désiré), a par conséquent pour fondement premier un acte de l'intellect.

L'imagination possède un statut d'exception dans la compréhension du processus de production des êtres de raison [1]. Le propre de l'imagination humaine consiste à inventer des étants qui n'ont aucun être dans la réalité et dont l'être même serait contradictoire. Ce non être résulte de la composition d'étants eux-mêmes objets d'une expérience possible, comme le bouc-cerf, association d'animaux bien réels. L'être de raison dans ce cas, est une chimère, c'est-à-dire un étant qui n'existe pas actuellement et dont l'existence est impossible. Imaginer une montagne d'or renvoie par contre à la production d'un étant qui n'existe pas actuellement, mais qui n'en demeure pas moins possible.

Le pouvoir dans l'imagination de composition d'espèces simples à partir d'une image englobant ce qui est représenté par la médiation de fantasmes et le pouvoir d'associer également des étants n'impliquant pas de contradiction, en expriment le statut spécifique. L'imagination produit des êtres de raison parce que le caractère imaginable de l'étant possède une extension supérieure à celle de l'étant possible. Telle est la position des dialecticiens [2]. Le langage de l'imagination a le pouvoir de faire être ce qu'il dit afin de soustraire l'intellect à la limitation au réel et au possible. Il appparaît clairement que les êtres de raison ont alors pour unique fondement dans la réalité le pouvoir de combiner des étants qu'il est impossible d'associer dans le réel. L'être de raison fait alors apparaître la participation spécifique de l'imagination à l'extériorisation de la puissance de la raison [3]. Ce terme reçoit ainsi un éclairage nouveau puisque l'origine de son existence est indissociable d'un travail de la raison; et ce que crée l'imagination apparaît également indissociable d'une coopération de la raison.

1. *D.M.* LIV, sec. 2, § 17.

2. Soto, O.P., *Summularum*, editio secunda (Salmanticae, 1554), II, c. 13, n. 4 (44vb); Franciscus Toletus, S.J., *Introductio in universam Aristotelis Logicam* (Coloniae, 1615), II, c. 8, p. 33.

3. *D.M.* LIV, sec. 2, § 18.

Problème de la légitimité de la division de l'être de raison en négation, privation et relation

L'origine de cette division se trouve chez Aristote[1]. Suárez[2] expose d'entrée de jeu les arguments invoqués par la thèse de l'intégration des négations et des privations parmi les êtres de raison. Ces dernières n'expriment pas le résultat d'une pure production de l'intellect, mais des propriétés immanentes aux étants eux-mêmes. Ainsi, l'homme est non blanc s'il est noir, la privation de blancheur étant tout autant constitutive de son être que le prédicat blanc qui lui est attribué. Si l'on pose les négations et les privations comme des êtres de raison puisqu'elles sont conçues selon la modalité d'un étant, on tombe dans la contradiction suivante : tous les êtres de raisons s'identifieront à des négations puisqu'ils sont effectivement compris comme des non-étants et qu'ils intègrent en eux cette négation. Comment différencier en outre parmi des êtres de raison distincts négation et privation, puisque toutes deux sont formellement définies par leur déficience entitative ? Il n'y a en fait entre eux qu'une différenciation extrinsèque à partir de l'entité réelle ou de la relation à l'étant réel[3].

Il s'agit pour Suárez de montrer que la négation, la privation et la relation, conçues sous la modalité de l'étant, constituent effectivement des êtres de raison. La relation de raison (être relativement à autre chose) n'a pas un être réel mais inventé par l'intellect[4]; son être est de raison, elle doit donc être répertoriée parmi les êtres de raison. La négation n'énonce pas par soi une réalité; elle procède bien plutôt à son exclusion. Comme la privation, elle ne fait qu'écarter une réalité. Cette procédure les présente davantage selon la modalité de non étants que d'étants. Cependant, en les examinant de la sorte plus précisément, elles ne sont ni des étants réels, ni des êtres de raison, car elles ne sont pas fictives; elles sont définies comme appartenant aux étants, abstraction faite de toute modalité positive, non au sens où elles leur ajouterait quelque chose, mais parce qu'elles leur ôterait[5]. Selon cette perspective, lorsqu'on attribue le mal aux actions humaines, on attribue une privation à des réalités déterminées.

La négation et la privation peuvent également être conçues non selon une modalité négative, mais à la manière d'un étant positif quelconque[6]. D'une part, la proposition « l'homme est aveugle » « inclut virtuellement

1. Aristote, *Métaphysique*, Γ, 2, 1003b 8-11. Et Thomas d'Aquin, *De la vérité*, q. 21, a. 1 (éd. Léonine, Tome XXII, vol. 3, 1976), p. 593.

2. Suárez, *D.M.* LIV, sec. 3, § 1.

3. *Ibid.*, § 2.

4. Voir *D.M.* XLVII, sec. 3, § 5.

5. Suárez, *D.M.* LIV, sec. 3, § 3.

6. *Ibid.*, § 4.

une prédication de l'étant »[1] étant donné que le verbe « est » intègre le participe « étant ». D'autre part, l'intellect ne peut se représenter quelque chose comme existant dans les choses indépendamment de sa représentation selon la modalité d'un étant. Elles revêtent alors les caractères des êtres de raison[2]. Il y a constitution d'êtres de raison lorsqu'une chose qui en réalité exprime un manque d'être, est conçue comme quelque chose existant en soi ou en un sujet d'inhérence particulier. Dans ce cas, nous avons affaire à un mode d'expression du langage ou de la pensée qui est extrinsèque et métaphorique. Ainsi, la métaphore selon l'héritage augustinien[3], procède à la transposition de l'usage propre ou adéquat d'un terme vers un usage impropre. Cette modalité impropre de la conception n'est la marque d'aucune erreur. Elle apparaît erronée lorsque nous n'affirmons pas dans cette manière de parler ou de penser que ces négations et ces privations existent de la manière dont nous les concevons.

Existe-t-il une différence entre d'une part, la privation et la négation, et d'autre part, la relation ? On constate d'emblée une distinction relative à leur fondement. L'intellect qui conçoit une relation de raison n'élabore pas une négation ou un éloignement entitatif, mais il construit une représentation d'une entité positive. L'origine de la création de la relation de raison n'a pas pour finalité la conception de la négation elle-même, mais la représentation selon une modalité relative d'un autre étant qui est réellement positif.

Il en découle que la différence propre et formelle entre la relation, la négation et la privation, réside dans leur mode d'attribution. La relation de raison attribue formellement une dénomination relative selon la raison[4]. Par sa médiation, on rend intelligible ce qu'il y a de positif dans la chose. La négation et la privation produisent une dénomination selon une modalité absolue et positive en adéquation avec la raison. Ainsi, lorsqu'on évoque le néant, l'absence, le mal, la cécité, la mort ... on en parle ou on se les représente comme s'ils désignaient des choses positives, alors que l'on sait pertinemment que ce n'est pas le cas.

Le fondement de cette distinction ne concerne en rien le fait que la privation soit connue par la médiation du positif et qu'elle soit caractérisée en tant que relation. La positivité est issue du fondement négatif existant dans la chose et non de la modalité de la conception de cet être de raison de

1. *Ibid.*

2. Voir Thomas d'Aquin, *In XII libros Metaphysicorum*..., IV, chap. 2 (éd. Cathala), p. 152, nn. 539-540.

3. Saint Augustin, *Contra mendacium*, c. 10.

4. Suárez, *D.M.* LIV, sec. 2, § 6.

manière positive [1]. La privation exprime un manque réellement existant en un étant. La relation exprimée ici n'est pas une « relation conforme à l'être », mais « conforme à ce qui est dit » [2]. La privation n'est donc pas réellement reliée à l'étant positif dont elle constitue la privation. Ainsi, le fait d'être un orphelin exprime une privation dans la relation de filiation ; cette privation ne peut évidemment être comprise sans référence au père, elle n'est pas élaborée selon la modalité d'une relation mais d'une « affection absolue » [3] subsistant dans l'un des extrêmes. Par conséquent, même si une privation exprime une absence de relation, nous ne nous la représentons pas comme une relation, mais comme quelque chose d'absolu.

À partir de là, il est possible de dégager la différence entre la négation et la privation [4]. La deuxième exprime un manque dans un sujet naturellement disposé à, alors que la première exprime un manque dans un sujet considéré absolument et simplement. La négation, selon cette perspective, peut être comprise selon deux modalités : soit de manière générale, et selon cette éventualité, elle se différencie de la relation de raison ; soit, selon une modalité particulière, davantage restrictive, elle exprime une privation dans un sujet inapte à. On en déduit la division tripartite évoquée : la division de l'être de raison en étant positif exprimant une relation de raison et en étant négatif ou étants absolus de raison, qui se disent dans la négation et la privation.

La tradition, à partir de la division aristotélicienne des catégories, remet en question la légitimité de cette tripartition [5]. Son argumentation consiste à avancer l'invention dans les catégories, proportionnellement avec les étants réels, des êtres de raison, qui vont constituer analogiquement autant de prédicats rationnels. Ainsi, dans la catégorie de substance, il est apparemment possible de concevoir une chimère; elle est créée en tant qu'étant fictif par soi. L'espace imaginaire est représenté sous la forme d'une extension et semble résider dans la quantité qui est également conçue comme un être de raison. Nous constatons une procédure identique dans la catégorie de la qualité puisque l'honneur et la renommée sont représentés comme des dispositions faisant partie d'une personne honnête ou de bonne réputation. Nous avons affaire ici également à un être de raison. Cette projection se retrouve enfin dans les catégories juridiques et éthiques puisque le pouvoir humain de juridiction constitue un pouvoir spécifique

1. *Ibid.*, § 7.
2. *Ibid.*
3. *Ibid.*
4. *Ibid.*, § 8.
5. *Ibid.*, sec. 4, § 1.

qualifié de puissance morale[1]. Selon la distinction scolastique traditionnelle, la *potentia* désigne un pouvoir exprimant une force physique, alors que la *potestas* désigne un pouvoir au sens d'une autorité morale. Cette dernière n'a pas de réalité en soi, elle n'existe qu'en tant que production conventionnelle qui ne possède une entité qu'à être reconnue comme telle. Il s'agit d'une dénomination extrinsèque dont l'entité a pour origine une création de l'intellect. Si nous prenons les dénominations de vu, connu, aimé, en tant qu'on leur attribue une entité dans la chose dénommée, elles constituent également des êtres de raison. Nous assistons au même processus avec le temps conçu comme mesurant[2], et existant dans la chose dénommée. L'ensemble de ces exemples invoqués par la tradition semble par conséquent contredire la légitimité de la tripartition suarézienne.

L'argumentation de Suárez consiste à dire que cette division traditionnelle peut être considérée selon deux modalités. 1) on pose (et telle n'est pas la perspective de Suárez) que certains êtres de raison sont en tant qu'ils possèdent un fondement dans la réalité tout en recevant leur complément de la raison, comme l'universel, le genre, la négation et la privation. Ces êtres de raison présents effectivement dans les choses ne constituent pas des êtres de raison parce qu'ils sont conçus selon une forme positive dans l'intellect. 2) Il existe des êtres de raison qui résultent d'une pure production de l'intellect, abstraction faite de tout fondement dans la réalité, comme la chimère. L'être de raison ayant son fondement dans la réalité a une valeur opératoire en science, il participe à la production de la connaissance des choses[3] et constitue un objet d'enseignement. Il exprime une division scientifique permettant un renouvellement de l'approche du réel par l'instauration de la relation du genre à l'espèce, du rapport à la négation et à la privation. L'être de raison purement fictif n'est quant à lui aucunément limité par les impératifs de l'intellect et du réel; il est, par conséquent, multipliable à l'infini et n'a aucune valeur opératoire. Il est éventuellement créé dans le but d'imiter des prédicats.

Si l'on pose la tripartition de l'être de raison en négation, relation et privation, on retrouve une division en étant positif et négatif. La légitimation de cette division impliquerait que « tout être de raison positif soit également relatif »[4]. Peuvent-ils alors être pensés à la manière d'autres catégories comme la qualité, la puissance, l'action ou la passion ?

1. *Ibid.*

2. Platon, *Timée*, 37b-38c; Suárez, *D.M.* L, sec. 10, § 11-12, pour la critique de la conception platonicienne de la durée.

3. Voir Suárez, *D.M.* X, sec. 3, § 19-21; *D.M.* XLI, sec. 1, § 2; *D.M.* XL, sec. 3, § 8; *D.M.* L, sec. 4, § 1-6.

4. *D.M.* LIV, sec. 4, § 3.

Pour répondre à la difficulté, il convient de déterminer que le propre de la relation consiste à « être par rapport à autre chose » (*esse ad aliud)*[1]. Le rapport qu'elle implique n'exprime rien qui soit par soi inhérent à l'étant désigné. En pensant l'être de raison comme un accident positif, on le conçoit selon la modalité d'un relatif car il n'exprime pas l'inhérence qui englobe une réalité[2]; sa représentation est indissociable d'un ajout de la raison. La relativité implique un rapport logique, alors que l'inhérence traduit la position ontologique d'une réalité. Cet argument développé par Thomas d'Aquin[3], présente cependant bien des difficultés. D'une part, l'être pensé relativement à un autre être exprime quelque chose de réel et d'inhérent, mais d'autre part, il est pensé par la raison en tant que relation fictive et non réelle. Les prédicats d'accidents absolus ne renvoient pas à une inhérence absolue mais à une adjacence extrinsèque[4], c'est-à-dire à une dénomination extérieure puisque l'accident ne constitue pas, selon une modalité absolue, la chose dans son être.

La désignation « être en rapport à » permet à l'intellect de concevoir et de comparer un étant en le référant à un autre étant, même si ces étants n'intègrent pas cette relation. L'attribution dans les choses relatives d'une raison spécifique rend possible la conception des êtres de raison sous la modalité des relations. Ces raisons sont par contre inexistantes dans les prédicats absolus puisque ces derniers impliqueraient le fait « d'être en rapport à ». Lorsque les êtres de raison sont pensés selon la modalité des relations, ils sont conçus selon la modalité de relations prédicatives, puisque ces relations supposent une conception extrinsèque de l'intellect et ne sont pas représentées comme appartenant intrinsèquement à la constitution d'un étant particulier. Ce dernier point fait partie de la raison de la relation transcendantale[5].

Suárez en déduit qu'il n'existe pas d'être de raison positif dans les catégories de quantité, de temps[6], de qualité[7], d'action et de passion[8]. Si l'on considère l'espace imaginaire[9] qui apparaît légitimement comme un être de raison, il suppose cependant la négation. Si l'on fait abstraction de ses dimensions, cet espace est défini par son caractère négatif. Pour que l'espace imaginaire soit l'objet d'une représentation et d'un discours

1. *Ibid.*, § 4.
2. *D.M.* XXXIV, sec. 4, § 24.
3. Thomas d'Aquin, I, q. 28, a. 1 (éd. Léonine, Tome IV, 1888, p. 318).
4. Suárez, *D.M.* XXXVII, sec. 2, § 8 ; *D.M.* LIII portant sur les *habitus*.
5. *D.M.* XLVII, sec. 3, § 11-12.
6. *D.M.* LIV, sec. 4, § 7.
7. *Ibid.*, § 8.
8. *Ibid.*, § 9.
9. *Ibid.*, § 7 ; et *D.M.* LI.

possibles, il doit être conçu comme un étant positif, et c'est précisément en cela que consiste l'être de raison qui est une négation. L'espace imaginaire est conçu comme englobant les corps, mais également comme expression d'un infini et d'un vide absolu. Dans ce cas, l'intellect fait abstraction de l'espace empiriquement vécu afin de produire une intelligibilité d'ordre physique ou géométrique[1]. Ce système de représentation complète la conceptualisation du réel opérée par la métaphysique grâce à un processus de conception de l'étant qui fait abstraction de l'étant pour en renouveler l'intelligibilité. Ainsi, alors que le vide était considéré par les Grecs[2] comme un non-étant inintelligible, Suárez, en pensant l'espace imaginaire comme être de raison positif, rend possible un usage rationnel du vide ; une science du vide n'excède plus désormais les limites de l'intellect.

L'exemple du temps confirme également cet usage spécifique des êtres de raison. Suárez établit une distinction entre le temps intrinsèque et le temps extrinsèque[3]. L'extension temporelle varie en fonction de la rapidité du mouvement, ce qui revient à dire que relativement au mouvement, la représentation du temps est double. Le temps intrinsèque est identique à la durée des choses en mouvement. Il constitue la durée propre et intrinsèque qui se rencontre dans chaque mouvement successif. Le temps extrinsèque est la durée du mouvement du ciel eu égard aux autres mouvements. Il est possible à partir de là de considérer la durée du mouvement comparativement avec une succession imaginaire que nous concevons comme infinie. Le temps intrinsèque renvoie au mouvement réel ; il en est distinct uniquement rationnellement et ne s'identifie pas à un être de raison. Le temps extrinsèque fait de la mesure un genre de relation et établit des comparaisons entre les mesures des durées. Il est proportionnel à ce qu'il mesure; il exprime « un temps humain » susceptible de mesurer ce qui dépasse les dimensions humaines, comme les mouvements des astres. La mesure extrinsèque suppose pour Suárez d'être déterminée, certaine et invariable, et proportionnée à ce qu'elle mesure[4]. Elle résulte d'une convention humaine et fixe un ordre quantitatif à partir duquel les grandeurs, tant dans l'infiniment grand que dans l'infiniment petit, deviennent objets d'une détermination possible.

Le temps extrinsèque exprime un ordre de division et de mesure produit par la raison et la volonté humaine. Il n'existe pour Suárez, aucun

1. On assiste à la même procédure dans la production de la succession imaginaire conçue abstraction faite du temps réel, *D.M.* L.

2. Voir Aristote, *Métaphysique*, A, 4, 985b 4-7.

3. *D.M.* XL, sec. 9, § 10, portant sur la quantité continue et le fait de savoir si le temps est par soi une quantité et s'il est constitutif d'une espèce particulière, distincte des autres espèces.

4. *D.M.*L, sec. 10, § 8.

mouvement qui serait par sa nature mesure de tous les autres mouvements. Seul le mouvement des astres peut constituer une référence pour mesurer les changements de la nature. Suárez invoque pour illustrer son propos[1] la définition aristotélicienne selon laquelle « le temps est le nombre du mouvement selon l'antérieur et le postérieur »[2]. Aristote comprend le temps comme mesure extrinsèque des durées et comme étant destiné par la raison et la convention humaine à avoir la fonction de mesurer; il le pose comme immanent au mouvement du ciel. Ce mouvement n'a la nature du temps et de la mesure que parce qu'il intègre en lui les parties de l'antérieur et du postérieur dans la succession et la durée. La fonction de mesure n'en reste pas moins indissociable de l'activité de l'âme pour Aristote.

Le mouvement de l'horloge représente, ainsi que le rappelle Suárez[3], un mouvement inférieur en tant que mesure extrinsèque des actions permettant de mesurer la durée du mouvement des astres; en fait, ce mouvement de l'horloge est relatif à nous, il constitue un signe à partir duquel nous déterminons le temps écoulé et nous mesurons nos actions.

L'attribution de dénominations extrinsèques n'est pas réductible à l'extension d'un champ du savoir, elle porte également sur les catégories de la qualité[4]. Ainsi, l'honneur ou la renommée ne s'identifient pas à des êtres de raison, mais à des étants réels. C'est parce qu'on chosifie ces attributions dans l'étant désigné que nous en faisons des êtres de raison. Elles n'existent que par référence à la relation entre un étant connu et sa qualification. De même, un pouvoir juridictionnel est pensé sous la modalité d'une relation de supériorité. L'ajout de cette relation constitutive de ce pouvoir repose sur une dénomination extrinsèque. Nous avons également affaire ici à une production conventionnelle structurant les rapports interhumains. L'honneur et le pouvoir renvoient donc à un individu honoré ou ayant le pouvoir, c'est-à-dire reconnu comme tel par les autres. La dénomination extrinsèque est ici tributaire d'une reconnaissance intersubjective pour être effective. La relation de supériorité n'est effective que du fait de l'acceptation de la relation d'inférieur à supérieur. La dénomination extrinsèque est par conséquent en mesure d'incarner un principe d'explication du statut conventionnel des relations sociales et politiques.

La distinction entre l'action immanente et transitive achève la critique par Suárez de l'existence de catégories d'êtres de raison absolus. L'action immanente n'est pas dans l'agent ce qui est rationnel, mais réel[5]; la

1. *Ibid.*, § 9.
2. Aristote, *Physique*, IV, 11, 219b.
3. Suárez, *D.M.* L, sec. 11, § 12.
4. *D.M.* LIV, sec. 4, § 8.
5. *D.M.* XLII, sec. 5, § 15.

concevoir ne signifie pas produire un être de raison car elle est réellement inhérente à l'agent. L'action transitive produit un effet extérieur à l'agent[1] ; elle ne peut être conçue que sous la modalité d'une relation.

La passion, quant à elle, exprime chez le patient une réalité et non une production de la raison. Dans la passion, on a affaire soit à une dénomination extrinsèque et réelle (être vu, connu, aimé…) soit à une dénomination intrinsèque et de raison qui est alors caractérisée par sa relativité. Cette dernière porte sur l'objet en tant qu'il est le terme de l'acte de la puissance[2].

Cette analyse permet à Suárez de légitimer la division de l'être de raison en privation, négation et relation. Il faut inclure sous le terme de négation les étants fictifs et les étants impossibles quelle que soit la modalité de leur production. Les étants fictifs sont bien des non-étants et sont donc compris sous la négation. Cette dernière est principe d'intelligibilité des étants impossibles. Les chimères, en tant qu'êtres de raison, n'échappent pas, par conséquent, au domaine couvert par cette tripartition. Les étants contradictoires en soi[3] comme le bœuf volant ne sont donc que de pures inventions qui ont un être objectif uniquement dans l'intellect. Il apparaît clairement que tous les êtres de raison, excepté ceux qui ont trait aux relations, sont « inventés selon la modalité des privations ou des négations »[4].

Analyse comparée de la négation et de la privation

La détermination des points d'accord et de différenciation entre la négation et la privation a pour fonction de préciser le statut ontologique spécifique des êtres de raison. Dans la négation et la privation, absolument considérées, on ne constate aucune invention de l'intellect. Ce dernier en concevant que l'homme n'est pas un cheval, se représente ce qui est donné par un refus d'identification de ces deux étants. Soit chacun d'entre eux est conçu positivement pour ce qu'il est, soit par différenciation. Privation et négation ne sont donc pas dans les choses, mais elles sont conçues selon la modalité des étants, c'est-à-dire qu'elles constituent dans notre esprit une réalité positive inventée.

1. *D.M.* XLVIII, sec. 2, § 2.
2. *D.M.* LIV, sec. 4, § 9.
3. *D.M.* III, sec. 2, § 13.
4. *D.M.* LIV, sec. 4, § 10.

La négation et la privation réelles[1] s'accordent 1) sur la formalité de leur expression, c'est-à-dire qu'elles s'éloignent des formes ou des natures réelles; 2) elles constituent toutes deux les extrêmes d'une opposition spécifique existant dans les étants et non produite par l'intellect[2]; 3) elles ont leur fondement dans l'étant auquel cette négation est attribuée. La négation du rugissement chez l'homme a pour fondement la différence intrinsèque de l'homme. Si nous affirmons que l'homme est aveugle cette privation n'a pas pour fondement l'exclusion de la nature de l'homme, mais une autre cause mettant à l'écart la forme niée par cette privation. Cette cause s'identifie soit à une disposition positive du sujet, soit à une forme contraire. 4) La négation et la privation sont en mesure d'être prédiquées de l'étant indépendamment de toute création de l'intellect.

Il existe deux modalités d'appréhension de la négation et de la privation par l'intellect[3]. 1) Au moyen de la division et de la négation qui éloignent une chose d'une autre. Si je dis que l'homme est non voyant, cette prédication exprime un jugement négatif révélant un défaut partiel ou total dans l'être des choses. 2) Au moyen de la composition et de l'affirmation comme lorsqu'on dit que l'homme est aveugle. Il semble que l'on attribue dans ce cas selon le mode de l'étant ce qui n'est pas en réalité un étant. En fait, ce qui est prédiqué s'identifie à ce qui est conçu ou signifié, c'est-à-dire l'absence d'une réalité. Il y a, dans ce cas, attribution au sujet d'inhérence de ce qui est conçu : la négation et la privation elles-mêmes. La copule « est » n'a pas alors d'autre fonction que d'exprimer la vérité d'une connaissance. Elle ne désigne selon cette éventualité aucune réalité positive. Ainsi, dire que « les ténèbres sont dans l'air »[4] ne signifie pas qu'il y ait inhérence de l'étant « ténèbre » à l'air, mais que l'air est dépourvu de lumière et que, par conséquent, il est possible d'en produire une connaissance comme ténébreux.

La négation et la privation ne peuvent devenir des êtres de raison que lorsqu'elles sont conçues comme des réalités positives autonomes, ainsi qu'il se produit en ce qui concerne les étants possibles[5]. Elles accèdent alors à un statut ontologique spécifique[6]. La privation considérée en elle-même constitue un être de raison et n'établit rien de réel dans les étants ; elle n'est donc pas en mesure de fonder une relation réelle.

1. Par opposition aux fausses privations ou négations qui sont inventées par la raison, comme lorsqu'on conçoit un homme qui n'est pas un animal.

2. Tel est le cas de l'opposition privative ou contradictoire. Voir *D.M.* XLV, sec. 1, § 5-6.

3. *D.M.* LIV, sec. 5, § 6.

4. *Ibid.*

5. *D.M.* XXXI, sec. 2, § 10.

6. *D.M.* XLVII, sec. 10, § 5.

L'examen de l'existence de la négation et de la privation dans les choses ne saurait masquer la présence de différences. Ainsi, la privation exprime l'absence de forme dans un sujet d'inhérence apte à, alors que la négation traduit une absence lorsque le sujet d'inhérence est dépourvu d'aptitude à[1]. La privation est inhérente à une entité, ce qui n'est pas le cas de la négation (le rien n'est inhérent à aucune entité). La différenciation est d'ordre connotatif. La privation formellement ne fait qu'exprimer la négation en opérant sa réduction au sujet d'inhérence apte à la forme opposée ; elle ne s'en distingue donc qu'indirectement. Selon une modalité analogue, en reprenant l'exemple d'Aristote[2] concernant la différenciation entre le camus et le concave, on constate l'expression formelle d'une figure identique et l'instauration d'une différence matérielle mais non essentielle entre les deux termes. Il en est proportionnellement de même pour Suárez en ce qui concerne la négation et la privation[3].

L'établissement de différences entre la privation et la négation permet d'instaurer des subdivisions dans la catégorie même de privation. Ainsi, selon Aristote[4], les privations existant dans les étants diffèrent en fonction du fait que les aptitudes qu'elles englobent, sont envisagées adéquatement ou non. On peut attribuer improprement une privation en la connotant de manière absolue dans un étant lorsqu'on dit que la plante est dépourvue d'yeux. Cette connotation peut être effectuée selon le genre lorsqu'on dit que la taupe est aveugle. Il est également possible de connoter une aptitude dans l'étant relativement à son espèce : dire qu'un enfant est privé de dents, n'a de sens qu'abstraction faite de son évolution biologique dans le temps et des circonstances qui expliquent cet état de fait. Envisagée adéquatement, la privation exprime l'aptitude d'un étant relativement à son espèce et des circonstances exigées pour avoir une telle capacité.

Enfin, une privation se présente également comme totale ou partielle[5]. Si l'on prend l'exemple de l'invisibilité d'une chose, elle est totale lorsqu'il y a absence de toute couleur ; elle est partielle lorsqu'il y a atténuation ou affaiblissement de la couleur. La privation totale exprime un constat d'ordre ontologique confirmé par un usage adéquat du langage. La privation partielle laisse subsister quelque chose, et c'est seulement un abus de langage qui nous amène à la penser comme privation véritable.

1. *D.M.* LIV, sec. 5, § 7.
2. Aristote, *Métaphysique*, E, 1, 1025b 31-1026a 1 ; Z, 5, 1030b 28-1031a 1.
3. *D.M.* LIV, sec. 5, § 7.
4. Aristote, *Métaphysique*, Δ, 22, 1022b 22-1023a 6.
5. *D.M.* LIV, sec. 5, § 9.

Peut-on alors légitimement déduire des degrés d'intensité dans la privation ?[1] Si nous considérons une privation totale, la réponse sera négative. Elle ne saurait admettre le plus ou le moins. Par contre, une telle différenciation redevient possible pour une privation partielle car elle sera opposée à des réalités positives. On constate que la réalité admet différents degrés d'intensité, par conséquent, leur supression est également soumise à une hiérarchisation identique. Ainsi, la lumière et le son sont objets possibles d'une représentation par l'esprit, tout comme des degrés d'intensité en ce qui concerne l'ombre et le silence.

Il existe une deuxième différence entre la négation et la privation résidant dans le fait que lorsque la première possède un sujet d'inhérence, elle est nécessairement établie en lui. Nier, par exemple, que l'homme ait pour faculté naturelle de rugir, est nécessairement constitutif de la nature même de l'homme. Par contre, le fait d'être aveugle, en tant que privation, n'appartient que de manière contingente à la nature de l'homme. La privation repose selon une modalité contingente sur une capacité propre au sujet d'inhérence qui est ou non en mesure d'être réalisée. Il en découle que la négation est nécessairement prédiquée de son sujet alors que la privation est affirmée de son sujet selon une modalité contingente. La négation se caractérise également par son indifférence vis-à-vis de l'existence du sujet d'inhérence puisque même en son absence, elle peut être énoncée selon une modalité nécessaire. Ainsi, un homme possible (non être effectif du sujet d'inhérence) n'aura nécessairement pas la faculté de rugir.

Il convient enfin de dégager une troisième différence. Il n'existe pas de milieu entre la négation et l'affirmation opposée alors qu'il y en a un entre la privation et l'*habitus*[2]. Lorsque la négation et l'affirmation sont posées relativement à un même sujet d'inhérence, ainsi dans le fait d'être aveugle ou de ne pas l'être, il ne peut y avoir de milieu. Dans le cas non d'une contradiction, mais d'une opposition, il devient possible de déterminer un milieu par la participation des deux extrêmes, comme le prouvent l'usage de la dialectique et sa méthodologie. Une couleur peut, par exemple, être plus ou moins foncée, tout comme ce qui se situe entre deux contraires peut être plus ou moins proche de l'un ou de l'autre.

L'explication donnée par Suárez expose le cas de deux affirmations dans lesquelles des prédicats opposés contradictoirement ou privativement portent sur un sujet d'inhérence identique[3]. Dans le cas de l'opposition contradictoire comme dans celui de la négation et de son opposé, il n'y a pas de milieu entre les deux extrêmes. Ainsi, on ne peut penser de milieu

1. *Ibid.*, § 10.
2. *Ibid.*, § 12.
3. *Ibid.*, § 13.

entre l'étant et le non-étant. Objecter que le devenir s'identifie à ce milieu, revient pour Suárez[1], à introduire une confusion à la fois logique et ontologique. Le devenir constitue le milieu entre l'étant parfait et le néant absolu, mais considéré absolument entre l'étant parfait et le non-étant, il est selon une certaine modalité quelque chose[2].

La privation n'est pas réductible à la pure expression de la négation, elle la désigne par connotation de l'aptitude dans le sujet d'inhérence. La négation met entre parenthèses la forme ou ce qu'elle nie, et elle ne requiert par conséquent aucune propriété spécifique du sujet puisque la mise à l'écart de la forme qu'elle implique ne fait pas partie du sujet[3]. Ainsi, une pierre est soit voyante, soit non voyante, mais du fait qu'elle est dépourvue de l'aptitude à voir, on ne pourra jamais dire d'elle qu'elle voit ou qu'elle est aveugle. Si nous considérons l'homme qui possède une aptitude naturelle à la vision, on ne peut légitimement poser un milieu entre le fait de voir et d'être aveugle. Nous assistons ici à une opposition contradictoire. Il convient selon Suárez de poser un « accord proportionnel »[4] entre la négation et la privation, car il n'existe pas plus de milieu entre le positif et sa négation qu'entre le positif et sa privation relativement à un sujet d'inhérence proportionné[5].

L'objection traditionnellement invoquée face à cette perspective[6] consiste à faire référence dans les termes contradictoirement opposés, à un milieu par éloignement relativement à un sujet non existant. La chimère ne peut être dite blanche, ni non blanche. Le caractère erroné des deux propositions découle du fait que la chimère ne repose pas sur un sujet jouant la fonction de support. Ce constat renvoie à l'axiome scolastique selon lequel toute proposition affirmative dont le sujet d'inhérence n'a aucun fondement, s'avère erronée. L'argument est présent chez Ockham[7]. Comment exposer les propositions dans lesquelles on rencontre des termes fictifs auxquels ne correspond rien de réel dans les étants ? Ces termes fictifs sont en fait connotatifs ; ils signifient uniquement un étant véritable qui est en acte ou qui a la possibilité de l'être. Il convient de comprendre que s'il y a des étants signifiés par les termes tels que « homme », « animal » existent, on pourrait par là même poser des non-étants et des étants impossibles, ontologiquement distincts des étants, et signifiés par des termes comme la chimère ou le bouc-cerf. Le terme fictif de « chimère » désigne tout ce qu'il

1. *Ibid.*
2. Voir Aristote, *Métaphysique*, Γ, 2, 1003b 10-11.
3. *D.M.* LIV, sec. 5, § 13.
4. *Ibid.*
5. Ainsi l'homme dans le cas de la cécité.
6. *D.M.* LIV, sec. 5, § 14.
7. Ockham, *Somme de logique*, II, c. 14 (trad. J. Biard, T.E.R, 1996).

est possible d'imaginer à partir de lui; l'être exprimé par ce terme est prédicable dans une proposition d'inhérence ou de possibilité. Il n'en reste pas moins que toute proposition affirmative dans laquelle le terme fictif de chimère est utilisé comme sujet d'inhérence ou fait l'objet d'une prédication, s'avère fausse, étant donné « qu'elle a une exposante fausse »[1]. L'exposante « une chimère est quelque chose » est d'entrée de jeu erronée.

Il apparaît d'une part, que la négation en tant que telle ne peut avoir de milieu; elle n'en aura un qu'artificiellement si l'on introduit en elle une entité positive. On fait un usage illégitime de la copule « est » en attribuant par exemple à une chimère un statut ontologique spécifique. Ainsi, la proposition : « la chimère est non voyante »[2] est erronée parce qu'il n'y a pas simple négation de la vision, mais affirmation d'une entité impossible. La condition pour que des prédicats contradictoirement opposés ne possèdent jamais de milieu, alors qu'ils sont présents dans une affirmation, réside dans le fait qu'ils sont considérés relativement à un sujet d'inhérence propre identifié à une réalité existante spécifique. D'autre part, la proposition qui renvoie à un prédicat négatif est vraie quand bien même le sujet d'inhérence est inexistant. Les logiciens font un usage formel du prédicat en le prenant négativement et non selon une modalité infinie, c'est-à-dire, selon Suárez, en considérant la négation comme résidant dans le prédicat plutôt que dans la copule « est ».

La détermination du statut du sujet d'inhérence relativement aux prédicats permet d'établir une différence supplémentaire entre la privation et la négation. La privation n'est légitimement attribuable qu'à des étants véritables et réels[3]. Car elle désigne l'absence d'une forme dans un sujet d'inhérence apte à; de ce fait, seule son attribution à un étant véritable et réel est possible puisque la réalité de l'étant est la condition de la donation de l'aptitude à une forme. Si l'on prend l'exemple des prédicats accidentels et contingents, ils ne peuvent faire l'objet d'une attribution aux choses en adéquation avec la vérité, que si ces dernières existent effectivement. Il est impossible de dire avec vérité d'un homme qui n'existe pas qu'il est aveugle; cependant, il est vrai que cet homme possible peut être aveugle. Or, cela signifie qu'il n'y a pas pour ce sujet d'inhérence attribution d'une privation, mais plutôt d'une « capacité de privation qui est positive et intrinsèque »[4].

1. *Ibid.*
2. Voir à ce titre *D.M.* VIII, sec. 8, § 10; *D.M.* XXXI, sec. 2, § 11; sec. 12, § 45.
3. *D.M.* LIV, sec. 5, § 15.
4. *Ibid.* Voir Suárez, *De Scientia Dei*, II, c. 2, n. 12 (éd. Vivès, XI, p. 300).

La négation fait l'objet d'une double attribution : aux étants réels et véritables et aux étants fictifs et non existants. Cette attribution procède par division et par composition affirmative. Énoncer la proposition : la chimère est un non-étant, c'est renvoyer à un étant fictif et reconnaître par là même la vérité de ce qui est affirmé. La forme affirmative de la proposition ne saurait masquer qu'elle équivaut à une négation. Cette dernière peut être située après la copule, elle ne modifie cependant en rien la signification de l'énoncé. On a simplement affaire à la variation de la composition de la structure de la phrase. Il est également légitime de dire qu'il y a déliaison de la copule par rapport à la temporalité et que, par conséquent, la proposition énoncée se présente à la fois comme vraie et nécessaire. Il convient de remarquer qu'il est de même légitime d'attribuer une privation imaginaire à un étant fictif, relativement à une copule qui fait abstraction de cet étant, par exemple dans le cas de la chimère aveugle.

Enfin, la privation se différencie de la négation parce qu'elle fait partie « des principes du changement réel ou de la génération »[1] contrairement à la seconde. La privation, ainsi que le rappelle Aristote[2], s'intègre dans les principes de l'étant matériel. Elle se différencie d'un étant réel et elle n'est pourtant pas produite par la raison, elle exprime un manque propre à une nature existant dans les étants eux-mêmes. Il convient, explique Suárez[3], d'opérer une distinction entre les principes qui constituent intrinsèquement la chose et les principes extrinsèques qui fondent l'être dans la chose et perdurent extérieurement à elle, ainsi le principe final et efficient. La privation, selon l'interprétation que Suárez donne d'Aristote, reçoit un statut intermédiaire entre les principes intrinsèque et extrinsèque. La privation, parce qu'elle ne constitue pas une réalité véritable, n'est pas en mesure d'exercer une influence spécifique sur la génération de la chose et encore moins de la composer de manière intrinsèque. Elle est principe du fait de la relation intrinsèque de la génération à elle-même.

Le changement naturel des étants a effectivement comme principe nécessaire, outre ceux mentionnés, la privation puisqu'il implique dans le sujet d'inhérence l'aptitude à acquérir de nouvelles déterminations. Inversement, la négation n'est pas en mesure de constituer un principe du changement naturel car elle ne requiert pas comme condition un sujet d'inhérence apte à une forme opposée. Il convient cependant d'affiner et de nuancer ce constat en posant qu'une négation particulière peut constituer

1. *D.M.* LIV, sec. 5, § 17.

2. Aristote, *Physique*, I, 8, 191b 15; *Métaphysique*, K, 3, 1061a 18. Et voir *D.M.* XII, sec. 1, qui examine la question de l'identité absolue entre la cause et le principe.

3. *D.M.* XII, sec. 1, § 5.

« le principe suffisant d'une action ou d'une production particulière »[1]. Ainsi, la création devient intelligible en tant qu'elle s'effectue à partir du néant comme, analogiquement, la génération s'accomplit par la médiation de la privation. Le néant auquel se réfère la création est bien une pure négation.

Il n'en reste pas moins que l'attribution de la raison du principe n'est pas effectuée en toute adéquation au néant, relativement à la création, mais bien plutôt à la privation relativement à la génération. Le propre de la privation consiste à désigner un élément de la réalité positive indispensable à la raison propre du principe. La génération est fondamentalement passage du non-étant à l'étant et suppose donc par soi la privation, elle s'accomplit par soi à partir d'elle comme terme nécessaire; en ce sens, la privation est principe de la génération de l'étant mais évidemment pas de la constitution de son être[2].

L'établissement de l'ensemble de ces différences a pour fonction de mener à son terme la comparaison de la privation et de la négation comme êtres de raison[3]. L'étude formelle de la privation en tant qu'être de raison montre qu'elle se dissocie clairement de l'être de raison consistant dans la relation. La privation, comme la relation, ont pour point commun d'être inventées ou représentées selon la modalité d'une qualité spécifique affectant le sujet d'inhérence. Ainsi, tout ce qui est appréhendé selon la modalité d'un étant positif est élaboré par analogie avec l'étant d'un prédicat réel. Il apparaît alors que toute privation véritable et adéquate est conçue ou représentée selon la modalité d'une qualité[4].

Il convient alors de se demander quel est le genre d'étant avec lequel la négation conserve une proportion. Le principe dégagé pour la privation n'est pas systématiquement applicable à la proportion. Cette dernière peut être appréhendée extérieurement à tout sujet d'inhérence, alors que la privation exprime intrinsèquement la négation dans un sujet d'inhérence naturellement apte à.[5] Les étants impossibles montrent qu'ils sont inventés sous la modalité des substances, de la quantité, du temps ... et pas seulement de la qualité. Si l'on considère le temps ou la succession imaginaire, ils sont inventés extérieurement à tout sujet d'inhérence.

La négation dans sa différenciation d'avec la privation amène à considérer l'existence d'une typologie des êtres de raison. Il est légitime de classer les étants impossibles sous la négation. Ils sont contradictoires en

1. *D.M.* LIV, sec. 5, § 18.
2. *D.M.* XII, sec. 1, § 6.
3. *D.M.* LIV, sec. 5, § 20.
4. *Ibid.*, § 21.
5. *Ibid.*, § 23.

eux-mêmes et ne sont rien; c'est relativement à la négation qu'ils reçoivent une signification. La négation peut être selon les cas conçue indépendamment d'un sujet d'inhérence contrairement à la privation. Ainsi, le néant constitue une négation autonome par rapport à toute entité, comme le montre précisément le thème théologique de la création *ex nihilo*.

Il est alors possible de déterminer à partir de quel moment il y a une différence essentielle ou accidentelle et matérielle entre la privation et la négation [1]. La représentation de la négation dans son extériorité par rapport au sujet d'inhérence montre qu'elle est formellement différenciée de la privation. Cette différence est comparable à celle existant entre la substance et l'accident. Cependant, entre la négation dans un sujet d'inhérence et la privation, il n'existe pas de différence essentielle. Leur différence est à rechercher dans la diversité des formes auxquelles elles s'opposent. L'exemple de la cécité et de la surdité le démontre; leur appréhension selon la modalité d'étants n'est possible que de manière différenciée. Il en sera proportionnellement de même pour la comparaison des négations entre elles.

La négation et la privation d'une forme identique portant sur des sujets d'inhérences divers établit qu'elles ne sont pas différenciées essentiellement comme êtres de raison. Elles se différencient en fonction de la relation découlant de divers sujets d'inhérence. Pour les formes réelles, la comparaison avec des sujets d'inhérence différents n'induit pas une différence essentielle. Si l'on considère la blancheur de la neige et d'un corbeau, elle appartiendra à la même espèce, mais elle sera connaturelle à la première et contre nature pour le second [2]. La comparaison entre l'ange et l'homme est également en mesure d'expliciter la thèse exposée. L'absence de vision pour l'ange qui n'a aucune aptitude à la vision constitue une négation alors que l'absence de vision pour l'homme représente une privation. Cette différenciation nominative exprime l'existence de diverses relations de raison à des sujets d'inhérence différents.

L'évocation de la négation a été comprise sous la modalité d'une forme incomplexe ou simple, c'est-à-dire non assortie d'une explication ou d'une détermination. En ce qui concerne les négations complexes ou jugements négatifs, portant sur des sujets d'inhérence différents, elles peuvent exprimer une différence essentielle selon que la proposition qui les énonce est nécessaire ou contingente. Ainsi, la proposition « l'homme est non voyant » est contingente, alors que la proposition « l'ange est non voyant » est nécessairement vraie. C'est cette caractéristique qui fonde leur diversité essentielle. Dans la forme complexe, il y a, à partir du moment où existe une variation de l'un des extrêmes, variation de la composition et de la

1. *Ibid.*, § 25.
2. *Ibid.*, § 26.

relation complexe[1]. Dans la forme simple qui n'implique intrinsèquement aucun sujet d'inhérence, il y a référence à un sujet d'inhérence adéquat.

DÉTERMINATION DES CONDITIONS NÉCESSAIRES À LA RELATION DE RAISON

La relation de raison qui n'est pas une relation véritable et réelle, est généralement définie par « la négation de référence réelle »[2]. Elle est constituée par l'intellect selon la modalité d'une relation réelle puisqu'elle est comprise à partir de la négation de cette dernière. Elle exprime la création d'une relation par l'intellect « selon la modalité d'une forme ordonnée à autre chose »[3], ou qui établit une relation d'un étant avec un autre étant ne correspondant à aucune référence réelle. La différence entre d'une part, la négation et la privation, et d'autre part, la relation de raison, réside dans le fait que cette dernière comporte un élément de positivité.

Par conséquent, il convient de poser que la relation de raison n'est qu'une copie de la vérité de la relation réelle. Elle en représente une imitation qui n'est pas nécessairement fondée sur l'essence de ce qu'elle met en relation; elle fait abstraction du sujet d'inhérence apte à; elle n'articule pas « un fondement réel avec l'exigence réelle d'un fondement », ni « un terme existant en acte avec un fondement réel suffisant »[4]. Toute relation prédicative requiert un sujet d'inhérence, un fondement et un terme. Ces deux derniers, formellement considérés sont différenciés selon une distinction réelle et constituent des éléments nécessaires à la relation réelle. Ces conditions propres à toute relation réelle ne sauraient simultanément appartenir à la relation de raison puisque dans le cas contraire, elle serait indifférenciable de la relation réelle. Uniquement l'une de ses conditions peut concourir à la relation de raison.

Le travail de l'intellect consiste alors à introduire dans la réalité ce qui manque à la constitution d'une relation de raison. Cette dernière peut légitimement posséder un fondement dans la réalité extérieurement à l'esprit du fait même de son statut logico-formel de relation. Il apparaît alors que la relation de raison exprime, par défaut, l'absence d'une condition nécessaire particulière à la relation réelle, mais elle traduit également par là même le processus par lequel l'intellect invente ou pense ce qui leur est proportionnel.

1. *Ibid.*, § 27.
2. *Ibid.*, sec. 6, § 1.
3. *Ibid.*
4. *Ibid.*, § 2. Et *D.M.* XLVII, sec. 6-9

Ces déterminations rendent possible une subdivision de la relation de raison. On considère premièrement[1] la relation de raison comme pure invention de l'intellect, abstraction faite d'un fondement réel. Elle peut également manifester un fondement insuffisant. Il n'en reste pas moins qu'elle possède un fondement (c'est-à-dire un ensemble de conditions nécessaires à une relation réelle) particulier dans la réalité. On intègre dans la première catégorie les relations de raison portant sur des étants purement fictifs, ainsi les relations de ressemblance entre deux chimères ou de la différence entre la chimère et le bouc-cerf[2]. On y intègre également les relations entre deux privations, comme lorsqu'on conçoit la relation de distance dans l'espace imaginaire et la relation de l'antérieur-postérieur dans la succession imaginaire. Les relations établies à partir de la négation et de la privation possèdent néanmoins un fondement rationnellement plus établi que celles qui le sont dans les purs étants fictifs. Enfin, on répertorie dans cette catégorie les relations de raison entre les étants réels possibles, c'est-à-dire qui n'existent pas actuellement. La caractéristique de ces relations est de posséder un fondement d'autant plus grand dans la réalité que leurs extrêmes ne sont pas intégralement identifiables à des êtres de raison. La fonction de la relation consiste, au vue de cette subdivision, à rendre pensable la quasi totalité des modes de relations réelles par la médiation de l'analogie ou de la proportion.

La division renvoyant à un fondement insuffisant implique elle-même une subdivision effectuée à partir du constat de la diversité des défauts propres aux conditions requises (le sujet d'inhérence, le fondement et le terme) pour la relation réelle. On dégage premièrement de cette subdivision les relations prédiquées de l'étant existant relativement à un terme non existant qu'il soit fictif ou possible. On peut prendre pour exemple la présence de Dieu dans l'espace imaginaire[3]. On dit que Dieu est présent dans l'espace selon une antériorité à l'être dans les étants eux-mêmes, car Il a cette disposition en Lui. Cette présence exprime une relation de raison permettant de rendre intelligible ce qui est réel en Dieu, son immensité. Nous ne la concevons pas selon l'ordre des choses créées, et c'est pour cette raison que nous disons que Dieu est présent dans les étants possibles comme Il l'est dans les espaces imaginaires. Nous n'affirmons pas que ces derniers existent, mais nous les appréhendons pour expliquer ce mode d'existence de la substance divine comparativement à la modalité de représentation de ces espaces.

1. *Ibid.*, § 3.
2. *Ibid.*
3. *D.M.* XXX, sec. 7, § 17.

Il y a relation de raison lorsque l'un des extrêmes est pensé extérieurement à la réalité et à l'existence. Il est légitime, pour comprendre et parachever cette subdivision, de se reporter à la tripartition aristotélicienne [1] entre l'unité, l'action et la mesure.

On intègre également sous cette catégorie, les relations conçues à partir d'extrêmes qui possèdent une réalité sans avoir pour autant de distinction réelle. Des différenciations apparaissent concernant des relations de ce type. Soit on a affaire à une distinction de la raison raisonnante comme dans le cas de la relation d'identité d'un étant avec lui-même, soit d'une distinction raisonnée [2] de nature fondamentale ou virtuelle, comme la relation de distinction entre les attributs divins. La distinction de raison ne réside pas formellement et en acte dans les étants appellés distincts, c'est-à-dire existant en soi, mais en tant qu'ils servent de supports à l'élaboration de nos concepts et en tirent une dénomination particulière [3]. Ainsi, nous distinguons à partir d'un terme une relation d'identité lorsque nous disons que Pierre est identique à lui-même. Cette distinction implique une double modalité : lorsqu'elle n'a aucun fondement dans la réalité, elle est appelée « de raison raisonnante », car elle n'a pas d'autre origine qu'une construction et une opération de l'intellect. Lorsqu'elle a son fondement dans la réalité, elle est appelée « de raison raisonnée », même s'il faut reconnaître que cette formulation apparaît équivoque. Cette dénomination vient du fait que cette distinction préexiste dans l'étant lui-même antérieurement à la mise en œuvre par l'intellect de la ratiocination. On dit qu'elle est « raisonnée » eu égard à elle-même et parce qu'elle requiert uniquement la raison pour pouvoir être connue, mais non pour être établie comme telle. On l'appelle enfin distinction de raison parce qu'elle ne peut être distinguée que par une opération minutieuse et attentive de la raison ; elle ne saurait être évidente par soi.

Il est possible également d'évoquer la relation de raison raisonnée en tant qu'elle ne se trouve pas dans les étants selon une modalité actuelle et formelle mais qu'elle est pensée selon la raison. Elle est raisonnée non parce qu'elle résulterait d'un pur processus de la raison, mais à partir de ce que l'étant lui-même manifeste. Son fondement réside soit dans l'éminence de la chose elle-même, soit dans une relation particulière aux autres étants

1. Aristote, *Métaphysique*, Δ, 15, 1020b 26-31. Voir *D.M.* XLVII, sec. 10-15, dans laquelle Suárez se livre à une critique minutieuse de la pertinence et des limites de la position aristotélicienne.

2. *D.M.* VII, sec. 1, § 4.

3. *Ibid.*

qui sont réellement distincts et conformément auxquels cette relation devient pensable[1].

On inclut aussi dans cette catégorie les relations de raison qui concernent des étants différents aptes à des relations réelles prédicatives, mais qui sont dépourvues d'un fondement intrinsèque pour l'un des deux extrêmes, sujet d'inhérence et terme. Ainsi, les relations qui reposent dans l'un ou l'autre terme, sur une dénomination extrinsèque, appartiennent à cette classe. Nous en avons un exemple dans la relation du signe conventionnel. La convention ne suppose rien de réel dans le signe pour être en mesure de signifier, elle manifeste seulement une dénomination extrinsèque; ce qui revient à dire qu'aucune production conventionnelle ne saurait constituer le fondement d'une relation réelle. Il s'agit d'une pure création de l'intellect à laquelle on ne saurait attribuer un quelconque fondement ontologique. La relation de maître à esclave ne peut être fondée sur aucune référence à un quelconque statut ontologique de l'individu, elle repose sur une dénomination extrinsèque découlant de la volonté. Il y a, dans ce cas, application perverse d'une relation de raison. L'usage des êtres de raison n'est donc en aucun cas neutre et sans conséquence. Ainsi, comme le montre l'étude de la quantité discrète[2], l'unité est mathématiquement opératoire en étant intégrée dans un système de hiérarchisation numérique permettant d'établir un ordre; cette unité rend possible notre démarche énumérative; cependant, si nous considérons un groupe de trois hommes, aucun d'entre eux n'est premier, second ou troisième. L'instauration d'un ordre entre eux ne peut être que le fait de la raison. Concernant l'examen de la quantité continue[3], il en est de même, car la mesure résulte toujours d'un arrangement humain; il n'y a pas de raison majeure à ce qu'une réalité en mesure une autre plutôt que l'inverse, eu égard à l'examen des choses en elles-mêmes.

Il existe enfin un autre type de relation de raison ayant un fondement éloigné de la réalité et un fondement proche dans une dénomination extrinsèque. Les relations de raison de ce type sont appelées intentions logiques[4]. Elles correspondent aux relations de genre, espèce, prédicat, sujet d'inhérence... Les relations de raison sont également assignées aux mots puisque prédications et définitions s'effectuent par leur médiation. On est alors renvoyé à la rhétorique et à la grammaire, la fonction des mots consistant à actualiser les concepts et à porter à la détermination les étants. Dans la relation de raison, la réalité des extrêmes ne rend pas pour autant la

1. *D.M.* XLVII, sec. 11, § 13.
2. *D.M.* XLI, sec. 1, § 2.
3. *D.M.* XL, sec. 3, § 8.
4. *D.M.* LIV, sec. 6, § 8.

distinction suffisante comme dans l'exemple de « animal » et « rationnel », s'ils sont comparés à partir du genre et de la différence. On constate également des cas où le manque d'existence et d'unité d'un des extrêmes fait difficulté : la réalité universelle eu égard aux singuliers pose problème puisque l'universel en tant que tel n'existe pas et ne saurait donc avoir d'unité.

La dénomination extrinsèque provenant d'un acte de l'intellect permet de dégager trois opérations de l'intellect : la conception, le jugement et le raisonnement[1]. Par la conception, il y a production des relations de genre, espèce, définition, défini... Le jugement instaure la relation de prédicat, sujet d'inhérence, copule, proposition. Le raisonnement crée la relation d'antécédent, de conséquent, de milieu, d'extrême... Les intentions logiques montrent que l'ensemble de ces relations ne font pas partie des étants eux-mêmes; elles sont énoncées par un acte de l'intellect, elles ne peuvent donc être réelles, mais seulement de raison. Ces relations de raison ne sont pas produites sans raison ; ainsi, l'abstraction de l'universel repose sur une convenance réelle[2] qui implique une diversification postérieure en genre, espèce... On peut également fonder l'identité réelle[3] ou l'affirmation d'un étant par rapport à un autre dans le cas de la liaison d'un étant avec un autre étant, cette relation étant exprimée par le biais de la copule. Il est enfin possible d'établir une concomittance réelle[4] qui fonde le rapport *a priori* ou *a posteriori*. L'ensemble de ces relations qui ont pour fondement des dénominations provenant des actes de l'intellect reçoivent le nom « d'intentions secondes »[5]. Elles sont objets d'une intention formelle seconde. Cela signifie que ces relations de raison résultent d'une considération de l'intellect réfléchi. Il ne suffit pas de dire que tous les êtres de raison ont pour fondement une opération de l'intellect; il faut comprendre que cette opération implique un concept différent de l'étant réel constituant le modèle de représentation de l'être de raison. Il s'agit d'une intention seconde car c'est un acte de l'intellect réfléchi et second par soi puisqu'il porte sur l'objet désigné par une connaissance *a priori*; il a pour fonction de dégager de cette dernière un certain nombre de propriétés. Ce sont donc des relations logiques qui ont pour fondement une connaissance réfléchie; elles sont désignées par le terme d'intentions secondes ou de notions objectives secondes car elles sont objets d'une notion seconde ou d'une

1. *Ibid.*, § 9.
2. *D.M.* XXXV, sec. 3, § 40.
3. *D.M.* VI, sec. 2, § 13. *D.M.* VII, sec. 3, § 3-5.
4. *D.M.* XVIII, sec. 3, § 2-10.
5. *D.M.* LIV, sec. 6, § 10.

intention formelle[1]. La dénomination par antonomase des relations de raison par l'expression « réalités d'intention seconde »[2], est légitimée par le fait que leur être réside objectivement dans la connaissance réflexive de l'intellect. Il n'en reste pas moins que ces intentions secondes, quel que soit leur fondement dans les étants existants, n'ont d'intelligibilité que relativement à un ordre de succession dans les productions de l'intellect[3].

L'intellect a la possibilité de réfléchir sur les intentions secondes elles-mêmes en étudiant et en définissant les accords et les différences entre elles. Il fonde ainsi de nouvelles relations; par la notion de genre, il abstrait par exemple la relation du genre et de l'espèce. L'examen du statut logico-ontologique des relations de raison permet d'en établir la fonction épistémologique dans les différentes sciences. La possibilité de multiplier à l'infini ces relations par la médiation de fictions logiques ou de réflexions de l'intellect, élargit considérablement le champ d'extension du savoir. Ainsi apparaît le pouvoir du langage des signes qui dépendent de l'intellect dans l'élaboration de chaque science[4].

L'examen ontologique de l'étant réel trouve son achèvement dans la reconnaissance de la fonction gnoséologique de l'être de raison. Ce dernier s'inscrit logiquement dans le cadre d'une théorie transcendantale de l'objet qui fait abstraction de l'objet afin d'en donner une représentation universelle et abstraite; l'ontologie comme science universelle impliquant une conceptualisation du réel comprend l'intellect comme mesure de l'intelligibilité de ce qui est donné. L'être de raison montre précisément que la connaissance ne saurait être réduite à l'étantité de l'étant pour appréhender le réel. La production logique de l'intellect qui en découle confirme bien l'ontologie comme onto-logie, ou comme système de construction rationnelle d'une représentation de la liaison des étants entre eux. L'être de raison dans son articulation à l'ontologie comprise comme science universelle, confirme le travail de l'intellect, sa position comme acte et activité dans le processus de construction du savoir. Avec Suárez, l'être de raison devient partie prenante de l'acte cognitif; la détermination systématique de son statut épistémologico-ontologique met fin à son exclusion et au soupçon constant d'une pure création arbitraire.

1. *Ibid.*
2. *Ibid.*
3. *D.M.* VI, sec. 9, § 20; *D.M.* XV, sec. 11, § 19.
4. Sur cette question, voir l'article de J.-P. Doyle : « Suárez on Truth and Mind-Dependent Beings : Implications for a Unified Semiotic », in *Semiotics*, 1983 (New-York, 1987), p. 121-133.

FRANCIS SUÁREZ

DISPUTE LIV
LES ÊTRES DE RAISON

FRANCISCO SUÁREZ

DISPUTATIO LIV
DE ENTIBUS RATIONIS

1. RATIO OB QUAM HIC AGATUR DE ENTE RATIONIS. – Quanquam in prima disputatione hujus operis dixerimus, ens rationis non comprehendi sub proprio et directo objecto metaphysicæ, ideoque ab ipso etiam Philosopho ab hac tractione exclusum fuisse in libro 6 suæ Metaphysicæ, nihilominus ad complementum hujus doctrinæ, et ad metaphysicum munus pertinere existimo, ea, quæ communia et generalia sunt entibus rationis tradere. Est enim eorum cognitio et scientia ad humanas doctrinas necessaria ; vix enim sine illis loquimur, vel in metaphysica ipsa, vel etiam in philosophia, nedum in logica ; et (quod magis est) etiam in Theologia. Nec vero potest hoc munus ad alium, quam ad metaphysicum spectare. Nam imprimis, cum entia rationis non sint vera entia, sed quasi umbræ entium, non sunt per se intelligibilia, sed per aliquam analogiam et conjunctionem ad vera entia, et ideo nec etiam sunt per se scibilia, nec datur scientia quæ per se primo propter illa solum cognoscenda sit instituta. Quod enim hoc aliqui tribuunt dialecticæ, error dialecticus est ; nam finis illius scientiæ non est nisi dirigere et ad artem revocare rationales hominis operationes, quæ non sunt entia rationis, de quibus nunc agimus, sed entia realia. Itaque nullus artifex nullave scientia per se primo intendit entium rationis cognitionem, sed hæc tradi debet quatenus cum cognitione alicujus entis realis conjuncta est ; quomodo physicus agit de privatione, quæ conjuncta est cum materia ad formam, et agit de vacuo per comparationem ad locum, et sic de aliis.

1. Motif pour examiner ici l'être de raison. Bien que dans la première Dispute de cette œuvre[1] nous ayons dit que l'être de raison n'était pas compris sous l'objet immédiat et propre de la métaphysique, et que, par conséquent, il avait été exclu de ce traitement par le Philosophe lui-même dans le livre VI de sa *Métaphysique*[2], je pense néanmoins que le complément de cette doctrine et la tâche du métaphysicien exigent l'explication des points généraux et communs aux êtres de raison. En effet, la connaissance et la science de ces derniers sont nécessaires aux doctrines humaines; de fait, en leur absence, nous pouvons difficilement parler que ce soit en métaphysique ou en philosophie naturelle, encore moins en logique et – ce qui est encore plus important – pas davantage en théologie. Et cette tâche ne peut incomber à personne d'autre si ce n'est au métaphysicien. Car, en premier lieu, du fait que les êtres de raison ne sont pas des étants véritables, mais semblables à des ombres d'étants, ils ne sont pas intelligibles par soi, mais en vertu d'une certaine analogie et connexion avec les étants véritables[3], et par conséquent, ils ne sont pas non plus en soi objets de connaissance[4], et il n'existe aucune science instituée par soi et premièrement, uniquement pour leur connaissance. Car le fait que certains l'aient attribuée à la dialectique constitue une erreur dialectique, puisque la finalité de cette science ne consiste qu'à diriger et à réduire à un art les opérations rationnelles de l'homme; ces dernières ne sont pas des êtres de raison, ceux que nous envisageons à présent, mais ce sont des étants réels. Par conséquent, aucun créateur ou aucune science ne prétend par soi et premièrement à la connaissance des êtres de raison, mais cette connaissance doit être exposée dans la mesure où elle est liée à la connaissance d'un certain étant réel. Telle est la modalité en fonction de laquelle le physicien évoque la privation qui, articulée à la matière, est unie à la forme; et il examine le vide en le comparant au lieu, et il en est de même pour les autres êtres de raison.

1. Voir *D.M.* I, sec. 1, § 4-6.

2. Aristote, *Métaphysique*, E, 1027b 34-1028a 3.

3. Voir Suárez, *De Anima*, IV, chap. 1, n. 4 (III, p. 714); il pose que les êtres de raison possèdent une « intelligibilité secondaire ».

4. Sur le thème de ce qui est « scientifiquement connaissable » (*scibile*), voir l'article de J.-P. Doyle, « Suárez on the Unity of a scientific Habit », *The American Catholic Philosophical Quartely*, LXV (1991), p. 311-334.

2. Hoc igitur modo metaphysicæ proprium est agere de ente rationis ut sic, et de communi ratione, proprietatibus et divisionibus ejus, quia hæ rationes suo modo sunt quasi transcendentales, et intelligi non possunt nisi, per comparationem ad veras et reales rationes entium, vel transcendentales, vel ita communes, ut sint proprie metaphysicae; nam quod fictum est, vel apparens, per comparationem ad id quod vere est, intelligi debet. Quare, licet aliæ facultates, ut physica, vel dialectica, aliquando attingant aliqua entia rationis, quae cum suis objectis conjuncta sunt, ut jam exemplis ostendimus, tamen non possunt et propriis rationes quasi essentiales eorum exponere. Hoc ergo ad metaphysicum quasi ex obliquo et concomitanter spectat, ut Alexander, D. Thomas et alii, 6 Metaph., notarunt, et Aristotelem ita exponunt, ut supra advertimus ; et ideo nec ipse Aristoteles, in sua Metaphys., illa omnino prætermisit, ut patet ex lib. 4, cap. I et 2, et lib. 7, cap. ultimo. Hoc itaque in præsenti disputatione præstandum a nobis est, in qua prius qualemcumque naturam et causas hujus entis declarabimus ; deinde, adjuncta divisione, varia genera horum entium indicabimus, ea omnia in particulari attingendo, quæ ad hanc doctrinam pertinere videbuntur.

2. De cette manière, donc, il appartient à la métaphysique d'étudier l'être de raison en tant que tel, d'étudier sa raison commune, ses propriétés et ses divisions, puisque ces raisons sont selon leur modalité quasi transcendantales, et on ne peut les comprendre qu'en les comparant aux raisons véritables et réelles des étants, soit à celles qui sont transcendantales, soit à celles qui sont communes à un tel point qu'elles sont proprement métaphysiques; car ce qui est fictif ou apparent doit être compris par comparaison à ce qui est véritablement. C'est pourquoi, bien que d'autres disciplines, par exemple, la physique ou la dialectique, s'occupent parfois de certains êtres de raison qui sont en relation avec leurs objets, ainsi que nous l'avons déjà expliqué à l'aide d'exemples, néanmoins, elles ne peuvent expliquer par leur propres moyens les raisons quasi essentielles de ceux-ci <les êtres de raison>. Donc, ceci incombe au métaphysicien de façon indirecte et concomitante, comme l'ont fait remarquer Alexandre [1], Thomas d'Aquin [2] et d'autres à propos du livre VI de la *Métaphysique*, et c'est dans ce sens qu'ils invoquent l'exemple d'Aristote, comme nous l'avons constaté [3], et c'est pourquoi Aristote lui-même dans sa *Métaphysique* ne les a pas totalement écartés, comme on le voit dans le livre IV, c. 1 et 2 [4], et dans le livre VII, au dernier chapitre [5]. Tel est donc ce qui va faire l'objet de notre considération dans la présente Dispute dans laquelle nous commençons à expliquer la nature, quelle qu'elle soit, et les causes de cet être; ensuite, après avoir introduit une division, nous indiquerons les différents genres de ces étants, en mettant en évidence tous ces points qui nous sembleraient avoir un lien avec cette doctrine [6].

1. Voir Alexandre d'Aphrodise, *In Aristotelis Metaphysica Commentaria*, éd. M. Hayduck, in *Commentaria in Aristotelem Graeca*, I (Berolini, 1891), p. 458.

2. Thomas d'Aquin, *In XII libros Metaphysicorum Aristotelis expositio*, VI, c. 3, lect. 4; éd. M.-R. Cathala, O.P. (Taurini, 1950), p. 311-312, nn. 1241-1244.

3. *D.M.* I, sec. 1, § 4-6.

4. Aristote, *Métaphysique*, Γ, 1003b 8-11.

5. Aristote, *Métaphysique*, E, 4, 1027b 18.

6. C'est-à-dire de la métaphysique.

SECTIO I

An sit ens rationis, et quam essentiam habere possit

1. Non desunt etiam in hac re sententiæ extreme contrariæ, saltem in vocibus ; nam si auctores earum pressius examinentur, fortasse solum de vocibus contendunt.

Prima sententia negans entia rationis

2. Quidam ergo simpliciter negant dari entia rationis, sed omnia, quæ de iis dicuntur, posse optime de rebus ipsis intelligi, et in eis salvari. Hanc sententiam ita conatur defendere, disputandi potius quam asserendi gratia, Mairon., in Quodlib., quæst. 7 ; et quidam Bernardinus Mirandulanus, in Expositione prædicament., illam defendit. Fundamentum esse potest, quia aut ens rationis dicitur, quia est in ratione subjective, vel quia est factum a ratione, et hoc non, quia inesse et fieri sunt proprietates entium realium ; unde constat, actus et species, quæ fiunt a ratione, eique insunt, entia esse realia ; vel dicitur esse ens rationis, quia est fictum a ratione, et contradictionem involvit dicere tale ens esse, quia quod solum fingitur, non est. Vel saltem (quod ad rem magis spectat) sequitur talia entia rationis minime esse necessaria, neque ad doctrinas, neque ad res veras concipiendas ; nam fictiones intellectus ad hos fines necessariæ non sunt.

SECTION I

SI L'ÊTRE DE RAISON EXISTE, QUELLE ESSENCE PEUT-IL AVOIR ?

1. Également sur cette question, il ne manque pas de sentences extrêmement opposées, du moins dans les termes. Car si l'on procède à un examen approfondi de leurs auteurs, peut-être que leur divergence ne réside que dans les termes.

PREMIÈRE SENTENCE NIANT LES ÊTRES DE RAISON

2. Ainsi donc, certains refusent dans l'absolu que les êtres de raison existent, mais ils affirment que tout ce que l'on en dit peut parfaitement être compris relativement aux choses elles-mêmes et on est en mesure de les défendre en fonction de ces dernières. François de Meyronnes, dans les *Quodlibeta* Question 7[1], essaie de défendre cette sentence, plus dans l'intention de la discuter que de la soutenir ; et un certain Bernard Mirandulanus la défend dans son *Exposition des catégories*[2]. On peut peut-être en trouver le fondement dans le fait qu'on appelle être de raison soit ce qui existe dans la raison comme dans un sujet, soit ce qui a été produit par la raison. Mais ce n'est pas le cas, parce que « être dans » et « être produit », sont des propriétés des étants réels. Il en résulte que les actes et les espèces qui sont produits par la raison et qui résident en elle, sont des étants réels ; ou bien on appelle être de raison ce qui a été forgé par la raison, mais c'est une contradiction de dire qu'un tel étant existe, étant donné que ce qui est purement inventé n'existe pas. Ou du moins – et c'est le plus important en ce qui concerne notre sujet – il s'ensuit que de tels êtres de raison ne sont pas absolument nécessaires que ce soit pour les doctrines ou pour concevoir les choses véritables, puisque les fictions de l'intellect ne sont pas nécessaires à ces buts.

1. François de Meyronnes, *In libris Sententiarum*, Quodlibeta ..., Venise, 1517, 1520. Reprint Minerva, Francfort, 1966. Voir É. Gilson, *La philosophie au Moyen-Âge*, éd. Payot, Paris, 1986, p. 611-612.

2. Bernard Mirandulanus, *Institutio in universam logicam* (Basileae, 1545; Romae, 1562).

Alia sententia tribuens entibus rationis veram entis rationem

3. Altera sententia extreme contraria est, non solum dari entia rationis, verum etiam unica significatione, atque etiam conceptione contineri sub communi appellatione entis, quanquam secundum analogam convenientiam. Imo non desunt, qui inter nonnulla entia rationis et aliqua realia ponant univocam convenientiam, ut inter relationes, quorum sententiam superius refutavimus. Nec etiam desunt qui entibus rationis attribuant entitatem independentem ab actuali cognitione intellectus, quorum opinio attingit quæstionem de modo quo consurgunt, vel suo modo causantur entia rationis, et ideo melius eam tractabimus sectione sequenti. Fundamentum ergo hujus sententiæ esse potest, quia entia rationis absolute dicuntur esse, ut cæcitas, et similia; ergo conveniunt aliquo modo in ratione entis cum entibus realibus. Item, quia proprietates entis conveniunt entibus rationis, nam ens rationis unum est, vel plura, et est intelligibile, etc.

Vera sententia

4. Entia rationis dari oportet. – Dicendum vero est, dari aliqua entia rationis, quæ neque sunt vera entia realia, quia non sunt capacia veræ et realis existentiae, neque etiam habent veram aliquam similitudinem cum entibus realibus, ratione cujus habeant cum illis communem conceptum entis. Prior pars hujus assertionis communis est, ut patet ex communi usu et modo loquendi, tam in Theologia, quam in philosophia. Patet etiam ex distinctione superius tractata de relatione reali et rationis, nam relatio rationis, ens rationis est. Aristoteles etiam, 5 Metaphysic., textu 14, distinguit duplex esse, aliud, quod vere est in re, et aliud, quod non semper est in re, sed solum in

Autre sentence attribuant aux êtres de raison la véritable nature de l'étant

3. L'autre sentence, totalement opposée, dit que non seulement des êtres de raison existent, mais encore qu'ils sont même contenus sous la dénomination commune de l'étant avec une signification et même un concept uniques, bien que ce soit selon une certaine convenance d'analogie. Bien plus, certains ne manquent pas d'établir une convenance univoque entre certains êtres de raison et d'autres étants réels, par exemple, entre les relations ; c'est une sentence que nous avons antérieurement réfutée[1]. D'autres ne manquent pas non plus d'attribuer aux êtres de raison une entité indépendante de la connaissance en acte de l'intellect, et l'opinion de ces derniers envisage la question de la modalité selon laquelle les êtres de raison apparaissent et selon laquelle ils sont causés selon leur modalité[2], et pour cette raison, nous l'examinerons mieux à la section suivante. Donc, le fondement de cette sentence peut résider dans le fait que les êtres de raison sont dits être dans l'absolu, par exemple, la cécité, et autres choses semblables. En conséquence, ils s'accordent d'une certaine manière quant à la raison de l'étant avec les étants réels. De même, <le fondement de cette sentence est> que les propriétés de l'étant conviennent aux êtres de raison, en effet, l'être de raison est un ou multiple, et il est intelligible, etc.

La sentence vraie

4. Il faut poser des êtres de raison. Mais il faut affirmer qu'il y a certains êtres de raison qui ne sont pas des étants réels véritables parce qu'ils ne sont pas capables d'une existence réelle et véritable, et parce qu'ils n'ont aucune ressemblance véritable avec les étants réels en fonction de laquelle ils possèderaient avec ces derniers un concept commun d'étant. La première partie de cette affirmation est commune comme on le voit, par l'usage et la façon de parler ordinaire, aussi bien en théologie qu'en philosophie. Cela est également manifeste à partir de la distinction déjà exposée entre la relation réelle et la relation de raison[3], car la relation de raison est un être de raison. Aristote également, en *Métaphysique* V, texte 14[4], distingue deux types d'être, l'un existant véritablement dans la réalité, l'autre n'existant pas toujours dans la réalité, mais seulement dans

1. Voir *D.M.* XLVII, sec. 3, § 2-5.
2. C'est-à-dire par l'intellect.
3. Voir *D.M.* XLVII, sec. 3, § 2-5.
4. Aristote, *Métaphysique*, Δ, c. 7, 1017a 32.

apprehensione mentis, ut cum dicimus hominem esse caecum, nam illud esse non indicat aliquid quod sit in homine, sed potius adjuncto tali prædicato ab illo aliquid removet; tamen quia intellectus per modum entis apprehendit illam carentiam visus ideo illam esse dicit in homine, quod esse significat veritatem propositionis, non existentiam in re. Atque ita ex hoc loco colligunt entia rationis D. Thomas, et allii expositores. Et eodem modo idem Aristoteles, 4 Metaphys., text. 2, negationes et privationes numerat inter ea quae aliquo modo dicuntur entia. Atque hoc magis constabit ex iis quæ infra dicemus de divisionibus entis rationis.

5. Entis rationis notanda divisio. – Non potest autem ratione confirmari haec pars, nisi prius explicemus quale esse, aut qualem essentiam habeat hoc ens rationis, de quo loquimur. Cum autem ens rationis, ut ipsum nomen præ se fert, habitudinem dicat ad rationem, merito distingui solet multiplex ens rationis, juxta diversas habitudines. Est enim quoddam ens, quod effective fit a ratione, vera tamen et reali efficientia; quomodo omnia artificiata possunt entia rationis appellari, quia per rationem fiunt; non est tamen in usu hæc appellatio, quia propter solam habitudinem ad causam efficientem vel exemplarem non solet effectus ita singulariter appellari. Aliud est habitudo ad rationem ut ad subjectum inhaesionis, et est magis propria denominatio, nam accidens dicitur esse ejus subjecti in quo est, quia accidens est entis ens, et ita omnes perfectiones, quae inhaerent intellectui, sive ab illo fiant, sive aliunde proveniant vel infundantur, dici possunt entia rationis. Sed nunc non est sermo de illis, quia illa sunt vera entia realia, contenta sub generibus accidentium hactenus declaratis; unde neque illa acceptio entis rationis multum est usitata, quia ratio valde materialiter consideratur in ea habitudine. Alio ergo modo dicitur aliquid esse in ratione per modum objecti, nam quia cognitio fit per

l'appréhension de l'esprit, comme lorsque nous disons qu'un homme est aveugle car cet être n'indique pas quelque chose qui est en l'homme, mais qui, plutôt, avec l'ajout de ce prédicat lui retire quelque chose. Néanmoins, étant donné que l'intellect appréhende ce défaut de vision à la manière d'un étant, il affirme que ce défaut est dans l'homme parce que « être » désigne dans ce cas, la vérité de la proposition, et non l'existence dans la réalité. Et c'est ainsi que Thomas d'Aquin et d'autres commentateurs déduisent les êtres de raison à partir de ce passage. Et Aristote lui-même, *Métaphysique* IV, texte 2 [1], compte les négations et les privations au nombre des choses qui sont en quelque manière appelées étants. Cela apparaîtra par la suite avec plus de clarté en ce qui concerne les divisions de l'être de raison [2].

5. DIVISION DE L'ÊTRE DE RAISON SUSCEPTIBLE D'ÊTRE PRISE EN COMPTE. Cependant, on ne peut confirmer rationnellement cette partie si nous n'expliquons pas d'abord quelle sorte d'être (*esse*) ou quelle sorte d'essence possède l'être de raison dont nous parlons. Mais puisque l'être de raison, ainsi que son propre nom l'indique, implique une relation avec la raison, on a l'habitude de distinguer légitimement une multitude de classes d'êtres de raison, en fonction des diverses relations. Il y a, en effet, un certain étant qui est produit effectivement par la raison avec une efficience réelle et véritable. Ainsi, on peut donner à tous ces artefacts le nom d'êtres de raison, puisqu'ils sont produits par la raison ; cependant, cette détermination n'est pas en usage parce que d'habitude, un effet ne reçoit pas une qualification de manière aussi singulière par la seule référence à la cause efficiente ou exemplaire. Il y a une autre relation à la raison, comme à un sujet d'inhérence, et il s'agit d'une dénomination plus appropriée, puisque l'on dit que l'accident appartient au sujet dans lequel il se trouve, étant donné que l'accident est un étant d'étant (*ens entis*), et en ce sens, toutes les perfections inhérentes à l'intellect, qu'elles soient produites par lui, qu'elles proviennent d'ailleurs ou qu'elles soient transmises, peuvent être appelées êtres de raison. Mais pour le moment, nous ne nous référons pas à ces derniers, puisqu'il s'agit d'étants réels véritables, contenus sous les genres des accidents expliqués jusqu'ici [3]. C'est pourquoi cette acception de l'être de raison n'est pas non plus très usuelle, puisque dans la relation en question, la raison est considérée de manière trop matérielle. Donc, selon une autre modalité, on dit que quelque chose est dans la raison à la façon d'un objet. Car, étant donné que la connaissance se produit par une

1. Aristote, *Métaphysique*, Γ, 2, 1003b 8-11.
2. Voir section 3.
3. Suárez nous renvoie aux *Disputes métaphysiques* XXXIX à XLIII.

quamdam assimilationem et quasi attractionem rei cognitæ ad cognoscentem, dicitur res cognita esse in cognoscente, non solum inhæsive per suam imaginem, sed etiam objective secundum seipsam.

6. Id autem, quod sic est objective in mente, interdum habet, vel potest habere in se verum esse reale, secundum quod rationi objicitur, et hoc absolute et simpliciter non est verum ens rationis, sed reale, quia hoc esse est quod simpliciter per se illi convenit, objici autem rationi est illi extrinsecum et accidentale. Aliquid vero interdum objicitur seu consideratur a ratione, quod non habet in se aliud reale ac positivum esse praeterquam objici intellectui seu rationi de illo cogitanti, et hoc propriissime vocatur ens rationis, quia est aliquo modo in ratione, scilicet, objective, et non habet alium nobiliorem aut magis realem essendi modum, unde possit ens appellari. Et ideo recte definiri solet, ens rationis, esse illud, *quod habet esse objective tantum in intellectu*, seu esse id, *quod a ratione cogitatur ut ens, cum tamen in se entitatem non habeat.* Unde recte dixit Comment. 6 Metaphys., comment. 3, ens rationis solum posse habere esse objective in intellectu. Et Divus Thomas, opusc. 42, cap. 1, ait, tunc effici ens rationis, quando intellectus nititur apprehendere quod non est, et ideo fingit illud aliquo modo ut ens ; et idem significat I p., q. 16, art. 3, ad 2 ; et I-II, q. 8, art. 1, ad 3, ait, *illud quod non est in rerum natura, accipi ut ens in ratione*. Eodem modo declarant naturam entis rationis Soncinas, lib. 10 Metaphys., q. 5 ; Cajetan, de Ente et essent., c. 1 ; Durand,

certaine assimilation et en tant qu'attraction de la chose connue vers celui qui connaît, on dit que la chose connue est dans celui qui connaît, non seulement de manière inhérente par son image, mais également objectivement selon elle-même [1].

6. Cependant, ce qui se trouve ainsi objectivement dans l'esprit, possède parfois, ou peut posséder en soi un être réel véritable, en fonction duquel il s'offre comme objet à la raison [2], et ceci n'est pas absolument et simplement un être de raison véritable, mais un être réel, puisque cet être réel lui convient absolument et par soi, tandis que le fait de s'offrir à la raison comme objet lui est extrinsèque et accidentel. Mais parfois, quelque chose s'offre en tant qu'objet, ou bien est considéré par la raison, sans avoir en soi d'autre être réel et positif que celui de s'offrir à l'intellect ou à la raison qui le pense, et c'est cela que l'on appelle proprement être de raison puisqu'il réside en quelque sorte dans la raison, à savoir objectivement, et il n'a pas une autre manière d'être plus noble ou plus réelle par l'intermédiaire de laquelle on pourrait l'appeler étant. C'est pourquoi on a l'habitude de définir avec exactitude l'être de raison comme ce « qui possède l'être objectivement seulement dans l'intellect », ou bien comme ce « qui est pensé par la raison comme étant, quand bien même il ne possède pas en soi d'entité ». Pour cette raison, le Commentateur, livre VI de la *Métaphysique*, commentaire 3 [3], a très bien dit que seul l'être de raison peut avoir l'être objectivement dans l'intellect. Et Thomas d'Aquin, *Opuscule* 42, chapitre1 [4], affirme qu' un être de raison est produit quand l'intellect s'efforce de saisir ce qui n'est pas, et donc en quelque manière le forge comme un étant; il nous laisse entendre la même chose dans la *Somme Théologique*, I, I q. 16, a. 3, ad 2, ainsi que dans I, II, q. 8, a. 1, ad 3; il affirme que ce qui n'est pas dans la réalité, est appréhendé comme étant dans la raison. La nature de l'être de raison est expliquée de la même manière par Soncinas, livre X, *Métaphysique*, q. 5 [5]; par Cajetan dans *De l'étant et de l'essence*, chapitre 1 [6]; par Durand de saint Pourçain,

1. Suárez se réfère ici explicitement à la distinction entre le concept formel et le concept objectif; voir *D.M.* II, sec. 1, § 1 et § 11. Voir également *De la Trinité* IX, 8, § 4 (t. I, éd. Vivès, p. 744) et § 9, p. 745.

2. Voir J.-P. Doyle, « Suárez on the reality of the Possibles, « The Modern Schoolman, XLV, 1967, particulièrement p. 40-42; et « Suárez on the Analogy of Being », « The Modern Scoolman », XLVI, 1969, p. 331-333.

3. Averroès, *In Libros Metaphysicorum Aristotelis*, 1. VI, c. 2, comm. 8; éd. Venetiis apud Junctas, 1574, VIII, p. 152.

4. Thomas d'Aquin, *De natura generis*, c. 1.

5. Soncinas, *Quaestiones metaphysicales acutissimae* (éd. Venetiis, 1588), In L. IV, q. 5, p. 10.

6. Thomae de Vio, Caietani, *In De Ente et Essentia D. Thomae Aquinatis, Commentaria*, cura et studio P.M.-H. Laurent, O.P. (Taurini, 1934), p. 23.

in 1, d. 19, quaest. 5, n. 6 et quaest. 6, n. 9, et d. 33, q. 1, n. 10, quamvis hic addat : totum esse entis rationis esse denominationem extrinsecam ab actu rationis, quod æquivocum est et habet difficultatem tractandam sectione sequenti.

7. Ex haec ergo declaratione vocis, quæ etiam est definitio rei significatæ, quantum hic esse potest, manifeste colligi videtur dari aliquid, quod illo titulo possit ens rationis dici. Nam multa cogitantur ab intellectu nostro, quae in se non habent reale esse, etsi cogitentur ad modum entium, ut patet in exemplis adductis de cæcitate, relatione rationis, etc. Item multa cogitantur quæ sunt impossibilia, et modo possibilium entium finguntur, ut chymæra, quæ non habent aliud esse quam cogitari. Item, hoc ipsum quod agimus disputando de ente rationis non fit sine aliqua cogitatione ejus, et per reflexionem etiam concipimus nos disputare de quodam genere entis, quod in se vere non est. Nemo ergo, nisi propriam vocem ignoret negare potest dari aliquid hujusmodi sola cogitatione fictum, nisi forte in æquivoco laboret in usu illius verbi, *dari,* aut *esse.* Cum enim dicimus dari aut esse entia rationis, non intelligimus dari aut esse a parte rei secundum veram existentiam, alias repugnantiam in terminis involveremus ; unde si hoc solum negare intendunt, qui negant dari entia rationis, nobis non contradicunt, non tamen utuntur illis verbis juxta subjectam materiam ; dicuntur enim dari aut esse hujusmodi entia non simpliciter, sed secundum quid, juxta capacitatem eorum, scilicet, tantum objective in intellectu, et sic est res clara. Modum autem hujus existentiæ magis declarabimus in sectione sequenti.

Commentaire du Livre I des Sentences, dist. 19, q. 5, n. 6[1] et q. 6, n. 9 et dist. 33, q. 1, n. 10, quoiqu'il ajoute toutefois : l'être tout entier de l'être de raison consiste en une dénomination extrinsèque dérivée de l'acte de la raison, c'est donc un être équivoque et cela offre une difficulté qui sera évoquée à la section suivante.

7. Ainsi donc, à partir de cette explication du mot qui est également la définition de la chose signifiée autant que faire se peut, on semble déduire manifestement que quelque chose est attribué à ce que l'on peut qualifier, par ce nom, être de raison, Car il y a beaucoup de choses pensées par notre intellect qui n'ont pas en soi un être réel, même si elles sont pensées sous le mode de l'étant, ainsi qu'on le voit dans les exemples allégués sur l'aveuglement, la relation de raison, etc. De même, on pense à beaucoup de choses qui sont impossibles et que l'on imagine comme des étants possibles, par exemple la chimère, et qui n'ont d'autre être que (le fait) d'être pensées[2]. D'autre part, tout ce qui nous occupe en disputant sur l'être de raison ne se fait pas sans y penser, et par la réflexion nous concevons également que nous discutons d'un certain genre d'étant qui en soi ne l'est pas véritablement. Ainsi donc, personne, à moins d'ignorer le mot lui-même, ne peut nier que l'on présente quelque chose de semblable, imaginé par la pensée seule, à moins d'être victime d'une équivoque dans l'emploi du mot « être donné » ou « être ». En effet, lorsque nous disons que sont donnés, ou qu'il y a des êtres de raison, nous ne croyons pas qu'ils soient donnés ou qu'il y en ait dans la réalité selon une existence véritable, parce que, dans le cas contraire, nous serions confrontés à une contradiction dans les termes. Donc, si c'est uniquement ce que prétendent nier ceux qui nient que les êtres de raison soient donnés, il n'y a pas d'opposition entre nous, même s'ils n'emploient pas ces mots suivant la matière en question ; car on dit que sont donnés, ou qu'il y a de tels êtres, non dans l'absolu, mais relativement, selon leur capacité, c'est-à-dire seulement objectivement dans l'intellect, et dans ce cas, la chose est claire. Et nous expliquerons mieux le mode de cette existence à la section suivante.

1. Durand de saint Pourçain, *In Petri Lombardi Sententias Theologicas Commentariorum libri IIII* (éd. Venetiis), 1571.

2. Lorsque Suárez classe les choses impossibles parmi les êtres de raison, il s'accorde avec Averroès, *In Metaphy.*, VI, c. 2, t. 3 ; (éd. Venise, 1562, f. 152). Contre cette perspective, voir Duns Scot, *Quodl.*, III, a. 1, éd. Alluntis (Madrid, 1968), p. 93-94.

CUR ENTIA RATIONIS EXCOGITATA SINT

8. Secundo colligitur ex dictis quæ sit radix vel occasio fingendi aut excogitandi hujusmodi entia rationis. Triplex enim assignari potest. Prima est cognitio quam intellectus noster consequi conatur de ipsis etiam negationibus, et privationibus, quæ nihil sunt. Cum enim objectum adæquatum intellectus sit ens, nihil potest concipere, nisi ad modum entis, et ideo dum privationes aut negationes concipere conatur eas concipit ad modum entium, et ita format entia rationis. Hanc rationem tangit D. Thomas citatis locis, quae non videtur habere locum in relationibus rationis, et ideo addenda est secunda causa proveniens ex imperfectione nostri intellectus; cum enim aliquando non possit cognoscere res prout in se sunt, eas concipit per comparationem unius ad aliam, et ita format relationes rationis, ubi verae relationes non sunt. Sicut enim, quia non potest unico conceptu distincte cognoscere totam perfectionem unius rei simplicis, eam partitur diversis conceptibus, et sic format distinctionem rationis, ita dum inter se comparat ea quæ in re ipsa relata non sunt, relationem rationis format. Indiget autem sæpe ea comparatione, quia non potest concipere rem prout in se est; vel certe quia modo sibi accommodato vult explicare id quod est in re sine tali modo, ut cum prædicat idem de seipso, dicens esse idem sibi. Atque hi duo modi fundantur aliquo modo in rebus, vel ordinantur ad cognoscendum aliquid, quod vere de rebus ipsis dici potest. Est tamen tertia causa proveniens ex quadam foecunditate intellectus, qui potest ex veris entibus ficta conficere, conjungendo partes quæ in re componi non possunt, quomodo fingit chymaeram, aut quid simile, et ita format illa entia rationis, quæ vocantur impossibilia, et ab aliquibus dicuntur entia prohibita. In his autem conceptionibus non fallitur intellectus, quia non affirmat ita esse in re, sicut ea concipit conceptu simplici, in quo non est falsitas. Et ita satis responsum est argumentis primae sententiæ.

POURQUOI A-T-ON INVENTÉ LES ÊTRES DE RAISON ?

8. À partir de ce qui a été dit, on en déduit, en second lieu, quelle est la source ou le moment favorable pour forger ou penser ces êtres de raison. Il faut, en effet, en mentionner trois. La première, c'est la connaissance que notre intellect s'efforce également d'obtenir des négations et des privations qui ne sont rien. Puisqu'en effet l'objet adéquat de l'intellect est l'étant qui ne peut être conçu autrement que selon la modalité de l'étant. C'est pourquoi, quand il s'efforce de concevoir les privations ou les négations, il le fait sur le mode des étants[1], formant ainsi des êtres de raison. Cet argument auquel se réfère Thomas d'Aquin dans les passages mentionnés, ne semble pas pouvoir être appliqué dans les relations de raison, et on doit, en conséquence, ajouter la deuxième cause provenant de l'imperfection de notre intellect ; en effet, étant donné que parfois il ne peut connaître les choses telles qu'elles sont en soi, il les conçoit par comparaison, en formant de la sorte des relations de raison là où il n'y en a pas de véritables. Car, de la même manière que, ne pouvant connaître distinctement avec un concept unique toute la perfection d'une réalité simple, il la divise en concepts, et, selon cette modalité, il forme une distinction de raison, de même, en comparant entre elles des choses qui dans la réalité ne sont pas en relation, il forme la relation de raison. Et il a souvent besoin de cette comparaison, ne pouvant concevoir la chose telle qu'elle est en soi ; ou bien parce qu'il veut expliquer selon une modalité qui lui convienne ce qui est réellement indépendamment de cette modalité, comme lorsqu'il prédique une chose d'elle-même, en affirmant qu'elle s'y identifie. Et ces deux modalités sont en quelque sorte fondées dans les choses, ou s'ordonnent à la connaissance de quelque chose que l'on peut affirmer vraiment des choses elles-mêmes. Il y a pourtant une troisième cause dérivée d'une certaine fécondité de l'intellect, lequel est en mesure, en partant d'étants véritables, d'en élaborer d'autres fictifs en réunissant des parties qui ne peuvent constituer une composition dans la réalité, tout comme on invente la chimère ou quelque chose de semblable, en formant ainsi ces êtres de raison qu'on appelle impossibles et que certains nomment êtres « interdits »[2]. Or, dans ces conceptions, l'intellect ne se trompe pas parce qu'il n'affirme pas que ces choses sont dans la réalité telles qu'il les conçoit au moyen d'un simple concept ne comportant aucune erreur. On a donc suffisamment répondu aux arguments de la première sentence.

1. Suárez dans *De Anima*, IV, c. 1 (III, 713-715) examine l'étant en tant qu'objet adéquat de notre intellect.

2. Le terme être« interdit » signifie « être impossible », voir François de Meyronnes, *Quodl.* VII, n. 7 ; fol. 239v.

Quid commune sit entibus rationis cum realibus

9. Tertio, facile est ex dictis contra posteriorem sententiam ostendere, ens rationis, quamvis aliquo modo participet nomen entis, et non mere æquivoce et casu (ut aiunt), sed per aliquam analogiam et proportionalitatem ad verum ens, non tamen posse participare aut convenire cum entibus realibus in conceptu ejus. Prior pars constat ex Aristotele, 4 Metaph., in principio, ubi analogiam entis declarat etiam in ordine ad privationes et negationes; lib. 5, cap. 7, in divisione entis similiter numerat entia rationis; in illo autem libro non distinguit nomina mere æquivoca. Præterea, quia, ut ex dictis constat, ens rationis non est appellatum ens, nisi quia ad modum entis fingitur et cogitatur, ut in relationibus rationis manifeste constat; sicut etiam distinctio rationis appellatur distinctio propter aliquam proportionem ad veram distinctionem rei, vel quia aliquo modo fundatur in distinctione conceptuum, quam intellectus facit. Denique, quod secundum nullam habitudinem vel proportionem comparari potest ad verum ens, non potest ens rationis appellari, neque appellationem entis ullo modo participare; ergo non dicitur ens de ente rationis nisi per aliquam analogiam, saltem proportionalitatis, aut aliquam habitudinem, scilicet, quia aliquo modo fundatur in ente, vel illud refert.

10. Nullus communis conceptus entibus realibus et rationis assignari potest. – Communis autem conceptus nullo modo habet hic locum, quia hujusmodi conceptus requirit ut forma significata per nomen vere et intrinsece participetur ab inferioribus; esse autem, a quo ens dictum est, non potest intrinsece participari ab entibus rationis, quia esse objective tantum in ratione non est esse, sed est cogitari aut fingi. Unde communis descriptio, qualis dari potest de communi conceptu entis, scilicet, id quod habet esse, revera non convenit entibus rationis, et ideo nec dici possunt habere essentiam, quia essentia, simpliciter dicta, dicit habitudinem ad esse, seu capacitatem ejus; ens autem rationis tale est,

QU'Y A-T-IL DE COMMUN ENTRE LES ÊTRES DE RAISON ET LES ÉTANTS RÉELS ?

9. Troisièmement, en fonction de ce qui a été dit, il est facile de démontrer, à l'encontre de la seconde sentence, que l'être de raison, bien qu'il participe selon une certaine modalité au nom d'étant et qu'il ne le fasse pas du fait d'une simple équivocité ou hasard – ainsi qu'on le dit – mais par une certaine analogie et proportionnalité avec l'étant véritable, néanmoins, il ne peut participer ou appartenir aux étants réels dans leur concept. Le premier moment est évident pour Aristote, *Métaphysique* IV, au commencement[1], dans lequel il explique l'analogie de l'étant également relativement aux privations et aux négations; et au livre V, chapitre 7[2], dans la division de l'étant, il énumère selon la même modalité les êtres de raison ; et dans ce livre, il ne divise pas les noms purement équivoques. En outre, il s'ensuit que l'être de raison, n'a été appelé étant que parce qu'il est forgé et pensé selon la modalité de l'étant, comme on le voit manifestement dans les relations de raison; c'est ainsi que la distinction de raison est appelée distinction à cause d'une certaine proportion avec la distinction véritable et réelle, ou parce qu'elle est, en quelque sorte, fondée dans la distinction de concepts qu'opère l'intellect. Finalement, ce que l'on ne peut comparer à l'étant véritable, aucune relation[3] ou proportion, ne peut être appelé être de raison, ni participer en aucune manière à la dénomination d'étant; donc, on n'appelle pas étant, l'être de raison, si ce n'est par une analogie particulière, à tout le moins de proportionnalité, ou par une certaine relation, c'est-à-dire parce qu'il est fondé en quelque sorte dans l'étant, ou qu'il s'y réfère.

10. ON NE PEUT INDIQUER AUCUN CONCEPT COMMUN AUX ÉTANTS RÉELS ET AUX ÊTRES DE RAISON. – Or, un concept commun ne peut ici avoir sa place, puisqu'un tel concept exige que la forme signifiée par le nom soit intrinsèquement et véritablement partagée par les inférieurs ; et « être » à partir de quoi quelque chose est appelé « étant », ne peut être intrinsèquement partagé par les êtres de raison, puisque être objectivement uniquement dans la raison, ce n'est pas être, mais c'est être pensé ou forgé. C'est pourquoi la description commune qui peut être donnée concernant le concept commun d'étant, à savoir ce qui a l'être, n'appartient pas en réalité aux êtres de raison, et en ce sens, on ne peut pas dire non plus qu'ils possèdent une essence, puisque l'essence, considérée dans l'absolu, exprime la relation à l'être ou sa capacité. Par contre, l'être de raison est tel qu'il est pour lui

1. Aristote, *Métaphysique*, Γ, 2, 1003b 8-11.
2. *Ibid.*, 1017a 18.
3. Pour le terme *habitudo*, voir section II, § 10.

ut ei repugnet esse. Ex quo etiam nascitur differentia inter accidens et ens rationis ; nam accidens, absolute et sine addito potest dici ens, quia licet sit analogice ens, tamen est proprie et intrinsece ens ; ens autem rationis non potest absolute dici ens, sed cum aliquo addito, quod declarat non esse verum ens, sed per modum entis cogitatum. Et confirmatur, quia plus distat in ratione entis, ens rationis ab ente reali, quam homo pictus a vero, nam hic saltem intercedit realis similitudo in aliquo accidente, quæ inter ens reale et rationis nulla esse potest. Dices : simili argumento probaretur non posse hic intervenire analogiam proportionalitatis, quia ens rationis neque proportionem habere potest cum ente reali. Respondetur, quamvis ens rationis ut sic in se non habeat proportionem aut fundamentum proportionis, quia in se nihil est, cogitatur tamen ad modum habentis proportionem vel habitudinem, et hoc satis est ad fundandam aliquam analogiam, quam docuit D. Thomas, quæst. 2 de Veritat., a. 11, ad quintum.

contradictoire d'être. C'est à partir de là que surgit également la différence entre l'accident et l'être de raison; car, l'accident dans l'absolu et sans aucun ajout, peut être qualifié d'étant parce que, bien qu'il soit un étant selon une modalité analogique, néanmoins, il l'est intrinsèquement et proprement[1]; au contraire, l'être de raison ne peut être qualifié d'étant de manière absolue, mais avec un ajout particulier, ce qui explique qu'il ne soit pas un étant vrai, mais qu'il soit pensé sur le mode de l'étant. Et on le confirme, parce que dans la raison de l'étant, l'être de raison diffère davantage de l'étant réel qu'un homme peint diffère de l'homme véritable, car dans ce cas, intervient au moins une ressemblance réelle dans un accident particulier, alors qu'entre l'étant réel et l'être de raison, il ne peut y en avoir aucune. On objectera qu'au moyen d'un argument similaire, on prouverait que l'analogie de proportionnalité ne peut intervenir ici, puisque l'être de raison ne peut pas non plus avoir de proportion avec l'étant réel. On répond que, bien que l'être de raison en tant que tel n'ait pas en soi la proportion ou le fondement de la proportion parce qu'en lui-même il n'est rien, néanmoins, il est pensé comme s'il avait une proportion ou une relation, et cela suffit pour servir de fondement à une certaine analogie, et c'est ce que Thomas d'Aquin nous a appris, *De la vérité*, q. 2, a. 11, ad. 5[2].

1. On peut se rapporter à l'article éclairant de J.-P. Doyle, « Suárez on the Analogy of Being », *The Modern Schoolman*, XLVI, n. 3, Mars 1969.

2. Thomas d'Aquin, *De veritate*, éd. Léonine, tome XXII, Vol. 1, 1975, p. 80.

SECTIO II

Utrum ens rationis habeat causam et quænam illa sit

1. Entis rationis nulla causa finalis. – Formalis nulla. – An aliquam materialem. – Hæc quæstio solum potest intelligi de causa efficiente, nam ens rationis ex se nullam proprie habet finalem causam, quia non est aliquid per se intentum a natura, vel ab aliquo agente. Quod si ex parte hominis excogitantis aut fingentis entia rationis, finalis aliqua ratio reddi possit, illa magis est finalis ratio ipsius cogitationis hominis, quam ipsius objecti facti et cogitati, et ille finis satis explicatus est in sectione praecedenti. Rursus, cum ipsum ens rationis fingatur per modum cujusdam formæ, ut relationis, vel aliquid simile, non est illi necessaria alia formalis causa. Ac denique, cum in nulla re sit subjective, sed tantum objective in intellectu, ut dictum est, etiam non habet causam materialem, quanquam si res, quæ ab ente rationis denominatur, consideretur per modum subjecti, possit dici materia vel quasi materia illius denominationis aut formæ. Et consequenter si illud sic denominatum consideretur ut quid compositum per rationem, possit dici habere causam formalem, scilicet, ipsum ens rationis in abstracto sumptum ; ut cum homo, verbi gratia, dicitur species, illud concretum, *species,* est quoddam ens rationis, cujus materia est homo, forma vero relatio speciei ; quod quidem secundum varias opiniones, et pro varietate etiam entium rationis explicandum est diversis modis, juxta ea quæ inferius dicemus.

SECTION II

L'ÊTRE DE RAISON A-T-IL UNE CAUSE, ET QUEL GENRE DE CAUSE EST-CE ?

1. IL N'Y A PAS DE CAUSE FINALE DE L'ÊTRE DE RAISON – FORMELLE NON PLUS – A-T-IL UNE CAUSE MATÉRIELLE ? – On ne peut comprendre cette question qu'en l'appliquant à la cause efficiente, car l'être de raison n'a de lui-même proprement aucune cause finale, parce que ce n'est pas quelque chose par soi voulu par la nature ou par quelque agent. Et si on peut indiquer quelque cause finale de la part de l'homme qui pense ou forge les êtres de raison, il s'agit plutôt d'une cause finale de ce que l'homme pense plutôt que de l'objet propre produit ou pensé, cette fin ayant été suffisamment expliquée à la section précédente [1]. Inversement, étant donné que l'être de raison lui-même est imaginé selon la modalité d'une certaine forme, par exemple d'une relation ou de quelque chose de semblable, il n'a pas besoin d'une autre cause formelle. Et, en fin de compte, parce qu'il n'est subjectivement dans aucune chose, mais seulement objectivement dans l'intellect, ainsi qu'on l'a dit, il n'a pas non plus de cause matérielle, bien que, si ce qui est nommé par l'être de raison était considéré selon la modalité d'un sujet, on pourrait l'appeler matière ou quasi matière de cette dénomination ou forme. Et, en conséquence, si on considère ce qui a été ainsi appelé comme composé par la raison, on pourrait dire qu'il possède une cause formelle, à savoir l'être de raison lui-même abstraitement considéré. Ainsi, par exemple, lorsqu'on dit que l'homme constitue une espèce, ce concret espèce est un certain être de raison dont la matière est l'homme, et la forme la relation spécifique ; on doit l'expliquer de diverses manières suivant les différentes opinions et également suivant la variété des êtres de raison, en accord avec ce que nous allons dire par la suite.

1. Section I, § 8.

Prima sententia de causa efficiente entium rationis

2. De causa ergo efficiente solum dicendum est. Aliqui enim hanc causam simpliciter negant de entibus rationis. Ita sensit Soncin., 6 Metaph., quaest. 18, quamvis non dicat absolute non habere causam, sed non habere causam dantem eis esse, et loquitur aperte de esse existentiæ, quo sensu est res clarissima, quia ostensum est ens rationis non habere esse nisi objectivum in intellectu. Ut tamen superius dixi, hae quæstiones accipiendae sunt juxta subjectam materiam, et ideo, suppositis quae diximus de natura entis rationis, ineptum esset inquirere causam quæ per realem efficientiam illi esse tribuat, sive mediate, sive immediate. Tamen, cum ens rationis non semper sit eo modo quo esse potest, aliquando vero esse incipiat eodem proportionali modo, non est ineptum quærere causam hujus qualiscunque esse talis entis.

Assertio prima

3. Causa efficiens entis rationis datur, et quomodo illud attingat. – Sic ergo dicendum necessario est primo, dari aliquam causam efficientem, a qua habet ens rationis ut suo modo sit, quanquam efficientia ejus, ut est realis productio, ad illud non terminetur, ut ad terminum effectionis, sed tantum ut ad objectum ipsius termini producti. Probatur, quia quamvis ens rationis non habeat esse reale, habet tamen esse objectivum, quod tamen non semper habet; ergo quod nunc illud habeat, et non antea, in aliquam causam aliquo modo efficientem referendum est; alioqui nulla ratio sufficiens illius qualiscunque varietatis reddi posset. Item illud esse objectivum, quamvis in ipso ente rationis nihil sit, tamen necessario supponit aliquod esse reale, in quo fundetur, vel a cujus denominatione seu habitudine illud esse objectivum quasi resultet; illa ergo causa, quæ efficit

PREMIÈRE SENTENCE SUR LA CAUSE EFFICIENTE DES ÊTRES DE RAISON

2. Par conséquent, nous ne devons nous occuper que de la cause efficiente. En effet, il y en a qui, à propos des êtres de raison, récusent purement cette cause. Tel est le sentiment de Soncinas, *Métaphysique*, VI, q. 18[1], bien qu'il ne dise pas absolument qu'ils n'ont pas de cause, mais qu'ils n'ont aucune cause qui leur attribue l'être, en se référant ouvertement à l'être de l'existence, et en ce sens, cela est très clair, puisqu'on a démontré que l'être de raison possède seulement l'être objectif dans l'intellect. Or, comme je l'ai déjà dit[2], on doit interpréter ces questions en accord avec la matière que l'on examine, et c'est pourquoi ce qui a été dit sur la nature de l'être de raison étant acquis, il serait déplacé de chercher une cause qui lui confère l'être par une efficience réelle, soit médiatement, soit immédiatement. Cependant, étant donné que l'être de raison n'existe pas toujours selon la modalité qu'il peut avoir, et que, parfois, il commence à être selon la même modalité proportionnelle, il n'est pas déplacé de rechercher la cause de l'être de tel étant[3], quel qu'il soit.

PREMIÈRE AFFIRMATION

3. IL Y A UNE CAUSE EFFICIENTE DE L'ÊTRE DE RAISON. SELON QUELLE MODALITÉ AFFECTE-T-ELLE CE DERNIER ? – Ainsi donc, il faut d'abord affirmer que l'on pose une cause efficiente à laquelle l'être de raison doit d'être selon sa modalité, bien que son efficience, en tant qu'elle est une production réelle, ne s'achève pas en lui comme dans un terme de son efficience, mais seulement comme un objet du terme lui-même produit[4]. On l'établit parce que même si l'être de raison n'a pas d'être réel, il a néanmoins un être objectif qu'il ne possède pas toujours ; donc, <cet être> que celui-ci possède maintenant et non pas antérieurement, devra renvoyer à une cause particulière qui sera en quelque sorte efficiente, sinon on ne pourrait donner aucune raison suffisante de cette différence, aussi minime soit-elle. De plus, cet être objectif, bien qu'il ne soit rien dans l'être de raison lui-même, présuppose néanmoins quelque être réel dans lequel il est fondé, ou à partir duquel cet être objectif en résulterait par dénomination ou relation. Donc, la cause qui produit

1. Soncinas, *Quaestiones metaphysicales*..., L. VI, q. 18, p. 127.

2. Section I, § 7.

3. Voir le § 3 de cette même section.

4. Le « terme produit » correspondra au concept formel et son objet sera le concept objectif.

tale esse reale, est causa entis rationis. Et hinc facile patet posterior pars conclusionis, nam talis causa per realem efficientem aliquid operatur, ut, verbi gratia, talem cognitionem vel fictionem, quæ in ipso intellectu quippiam reale est; tota vero illa efficientia, ut ad terminum realis productionis terminatur ad formalem conceptum ipsius mentis, et ibi sistit; inde tamen fit, ut illemet conceptus formalis terminetur aliquo modo, ut ad objectum, ad ipsum ens rationis, quod cogitatur aut fingitur. Atque ita tandem ipsum ens rationis habet esse objectivum in intellectu.

Assertio secunda

4. Intellectus est causa efficiens entis rationis. – Dico secundo: intellectus est causa efficiens entium rationis; efficit autem illa, efficiendo solum aliquam cogitationem, vel conceptum suum, ratione cujus dicitur ens rationis habere esse objectivum in intellectu. Hæc satis constat ex praecedenti, et ex ipsa appellatione entis rationis, prout superius explicata est; quia si ens rationis habet esse tantum objectivum in intellectu, ergo illud – habet medio aliquo actu intellectus, cui objicitur; ergo per efficientiam illius actus habet illud esse; illa ergo appellatur efficientia ipsius entis rationis lato modo et juxta materiæ capacitatem, ut saepe diximus. Contra hanc assertionem referri posset opinio, asserens omnem extrinsecam denominationem esse ens rationis, etiam ante omnem intellectus considerationem, de qua statim dicam.

Variae dubitationes circa assertionem positam

5. Circa hanc enim assertionem occurrunt multa inquirenda et explicanda. Primum est, quæ sit illa actio vel cogitatio intellectus, per cujus efficientiam dicitur ens rationis resultare, et consequenter an per quemlibet actum mentis resultet in objecto aliquod ens rationis, vel solum per certos

par cet être réel déterminé est la cause de l'être de raison. Et c'est ainsi que l'on met facilement en évidence la seconde partie de la conclusion puisqu'une cause de ce type opère quelque chose par efficience réelle, comme par exemple une pensée ou une fiction déterminée qui est quelque chose de réel dans l'intellect lui-même. La totalité de cette efficience trouve son terme dans le concept formel de l'esprit et s'y arrête comme dans le terme de la production réelle ; il s'ensuit que ce même concept formel trouve son terme et en quelque sorte son objet, dans l'être de raison lui-même qui est pensé ou imaginé[1]. Et c'est ainsi que finalement, l'être de raison a lui aussi un être objectif dans l'intellect.

DEUXIÈME AFFIRMATION

4. L'INTELLECT EST LA CAUSE EFFICIENTE DE L'ÊTRE DE RAISON. – Deuxièmement, j'affirme que l'intellect est la cause efficiente des êtres de raison ; il les produit en produisant seulement quelque pensée ou concept propre[2] ; c'est la raison pour laquelle on dit que l'être de raison possède un être objectif dans l'intellect. Ces choses sont suffisamment claires par l'intermédiaire de ce qui précède et à partir de la dénomination elle-même de l'être de raison, telle qu'elle a été déjà expliquée[3] ; car, si l'être de raison n'a qu'un être objectif dans l'intellect, il l'a, en conséquence, grâce à un acte particulier de l'intellect pour lequel il est un objet. Il possède donc cet être par l'efficience de cet acte. Par conséquent, on l'appelle efficience de l'être de raison lui-même, selon une signification étendue et conformément à la capacité de la matière, ainsi que nous l'avons fréquemment répété[4]. À l'encontre de cette assertion, on pourrait alléguer l'opinion qui pose que toute dénomination extrinsèque est un être de raison, antérieurement à toute considération de l'intellect ; c'est ce à quoi je vais immédiatement me consacrer.

DIVERS DOUTES SUR L'AFFIRMATION AVANCÉE

5. En effet, il y a de nombreux points à discuter et à expliquer concernant cette affirmation. Premièrement : quelle est cette action ou pensée de l'intellect par l'efficience de laquelle, dit-on, résulte l'être de raison et, en conséquence, afin de voir s'il en découle dans l'objet un certain être de raison quel que soit l'acte de l'esprit, ou s'il résulte

1. La distinction établie entre le concept formel et le concept objectif est établie à la *D.M.* II, sec. 1, § 1.

2. C'est-à-dire un concept formel.

3. Voir section I, § 6.

4. Voir section I, § 7 et section II, § 2.

ac determinatos actus, et quinam illi sint. Deinde, an conficere hoc modo entia rationis sit proprium intellectus, vel conveniat etiam voluntati, aut etiam sensibus, et in universum potentiis habentibus propria objecta. Denique, an hoc intelligendum tantum sit de intellectu humano, vel etiam per divinum aut Angelicum resultent entia rationis.

Opinio asserens consistere ens rationis in extrinseca denominatione

6. Est ergo quorumdam opinio, entia rationis nihil aliud esse quam denominationem extrinsecam, qua res cognita denominatur ab actu intellectus secundum aliquam proprietatem, aut conditionem convenientem illi quatenus cognita est, quæ denominatio potest esse multiplex. Prima omnium videtur esse illa, qua dicitur res esse cognita, nam hæc etiam est denominatio extrinseca proveniens ab actu rationis et non cadit in rem, nisi prout est objective in mente. Deinde sunt denominationes sumptæ ex variis operationibus intellectus, ut ex prima, esse universale, genus, definitum, etc.; ex secunda, affirmari, negari, etc.; ex tertia, esse antecedens, consequens, etc. Nam quod hæc omnia sint entia rationis, communis omnium consensus est; et patet, quia nihil reale est in rebus sic denominatis, et tamen ita concipitur et dicitur, ac si esset aliquid. Item, quia illæ denominationes aeque tribuuntur non entibus, nam etiam privatio cognoscitur, affirmatur, negatur, etc. Quod vero hæ denominationes præcise sumantur ab actu intellectus, quo res cognoscitur hoc vel illo modo, probatur, quia ex eo præcise quod intellectus cognoscit rem, dicitur res esse cognita; unde, licet intelligere in ipso intellectu sit vera res illam intrinsece afficiens, tamen in objecto, intelligi est tantum rationis denominatio, atque ita ens rationis. At vero ex quo intellectus cognoscit rem tali modo, verbi gratia, abstracte, denominatur universalis. et sic de aliis. Et hæc sententia sic explicata tribuitur Durando, in 1, dist. 19, q. 5 et 6; an vero ita sentiat, postea videbimus.

seulement de certains actes déterminés, et examinons quels sont-ils. Ensuite, afin de voir si le fait de produire selon cette modalité des êtres de raison est propre à l'intellect ou si cela appartient également à la volonté, ou également aux sens, et en général aux puissances qui ont des objets propres. Enfin, dans le but de voir si on doit le comprendre seulement de l'intellect humain ou s'il résulte également des êtres de raison par l'intermédiaire de l'intellect divin ou angélique.

Opinion affirmant que l'être de raison consiste en une dénomination extrinsèque

6. Certains ont donc pour opinion que les êtres de raison ne sont qu'une dénomination extrinsèque dans laquelle la chose connue est désignée par l'acte de l'intellect selon une certaine propriété ou condition lui appartenant dès qu'elle est connue ; cette dénomination peut être multiple. La première d'entre elles semble celle par laquelle une chose est dite connue, puisqu'elle est également une dénomination extrinsèque provenant de l'acte de la raison et qui n'est appliquée à la chose qu'à partir du moment où elle est objectivement dans l'esprit. Par suite, il y a des dénominations tirées des diverses opérations de l'intellect, par exemple, de la première, être universel, être un genre, être défini, etc. ; de la deuxième, être affirmé, être nié, etc. ; de la troisième, être antécédent, conséquent, etc. Et tout le monde est d'avis que l'ensemble de ces choses sont des êtres de raison ; et cela est manifeste, parce que dans les choses ainsi nommées il n'y a rien de réel et, cependant, on le conçoit et on le dit comme si cela était quelque chose. C'est également parce qu'on attribue ces dénominations à part égale aux non-étants, car la privation est également connue, affirmée, niée, etc. Et le fait que ces dénominations soient précisément tirées de l'acte de l'intellect par l'intermédiaire duquel la chose est connue selon telle ou telle modalité, est établi parce que précisément lorsque l'intellect connaît une chose, on dit que la chose est connue. C'est pourquoi, bien que le fait de comprendre soit dans l'intellect lui-même une chose véritable l'affectant intrinsèquement, néanmoins, dans l'objet, l'étant compris est uniquement une dénomination de raison, et il en découle ainsi un être de raison. Et à partir du moment où l'intellect connaît une chose de manière déterminée, par exemple, abstraitement, elle est dénommée universelle, et il en est de même dans tous les autres cas. On attribuera cette sentence à Durand de saint Pourçain, au livre I du *Commentaire des Sentences*, dist. 19, q. 5 et 6[1]. Ultérieurement, nous verrons si tel est son sentiment.

1. Voir note 1, p. 59.

7. Prima illatio ex praemissa opinione. – Et iuxta hanc sententiam sequitur primo, entia rationis non tantum resultare suo modo in rebus cognitis per intellectum humanum vel creatum, sed etiam per intellectum divinum, quia etiam prout illi objiciuntur, denominantur cognitæ. Quo fere modo Scotus dixit creaturas ex æternitate esse productas a Deo in esse cognito, nam, ut in superioribus sæpe diximus, illud esse, in sententia Scoti, non est reale esse existentiæ, neque esse essentiae, nam essentia creaturæ non est cognosci, sed est id quod cognoscitur; erit ergo ens rationis. Verum est ipsummet Scotum, in l, dist. 36, quæst. unica, §Ad *secundum dico,* declarare, quod illud esse non est esse relationis rationis, sed aliud esse diminutum et absolutum, non tamen declarat an sit dicendum reale, vel rationis.

8. Secunda illatio. – Segundo sequitur ex prædicta sententia, non solum per intellectum, sed etiam per voluntatem, imo et per visum, et per alios similes actus resultare entia rationis, quia etiam ex illis denominantur objecta secundum aliquod esse, quod in eis nihil est, videlicet, esse volitum, aut esse visum. Unde Scotus pari modo dicit, creaturas produci a Deo in esse volito per voluntatem, ac in esse cognito per intellectum, ut constat ex 2, d. 1, q. 1; et majori ratione per voluntatem humanam omnino extrinsece dicitur res volita et amata, et per visionem visa; est ergo in his omnibus eadem ratio et proportio.

9. Tertio infertur ex dicta sententia non solum dari entia rationis ex vi horum actuum potentiarum vitalium, sed etiam ex aliis rebus vel habitudinibus rerum posse consurgere, quia in rebus ipsis ante hos actus inveniuntur aliquæ extrinsecæ denominationes, quæ nihil in eis ponunt, et consequenter etiam erunt entia rationis. Hujusmodi est denominatio, qua columna dicitur dextra vel sinistra animali; item illa quæ redundat in objectum

7. Première conséquence de l'opinion exposée. – En accord avec cette opinion, il s'ensuit, premièrement, que les êtres de raison, conformément à leur modalité particulière, ne proviennent pas seulement des choses connues par l'action de l'intellect humain ou créé, mais également par l'action de l'intellect divin ; car on les dénomme comme étant connues de la sorte en tant que ce sont des objets pour cet intellect. Et tel est généralement le sens en fonction duquel Duns Scot a affirmé que les créatures de toute éternité, ont été produites par Dieu dans l'être connu, parce que, ainsi que nous l'avons souvent dit [1], cet être, selon la sentence de Duns Scot, n'est pas l'être réel de l'existence, ni l'être de l'essence, puisque l'essence de la créature ne consiste pas dans le fait d'être connue, mais c'est ce qui est connu ; donc, ce sera un être de raison. Il est vrai que Duns Scot lui-même au livre I, dist. 36, question unique [2], *Ad secundum dico*, explique que cet être n'est pas l'être d'une relation de raison, mais qu'il s'agit d'un être différent diminué et absolu, mais il n'explique pas si on doit l'appeler être réel ou être de raison.

8. Deuxième conséquence. – À partir de l'explication de la sentence, on conclut, deuxièmement, que les êtres de raison découlent non seulement de l'intellect, mais aussi de la volonté, et même de la vue et d'autres actes similaires, puisqu'également par leur intermédiaire, on donne aux objets des dénominations en fonction d'un être particulier qui n'est rien en eux, par exemple, « être aimé » ou « être vu ». C'est pourquoi Duns Scot affirme que les créatures sont produites par Dieu dans leur être voulu par l'action de sa volonté, de la même manière qu'elles sont produites dans leur être connu par l'action de son intellect, comme cela se dégage du livre II, dist. 1, q. 1 [3] ; et à plus forte raison, on dénomme de façon absolument extrinsèque la chose « voulue » et « aimée » par la volonté humaine, et « vue » par la vision ; donc, on attribue la même raison et la même proportion à l'ensemble de ces choses.

9. Troisièmement, on conclut de cette sentence que non seulement on pose des êtres de raison en vertu de ces actes des puissances vitales, mais ils peuvent aussi résulter d'autres choses ou relations de choses, puisque dans les choses elles-mêmes, on attribue antérieurement à ces actes certaines dénominations extrinsèques qui n'introduisent rien en elles et qui, par conséquent, seront aussi des êtres de raison. Telle est la modalité de la dénomination en fonction de laquelle on dit qu'une colonne est à droite ou à gauche d'un animal ; de même, celle qui déborde l'objet

1. Voir *D.M.* XX, sec. 1, § 30 ; *D.M.* XXX, sec. 15, § 27 ; *D.M.* XXXI, sec. 2, § 1-2.

2. Duns Scot, *Ordinatio*, I, d. 36, qu. un (éd. Vat., 1963), p. 288, #44.

3. Duns Scot, *Ordinatio*, II, dist. 1, q. 1 (éd. Vaticana, 1973), VII, p. 8, n. 15 ; p. 18-19, n. 32 ; p. 21, n. 36.

ex potentia ut sic, ut esse visibile, vel audibile; denique omnes illæ relationes non mutuæ, quae ex parte alterius extremi dicuntur esse rationis, aut denominationes extrinsecæ ab aliis extremis. Quin potius, a paritate rationis sequitur denominationem vestiti a veste, locati a loco, imo et agentis ab actione, esse entia rationis, quia est eadem vel proportionalis ratio. Nam talis denominatio nihil ponit in re denominata; ideo enim extrinseca appellatur; ergo etiam illa ut sic erit ens rationis; quid enim magis in his obstat quam in cæteris?

NON OMNIS DENOMINATIO EXTRINSECA POTEST DICI ENS RATIONIS

10. Hæc igitur corollaria satis, ut opinor, declarant, illam sententiam non posse esse veram quantum ad hanc generalem regulam, quod denominatio extrinseca ut sic constituat ens rationis. Nam si denominatio sumitur a forma reali, hoc ipso in rebus existit, et consequenter non pertinet ad entia rationis. Antecedens patet, quia illa forma habet verum esse reale sine dependentia a ratione; ergo etiam denominatio ab illa proveniens, quamvis extrinseca, realis tamen est, et non est tantum objective in intellectu, aut per negotiationem aut fictionem ejus. Dices : hoc ipso quod est sola denominatio, non potest esse plus quam ens rationis, nam denominatio opus rationis est. Respondetur : si per denominationem quis intelligat impositionem nominis denominativi, illud quidem est opus rationis; sed nunc non agimus de impositione nominum; hoc enim modo etiam denominatio intrinseca, quantum ad impositionem nominis denominativi, est opus rationis; sed agimus de ipsarum rerum unionibus aut habitudinibus, in quibus talia denominativa nomina fundantur, quæ non sunt opera rationis, sed in denominatione intrinseca est realis unio vel identitas, aut aliquid simile; in denominatione autem extrinseca quæ ex rebus ipsis sumitur, est habitudo realis unius rei ad aliam, ex qua provenit

à partir de la puissance en tant que telle, par exemple, être visible ou être audible ; en fin de compte, toutes sont des relations non réciproques dont on dit qu'elles sont de raison à partir d'un des extrêmes, ou qu'elles sont des dénominations extrinsèques dérivées d'autres extrêmes. Bien plus, avec la parité de raison, il en résulte que la dénomination « être habillé » qui découle des vêtements, celle d'être localisé qui découle du lieu, et même celle de l'agent qui découle de l'action, sont des êtres de raison, parce que la raison est identique ou proportionnelle. En effet, une telle dénomination n'introduit rien dans la chose dénommée, car on l'appelle intrinsèque précisément à cause de cela. Donc, en tant que telle, elle sera aussi un être de raison car, quel obstacle majeur peut-il y avoir en elles qu'on ne trouverait chez les autres ?

UNE DÉNOMINATION EXTRINSÈQUE NE PEUT ÊTRE APPELÉE ÊTRE DE RAISON

10. Ainsi donc, ces corollaires expliquent suffisamment, comme je le crois, que cette sentence ne peut être vraie eu égard à la règle générale, à savoir, la dénomination extrinsèque en tant que telle constitue l'être de raison. Car si on prend la dénomination sous une forme réelle, elle existera de même dans les choses, et n'appartiendra pas en conséquence aux êtres de raison. L'antécédent est manifeste puisque cette forme a un véritable être réel sans dépendre de la raison ; donc, la dénomination qui en provient, bien qu'elle soit extrinsèque, est cependant réelle et n'est pas seulement objectivement dans l'intellect soit par une élaboration, soit par une fiction de ce dernier. On objectera que le fait d'être seulement une dénomination, elle ne peut être qu'un être de raison, puisque la dénomination est une œuvre de la raison[1]. La réponse est la suivante : si l'on entend par dénomination l'imposition du nom dénominatif, c'est certainement l'œuvre de la raison ; car, pour le moment, nous ne traitons pas de l'imposition des noms, étant donné que dans ce sens également, la dénomination intrinsèque concernant l'imposition du nom dénominatif, est l'œuvre de la raison ; cependant, nous traitons des unions et des relations des choses elles-mêmes dans lesquelles sont fondés ces noms dénominatifs, et celles-ci ne sont pas des œuvres de la raison, mais il y a dans la dénomination intrinsèque union ou identité réelle, ou quelque chose de semblable. Au contraire, dans la dénomination extrinsèque qui est tirée des choses elles-mêmes, il y a une relation réelle d'une chose à l'autre, d'où il résulte que

1. Voir Gabriel Vasquez, S.J. (1549-1604), *Commentariorum ac disputationum in primam partem Sancti Thomae* (ed. Lugduni, 1631).

ut illa res, ad quam est habitudo, denominetur per modum termini alterius habitudinis. Sub habitudine autem comprehendimus tam relationem prædicamentalem quam transcendentalem.

NEC DENOMINATIO AB ACTU RATIONIS EST SEMPER ENS RATIONIS

11. Quod si illud principium de denominatione extrinseca sumpta ab ente reali, non est universaliter verum, neque etiam applicatum ad actus intellectus, ut directe denominantes objecta cognita, potest esse verum. Quia actus intellectus tam est vera forma realis, sicut aliæ, et in re ipsa habet habitudinem realem et transcendentalem ad objectum, ex qua provenit ut objectum denominetur cognitum. Dices, hoc esse peculiare in denominatione sumpta ab actibus intellectus, quod possit cadere etiam in entia rationis, et ideo speciali ratione posse appellari ens rationis ; sed hoc non satis est, nam inde solum infertur aliquam denominationem extrinsecam posse extendi ad entia rationis, etiamsi alioqui a forma reali sumatur, non vero e converso hanc denominationem sufficere ad constituendum ens rationis. Quocirca, ut recte notavit Scotus, loco citato, hæ denominationes extrinsecæ possunt fundare aliquod ens vel relationem rationis, si concipiantur tanquam aliquid in re denominata ; ipsæ tamen præcise sumptae non sunt proprie entia rationis. Tale autem fundamentum non in ipsa re quæ extrinsece denominatur sed in alia, a qua denominatur, et inde fit ut id quod concipitur per modum entis in re sic denominata, sit ens rationis.

12. Sed dici ulterius potest hoc esse peculiare denominationibus sumptis ab actibus intellectus, ut illud esse quod conferunt, tantum sit objective in intellectu, quod est proprium entis rationis, ut supra diximus ; denominationes vero extrinsecæ sumptæ ab aliis rebus aut actibus, etsi in hoc

cette chose à laquelle on ordonne la relation, est dénommée à la manière d'un terme d'une autre relation. Et sous la relation, nous comprenons aussi bien la relation prédicative que la relation transcendantale [1].

La dénomination dérivée de l'acte de la raison n'est pas non plus toujours un être de raison

11. Et si ce principe [2] de la dénomination extrinsèque dérivée de l'étant réel n'est pas universellement vrai, il ne peut pas non plus être vrai en étant appliqué aux actes de l'intellect en tant qu'ils dénomment immédiatement les objets connus. Car l'acte de l'intellect est une forme aussi vraie et réelle que les autres, et il possède dans la réalité elle-même une relation réelle et transcendantale à l'objet à partir de laquelle il découle que l'objet est appelé connu. On dira que la dénomination tirée des actes de l'intellect a ceci de particulier : le pouvoir de retomber également sur les êtres de raison et donc, on peut l'appeler être de raison selon une raison spécifique, mais ce n'est pas suffisant car on conclut ici seulement qu'une dénomination extrinsèque peut être étendue aux êtres de raison, bien que, d'autre part, elle soit tirée d'une forme réelle, mais à l'inverse, on ne conclut pas que cette dénomination soit suffisante pour constituer l'être de raison. C'est pourquoi, comme Duns Scot l'a bien fait remarquer dans le passage mentionné [3], ces dénominations extrinsèques peuvent être le fondement d'un certain être ou d'une certaine relation de raison, si on les assimile à quelque chose dans la chose dénommée ; cependant, elles-mêmes, séparément considérées, ne sont pas proprement des êtres de raison. Et ce fondement ne se trouve pas dans la chose elle-même qui est dénommée extrinsèquement, mais dans une autre à partir de laquelle découle la dénomination ; à partir de là, ce qui conçu à la manière de l'étant dans la chose ainsi nommée, constitue un être de raison.

12. Or, on peut affirmer ultérieurement qu'il est particulier aux dénominations tirées des actes de l'intellect que cet être qu'elles confèrent soit seulement objectivement dans l'intellect, ce qui est propre à l'être de raison, comme nous l'avons déjà dit [4]. Alors que les dénominations extrinsèques, tirées d'autres choses ou d'actes, bien qu'elles

1. En ce qui concerne la distinction des relations prédicatives et transcendantales, voir Suárez, *D.M.* XLVII, sec. 3, § 10-13, et sec. 4, § 1-21 ; *De Angelis*, VI, c. 6, § 24 (Éd. Vivès, II, p. 663-664).

2. Voir § 10.

3. Voir note 2, p. 75.

4. Voir sec. 1, § 6.

conveniant cum denominationibus intellectus, quod nullum esse reale ponunt in rebus denominatis, in eo tamen differunt, quod non sunt objective tantum in intellectu, neque pendent ab actuali operatione rationis. Sed in hac responsione duplex defectus committitur. Primus est, quia vel solum fit vis in nomine entis rationis, vel admittenda erunt alia genera entium, quæ nec realia sint, nec rationis. Declaratur hoc, quia si ens illud quod constituitur per denominationem extrinsecum ab actu rationis, habet propriam quamdam rationem entis condistinctam ab ente reali, ergo etiam ens visum, aut ens amatum, ut sic, et in universum ens extrinsece denominatum, habebit quamdam rationem entis condistinctam ab ente reali ; nam est eadem ratio et proportio, ut ostensum est. Si autem fiat vis in nomine entis rationis, quod significare videtur peculiarem dependentiam ab actu rationis, facili negotio multiplicare possumus similia seu proportionalia nomina, ut ens imaginationis, aut sensus, aut voluntatis, etc., quæ omnia erunt condistincta ab ente reali propter dictam similitudinem rationis. Quod si non ad nomen, sed ad rem attendamus, cum in illis omnibus sit idem modus entis, convenient in generali ratione entis rationis, non ut significat peculiarem dependentium ab actu rationis, sed ut significat ens condistinctum ab ente reali, quod potest dici ens extrinsecæ denominationis.

13. Secundo, deficit illa evasio, quia in rigore falsum est denominationem sumptam ab actu directo intellectus habere tantum esse objective in intellectu, nam proprie potius habet esse formale in intellectu quam objectum. Unde cavenda est aequivocatio, quando agimus de esse cognito, aut aliis similibus denominationibus intellectus. Potest enim vocari esse cognitum, illud esse quod cognoscitur, quodque proprie est objective in intellectu ; vel potest vocari esse cognitum, illudmet esse quod res habere dicitur, ex eo præcise quod cognoscitur, quod ex vi cognitionis directæ non est objective in intellectu, sed potius est formaliter ab actu quo res cognoscitur, objective autem est in cognitione reflexa, qua intellectus cognoscit se cognoscere, vel potius qua cognoscit rem esse cognitam. Et præterea, licet respectu talis cognitionis illud esse sit objective in intellectu, non tamen est tantum

s'accordent avec les dénominations de l'intellect à ne placer aucun être réel dans les choses dénommées, se différencient du fait qu'elles ne sont pas seulement objectivement dans l'intellect et qu'elles ne dépendent pas de l'opération actuelle de la raison. Or, dans cette réponse, deux fautes sont commises. La première, c'est que soit l'on met seulement l'accent sur le nom d'être de raison, soit on doit admettre d'autres genres d'étants qui ne sont ni réels, ni de raison. On l'explique parce que si l'étant constitué par une dénomination extrinsèque tirée de l'acte de la raison, possède une certaine raison propre d'étant tout à fait distincte de l'étant réel, en conséquence, l'étant vu ou l'étant aimé en tant que tels, la posséderont également, et, de manière universelle, l'étant avec dénomination extrinsèque aura une certaine raison d'étant tout à fait distincte de l'étant réel puisque, comme on l'a démontré[1], il y a ici proportionnellement le même raisonnement. En revanche, si on met l'accent sur le nom d'être de raison qui semble indiquer une dépendance particulière par rapport à l'acte de raison, nous pouvons facilement multiplier des noms semblables ou proportionnels, comme étant d'imagination ou de sens, ou de volonté, etc. ; et tous seront entièrement distincts de l'étant réel à cause de la ressemblance de raison mentionnée. Or, si nous ne prenons pas en considération le nom, mais la chose, étant donné qu'on pose en tous le même mode de l'étant, ils s'accordent dans la raison générale de l'être de raison, non en tant qu'il signifie une dépendance particulière de l'acte de raison, mais en tant qu'il désigne un étant entièrement distinct de l'étant réel que l'on peut appeler étant de dénomination extrinsèque.

13. Cette échappatoire échoue en second lieu, parce qu'en réalité, il est faux que la dénomination tirée de l'acte direct de l'intellect, ait seulement un être objectif dans l'intellect[2], car elle a plutôt proprement un être formellement qu'objectivement dans l'intellect. Donc, il faut se prémunir de l'équivocité lorsque nous examinons l'être connu ou d'autres dénominations similaires de l'intellect. En effet, on peut appeler être connu, l'être que l'on connaît et qui est à proprement parler objectivement dans l'intellect ; soit on peut appeler être connu ce même être qui, dit-on, possède la chose par le fait même de la connaître, et cet être n'est pas objectivement dans l'intellect en vertu de la connaissance immédiate, mais plutôt, il y est formellement en raison de l'acte par lequel la chose est connue, tandis qu'objectivement, il est dans la connaissance réfléchie par laquelle l'intellect connaît qu'il connaît, ou plutôt, par laquelle il connaît que la chose est connue. Et de plus, bien que, par rapport à une telle connaissance cet être soit objectivement dans l'intellect, néanmoins, il n'y est pas seulement

1. Voir sec. 2, § 8.

2. Voir cette section, § 16.

objective, quia forma, a qua est illa denominatio, non est tantum objective in mente, sed in re ipsa. Sicut quando intellectus cognoscit rem esse amatam, est quidem illud, esse amatum, objective in intellectu, non tamen hoc est totum esse illius, ut ea ratione dicatur esse tantum objective in intellectu, nam in re ipsa talis actus amoris tendit et terminatur ad talem rem, et hoc ipsum est rem illam esse amatam.

14. Quocirca, si praecise sistamus in denominatione extrinseca proveniente a forma reali, et ab aliqua ejus habitudine non ficta sed vera, et in re ipsa existente, non existimo pertinere ad ens rationis, sed comprehendi sub latitudine entis realis, saltem ex parte formæ denominantis. Unde, si intellectus nihil aliud cognoscat quam talem formam, verbi gratia, visionem habere intrinsecam habitudinem ad tale objectum et ad illud terminari, et inde tale objectum extrinsece denominari visum, nullum ens rationis concipit nam omnia illa revera ita sunt in re, sicut cognoscuntur, scilicet, res denominata, forma denominans, et illa qualiscunque unio complens denominationem quæ potius est realis habitudo. Et quoad hoc eadem est ratio de denominatione sumpta ex actu intellectus, ut directe cognoscentis rem, a quo res dicitur cognita, sine ulla fictione rationis, per solam realem existentiam actus cognoscendi cum reali habitudine ad rem, quæ denominatur cognita. Quæ omnia magis ex sequentibus constabunt.

Prima assertio ad resolutionem quæstionis

15. Ens rationis fit per actum intellectus. – Dicendum est ergo, ens rationis proprie fieri per illum actum intellectus, quo per modum entis concipitur id quod in re non habet entitatem. Hæc assertio sumitur ex dictis in sectione prima, et ex omnibus locis D. Thomae quæ ibi citavimus, et ex causis seu occasionibus quas ibi numeravimus, et in nobis sunt ad confingenda hæc entia rationis. Secundo probatur ex dictis contra præcedentem sententiam, quia si sola denominatio extrinseca non sufficit, nullus alius superest modus explicandi hanc causalitatem entium rationis.

objectivement puisque la forme d'où provient une telle détermination, n'est pas uniquement donnée objectivement dans l'esprit, mais dans la réalité elle-même. De la même manière que lorsque l'intellect connaît qu'une chose est aimée, cet « être aimé » est, sans doute, objectivement dans l'intellect, mais tout son être ne consiste pas en cela, de telle sorte qu'on dit pour cette raison qu'il est seulement objectivement dans l'intellect, puisque cet acte d'amour dans la réalité elle-même tend vers, et a pour terme cette chose concrète qui consiste dans le fait même pour cette chose d'être aimée.

14. Par conséquent, si nous nous en tenons précisément à la dénomination extrinsèque dérivée d'une forme réelle et d'une relation particulière de cette dernière qui n'est pas inventée mais vraie, et existant dans la réalité elle-même, je ne crois pas qu'elle appartienne à l'être de raison. Elle est plutôt comprise dans le domaine de l'étant réel, du moins à partir de la forme dénominative. C'est pourquoi, si l'intellect ne connaît rien d'autre que cette forme, par exemple, que la vision a une relation intrinsèque à tel objet et qu'elle l'a pour terme, et que cet objet reçoit la dénomination extrinsèque de vu, dans ce cas, il ne conçoit aucun être de raison, puisque toutes ces choses sont réellement données dans la réalité telles qu'elles sont connues, à savoir, la chose dénommée, la forme dénominative, et cette union, quel qu'en soit le type, complète la dénomination, cette dernière constituant plutôt une relation réelle. Et concernant ceci, l'argument est identique pour la dénomination tirée de l'acte de l'intellect, à partir du moment où il connaît directement la chose en affirmant que la chose est connue par lui, sans aucune invention de la raison, par la seule existence réelle de l'acte de connaître, avec une relation réelle à la chose dénommée connue. Tous ces points seront éclaircis par la suite.

Première affirmation en vue de la résolution de la question

15. L'être de raison est produit par un acte de l'intellect. – Ainsi donc, il faut affirmer que l'être de raison est proprement produit par cet acte de l'intellect par lequel on conçoit sur le mode de l'étant, ce qui dans la réalité n'a pas d'entité. On tire cette affirmation de ce qui a été dit dans la première section[1] et de l'ensemble des passages de Thomas d'Aquin que nous y mentionnons, des causes ou occasions que nous y avons énumérées, et qui sont en nous pour élaborer ces êtres de raison. Deuxièmement, on le prouve par ce qui a été dit à l'encontre de la sentence précédente, car si la dénomination extrinsèque par elle seule ne suffit pas, il n'y a pas d'autres modalités pour expliquer cette causalité des êtres de raison.

1. Voir sec. 1, § 6.

Tertio declaratur ex re ipsa, et quasi inductione quadam, nam cæcitas, verbi gratia, (et idem est de simplici negatione), dupliciter concipi potest, primo negative tantum, concipiendo in tali organo non esse potentiam visivam, et tunc nullum insurgit ens rationis, quia nihil concipitur per modum entis, sed solum per modum non entis ; inde vero fit, ut ad formandum conceptum simplicent ipsius cæcitatis, intellectus concipiat illam ut affectionem animalis seu organi, sicut etiam apprehendit tenebras ut dispositionem quamdam aeris ; tunc ergo concipit aliquid per modum entis ; cumque non concipiat ens reale, tunc proprie format tale ens rationis. Simile quid considerare licet in entibus rationis, quæ in extrinsecis denominationibus fundamentum habent, ut est relatio visi, cogniti, etc., nam etiam hæ denominationes possunt esse duplices, scilicet, aut tantum denominationes extrinsecæ, et sic dum intellectus directe cognoscit rem esse visam, quatenus visio existens in oculo ad eam terminatur, per hanc cognitionem nullum ens rationis format aut cognoscit. Alio modo fiunt hæ denominationes respective, quia intellectus noster non satis concipit aliquid ut terminum relationis alterius ad ipsum, quin statim concipiat illud per modum correlativi, et tunc concipitur aliquid per modum entis respectivi in re sic denominata, et quia illud non est ens reale, nec relatio realis, fit consequenter ut sit ens rationis. Atque hoc modo declaravimus rem hanc supra, disp. 6, sect. 6 et 7, et quæ ibi diximus de fabricatione universalis ut sic, applicari possunt ad cæteras relationes rationis, ubi etiam assignavimus modum conciliandi varias opiniones et dicta Doctorum de hujusmodi entibus rationis, et de cognitione per quam fiunt, et juxta ibi dicta posset etiam explicari prima opinio supra tractata. Atque ex dicendis infra in particulari de singulis entibus rationis hæc assertio magis constabit.

Troisièmement, on l'explique en s'intéressant à la chose elle-même, et comme par une certaine induction, parce que la cécité, par exemple, (et il en est de même avec la simple négation) peut être conçue de deux manières : en premier lieu, seulement négativement, en concevant que dans un tel organe il n'y a pas de puissance visuelle, et alors aucun être de raison n'en découle puisqu'on ne conçoit rien à la manière de l'étant, si ce n'est à la manière du non-étant ; or, il en découle que, pour former le simple concept de la cécité, l'intellect le conçoit comme une affection de l'animal ou de l'organe, tout comme il appréhende également les ténèbres comme une certaine disposition de l'air ; dans ce cas, donc, il conçoit quelque chose à la manière de l'étant, et comme il ne conçoit pas un étant réel, il forme alors proprement tel être de raison. On peut aussi considérer quelque chose de semblable dans les êtres de raison qui ont leur fondement dans des dénominations extrinsèques, comme c'est le cas pour la relation de vu, connu, etc., puisque ces dénominations peuvent également être doubles, à savoir, soit seulement des dénominations extrinsèques, et ainsi, pendant que l'intellect connaît immédiatement que la chose est vue puisque la vision existante dans l'œil l'a pour terme, par cette connaissance il ne forme, ni ne connaît aucun être de raison. Selon une autre modalité, ces dénominations se produisent de manière relative parce que notre intellect ne conçoit pas suffisamment quelque chose comme terme de la relation d'une autre chose avec lui, mais il conçoit immédiatement de manière corrélative, et alors, dans la chose ainsi dénommée, on conçoit quelque chose selon la modalité d'un étant relatif. Et comme il ne s'agit pas d'un étant réel, ni d'une relation réelle, il en découle en conséquence qu'il s'agit d'un être de raison. Et telle est la modalité selon laquelle nous avons expliqué ce point, dispute VI, sections 6 et 7[1], et ce que nous y avons dit sur l'élaboration de l'universel peut s'appliquer ici aux autres relations de raison ; nous y avons aussi indiqué la manière d'accorder les diverses opinions et les affirmations des Docteurs[2] sur les êtres de raison et sur la connaissance qui les produit. Et, en conformité avec ce qui a été exposé, on pourrait aussi expliquer la première opinion précédemment examinée. Cette affirmation deviendra plus claire quand nous aurons évoqué en particulier chacun des êtres de raison.

1. La dispute VI, sec. 6 et 7, examine respectivement quelle est l'opération de l'intellect qui universalise les choses, et s'interroge afin de déterminer si les universels constituent des étants réels corporels, substantiels ou accidentels, et d'exposer ainsi leurs causes.

2. C'est-à-dire les professeurs de philosophie et de théologie de l'École.

Secunda assertio

16. Qualis sit actus intellectus quo fabricatur ens rationis – Dico secundo : actus intellectus, quo ens rationis consurgit, est aliquo modo comparativus, vel reflexivus, praesertim quando ens rationis fundatur in actu intellectus. Probatur et declaratur, quia ille actus, quo ens rationis suo modo fabricatur et consurgit, natura sua supponit alium conceptum realis entis, ad cujus proportionem seu imitationem concipitur seu formatur ens rationis ; ut in privatione, verbi gratia, in tenebris, supponitur aliqua cognitio lucis, ut remotio vel negatio ejus concipiatur per modum oppositæ affectionis. Similiter ut cognoscatur paries visus, supponitur cognitio alicujus visionis terminatae ad ipsum, et tunc concipi potest in ipso pariete quasi passio quaedam in eo proveniens ex visione, quæ circa illum fit. Sic ergo, late loquendo, dici potest fabricatio entis rationis fieri per reflexam cognitionem, extendendo nomen reflexionis ad cognitionem omnem supponentem aliam, et quasi fundatam in illa, quæ, generatim loquendo, proprius comparationis quam reflexionis nomine significatur. Proprie vero reperitur hæc reflexio in respectibus rationis, quos dialectici vocant secundas intentiones, nam in eis præcedit directa operatio intellectus, et deinde superadditur alius actus, quo in subjecto cognito consideratur aliqua conditio per modum alicujus entis in eo existentis, cum revera nihil in re ipsa sit, sed sola denominatio extrinseca. Ut, verbi gratia, prius intellectus concipit Petrum esse album, quæ est directa operatio per quam intellectus nullum ens rationis fabricatur aut cognoscit, sed solum id quod est in re, quamvis modus ille, quo cognoscit talem rem, scilicet, intellectualiter componendo, unum subjiciendo et aliud prædicando, non sit in re ; ille autem modus ex vi illius actus non tribuitur rei cognitae, nec cognoscitur ut aliquid existens in illa, et ideo nondum pertinet ille actus ad causalitatem entis rationis, nisi remote et fundamentaliter. Postea vero reflectitur intellectus, et considerat ordinem illorum extremorum, ut objiciuntur compositioni rationis, et intelligit unum comparari ad aliud per modum subjecti, aliud vero per modum prædicati, et ita concipit ea per modum mutui respectus, quamvis revera in eis talis respectus non sit. Atque ad hunc modum fiunt omnes similes secundae intentiones per

DEUXIÈME AFFIRMATION

16. QUELLE EST LA NATURE DE L'ACTE DE L'INTELLECT PAR LEQUEL L'ÊTRE DE RAISON EST ÉLABORÉ ? – En second lieu, j'affirme que l'acte de l'intellect grâce auquel l'être de raison apparaît est en quelque sorte comparatif et réfléchi, essentiellement lorsque l'être de raison est fondé dans l'acte de l'intellect. On le prouve et on l'explique parce que cet acte par lequel l'être de raison est élaboré et apparaît selon sa modalité, suppose par sa nature un autre concept d'étant réel en proportion duquel, ou en imitation duquel, on conçoit ou on forme l'être de raison ; ainsi dans la privation, par exemple dans les ténèbres, on suppose une certaine connaissance de la lumière, afin que, à la manière d'une affection contraire, on conçoive son éloignement ou sa négation. De même, pour connaître un mur vu, on suppose la connaissance d'une certaine vision qui en constitue le terme, et alors on peut concevoir dans le mur une sorte de modification dont l'origine est la vision qui s'est exercée sur lui. Ainsi donc, au sens large, on peut dire que l'élaboration de l'être de raison est réalisée par la connaissance réfléchie, en étendant le nom de réflexion à toute connaissance qui en suppose une autre et qui est comme fondée en cette dernière ; et cette connaissance, généralement parlant, est exprimée plus adéquatement par le mot de comparaison que par celui de réflexion. Mais on attribue proprement cette réflexion dans les relations de raison que les dialecticiens appellent intentions secondes car, en elles, il y a antériorité de l'opération directe de l'intellect, et ensuite surajout d'un autre acte grâce auquel on considère dans le sujet connu une condition particulière selon la modalité d'un certain étant qui existe en lui, étant donné qu'en réalité, il n'est rien dans la chose elle-même, si ce n'est une simple dénomination extrinsèque. Ainsi, par exemple, l'intellect conçoit d'abord que Pierre est blanc, c'est une opération directe par laquelle l'intellect n'élabore ou ne connaît aucun être de raison, mais seulement ce qu'il y a dans la chose, bien que la modalité selon laquelle il connaît cette réalité – c'est-à-dire en effectuant une composition intellectuelle, en faisant d'une chose un sujet et d'une autre, un prédicat – ne soit pas présente dans la réalité. Cependant, cette modalité en vertu de cet acte, n'est pas attribuée à la chose connue, et on ne la connaît pas comme quelque chose qui existe en elle ; c'est pourquoi un tel acte n'appartient pas encore à la causalité de l'être de raison, si ce n'est de loin et fondamentalement. Or, l'intellect réfléchit et considère l'ordre des extrêmes dès qu'il s'offre à la composition de la raison, et il comprend que l'un est comparé à l'autre à la manière d'un sujet, tandis que l'autre l'est à la manière d'un prédicat, et il les conçoit aussi sur le mode d'une relation réciproque, bien qu'en réalité cette relation n'existe pas entre eux. Et de cette manière, toutes les intentions secondes de ce

conceptus reflexos supra priores denominationes provenientes ex conceptibus directis, quæ, ut diximus, non pertinent ad propriam rationem entis rationis seu ficti, de quo nunc tractamus. Solum oportet advertere (quod supra etiam notavi tractando de universalibus), hanc reflexionem posse esse multiplicem, nam postquam intellectus apprehendit per modum entis id quod vere non est ens, potest iterum reflecti, et considerare qualis relatio sit illa quam finxit, et quem terminum habeat, et similia. Non est ergo necessaria omnis ista reflexio, ut intelligatur fabricatum ens rationis, sed quamprimum concipitur per modum entis quod vere non est ens, jam intelligitur fabricatum ens rationis. Atque hæc videntur satis de prima interrogatione, et de omnibus quæ in illa insinuantur.

PER SOLUM ACTUM INTELLECTUS CONSURGERE PROPRIE ENS RATIONIS

17. SENSUS NON EFFICIT ENTIA RATIONIS. – APPETITUS NON FORMAT ENTIA RATIONIS. – Hinc etiam facile est secundam interrogationem expedire. Dicendum est enim neque in sensibus, neque in voluntate aut appetitu formari aut esse aliquo modo propria entia rationis, quia neque sensus neque potentia appetitiva habent hanc vim formandi aut concipiendi per modum entis id quod vere non est ens. Sensus enim non est reflexivus, neque inquisitivus quidditatis rei sicut intellectus, ut ea de causa concipiat per modum entium ea quæ entia non sunt, maxime cum ens ut ens, non sit adæquatum objectum sensus, sicut intellectus. Et quoad ad hoc eadem est ratio de voluntate, quæ non tendit in ens ut ens, sed ut bonum. Et quamvis interdum voluntas humana tendat in id quod in re non est bonum ac si bonum esset, tamen ipsa non fingit tale bonum, sed supponit apprehensum et repræsentatum per intellectum; unde etiamsi illud computetur inter entia rationis, non est a voluntate fabricatum, sed ab intellectu. Quanquam

genre sont produites au moyen de concepts réfléchis qui opèrent sur des dénominations premières, dérivées de concepts immédiats qui, comme nous l'avons dit, n'appartiennent pas à la raison propre de l'être de raison ou être fictif que nous examinons actuellement. Il faut seulement faire remarquer – ce que j'ai indiqué également en me consacrant aux universels [1] – que cette réflexion peut revêtir plusieurs formes, car, une fois que l'intellect appréhende à la manière d'un étant ce qui, en vérité, n'est pas un étant, il peut réfléchir et considérer quelle est cette sorte de relation qu'il a inventée et quel est son terme, etc. Par conséquent, on n'a pas besoin de l'ensemble de cette réflexion pour comprendre que l'être de raison est fabriqué mais, à partir du moment où l'on conçoit à la manière de l'étant ce qui en vérité n'est pas un étant, on comprend que l'être de raison est fabriqué. Il semble que ceci s'avère suffisant pour la première question [2] et l'ensemble des points qui y sont implicitement contenus.

C'EST SEULEMENT PAR L'ACTE DE L'INTELLECT QU'APPARAÎT PROPREMENT L'ÊTRE DE RAISON

17. LES SENS NE PRODUISENT PAS DES ÊTRES DE RAISON. L'APPÉTIT NE FORME PAS DES ÊTRES DE RAISON. – Il est facile de répondre à la deuxième question [3]. En effet, il faut maintenir que ni dans les sens, ni dans la volonté ou dans l'appétit, il n'y a élaboration ou donation des êtres de raison propres quelle qu'en soit la modalité, parce que ni les sens, ni la puissance appétitive n'ont cette force pour former ou concevoir à la manière de l'étant ce qui, en vérité, ne constitue pas un étant. Car les sens ne sont pas réflexifs et ils ne recherchent pas la quiddité de la chose comme l'intellect afin de concevoir à la manière de l'étant des choses qui ne sont pas des étants, essentiellement parce que l'étant en tant qu'étant n'est pas l'objet adéquat des sens, ainsi que c'est le cas de l'intellect [4]. Et concernant ce point, l'argument est identique pour la volonté qui ne tend pas vers l'étant en tant qu'étant, mais en tant qu'il est un bien. Et bien que, parfois, la volonté humaine tende vers ce qui n'est pas le bien comme si cela l'était, cependant, elle ne forge pas ce bien, mais elle le suppose appréhendé et représenté par l'intellect ; c'est pourquoi, même si on le compte parmi les êtres de raison, il n'a pas été fabriqué par la volonté, mais par l'intellect. Et

1. Voir *D.M.* VI, sec. 6, § 11-12.
2. Voir cette section, § 5.
3. *Ibid.*
4. Voir sec. 1, § 8.

autem voluntas, sicut et sensus, denominet suum objectum, amatum et desideratum, denominatione reali extrinseca per habitudinem sui actus ad tale objectum, tamen ipsa voluntas non ulterius reflectitur vel inquirit quid sit in tali objecto esse amatum vel desideratum, nec in eo fingit relationem rationis, sed hoc spectat ad intellectum. Et quamvis voluntas possit in suo ordine reflecti in suum actum, amando amorem vel desiderium, et possit etiam reflecti in objectum, ut denominatum ab actu ejusdem vel similis voluntatis, scilicet, amando objectum, eo quod ab alio sit amatum, tamen per hanc reflexionem non fingit aliquid per modum entis aut boni, quod in se bonum non sit, sed in unumquodque tendit sicut in se est, vel sicut ab intellectu proponitur. Et ob eamdem causam quamvis voluntas possit tendere in objectum universale, ipsa tamen non fabricatur ipsum universale, sed supponit fabricatum ab intellectu. Et idem est de omnibus objectis, iu quæ tendit voluntas propter extrinsecas denominationes vel habitudines, quæ, si per modum relationum concipiantur, revera tantum sunt relationes rationis, ut cum voluntas amat aliquem actum, quia præceptus est; nam esse præceptum, denominatio est extrinseca, quæ si apprehendatur ut, aliquid existens in ipsa re præcepta, erit ens rationis; tamen id non fit per voluntatem, sed per intellectum. Ex his ergo satis constat, neque per voluntatem, neque per sensus fieri entia rationis.

18. Imaginatio an entium rationis effectrix. – Ab hac tamen generali regula excipi potest imaginatio humana, quæ interdum fingit quædam entia, quæ revera nusquam sunt, vel etiam esse non possunt, componendo illa ex his entibus quæ sub sensum cadunt, ut cum fingit montem aureum, qui non est, licet sit possibilis; eodem tamen modo fingere potest rem impossibilem, ut chymaeram. Nam, hoc ipso quod habet vim componendi

la volonté, ainsi que le font les sens, aura beau dénommer son objet aimé ou désiré[1], avec une dénomination réelle extrinsèque par relation de son acte à cet objet, cependant, la volonté elle-même ne réfléchit pas plus au-delà et elle ne recherche pas en quoi consiste dans cet objet l'être aimé ou désiré, et elle ne forge pas une relation de raison, car ceci appartient à l'intellect. Et bien que la volonté selon sa disposition puisse réfléchir sur son acte en aimant l'amour ou le désir, et qu'elle puisse également réfléchir sur l'objet dès qu'il est nommé par son acte lui-même ou par une autre volonté similaire, c'est-à-dire en aimant l'objet parce qu'il a été aimé par un autre, néanmoins, par cette réflexion, elle n'invente pas quelque chose à la manière de l'étant ou du bien qui ne soit pas bon en soi, mais qui tende vers chaque chose telle qu'elle est en soi, ou telle qu'elle lui est proposée par l'intellect. Et pour cette même raison, bien que la volonté puisse tendre vers un objet universel, ce n'est pas elle qui fabrique l'universel, mais elle le suppose fabriqué par l'intellect. Et, pour cette même raison, bien que la volonté puisse tendre vers un objet universel, ce n'est pas elle-même qui fabrique l'universel, mais elle le suppose fabriqué par l'intellect. Et il en est de même pour tous les objets vers lesquels tend la volonté à cause de dénominations ou de relations extrinsèques, lesquelles, si on les conçoit sur le mode de relations, sont en réalité seulement des relations de raison, par exemple, lorsque la volonté aime un acte particulier parce qu'il a été prescrit, puisque « être ordonné » est une dénomination extrinsèque qui, si elle est appréhendée comme quelque chose d'existant dans la chose elle-même prescrite, sera un être de raison ; or, ceci n'est pas réalisé par la volonté, mais par l'intellect. Il est donc suffisamment clair que ni par l'intermédiaire de la volonté, ni par l'intermédiaire des sens, il n'est possible de produire des êtres de raison.

18. Est-ce que l'imagination produit des êtres de raison ? – Néanmoins, de cette règle générale, on peut dégager une exception avec l'imagination humaine qui forge parfois certains étants qui en réalité n'existent jamais, ou ne peuvent même pas exister, en les composant d'étants qui tombent sous les sens, comme lorsqu'elle imagine une montagne d'or qui n'existe pas, bien que cela soit possible ; elle peut forger de la même manière une chose impossible, par exemple, une chimère. En effet, du fait qu'elle possède le pouvoir de former des compositions

1. Suárez semble ici se référer à saint Augustin, *Les confessions*, Livre III, chap. I (éd. Garnier-Flammarion, Paris, 1964, Trad. J. Trabucco), p. 49 : « Je vins à Carthage, et partout autour de moi bouillait à gros bouillons la chaudière des amours honteuses. Je n'aimais pas encore, et j'aimais à aimer ; dévoré du désir secret de l'amour, je m'en voulais de ne l'être pas plus encore. Comme j'aimais à aimer, je cherchais un objet à mon amour, j'avais horreur de la paix d'une voie sans embûches ».

species simplices, per eas formando idolum, constans ex rebus repræsentatis per simplicia phantasmata, sicut potest componere ea quæ non involvunt repugnantiam, etiamsi de facto non ita inveniantur composita, ita etiam potest fingere compositionem inter ea quæ cohærere repugnat. Unde etiam dialectici dicunt ens imaginabile latius ampliare quam ens possibile. Atque ita sane dicendum est, ea entia rationis, quæ sunt mere impossibilia et non habent aliud fundamentum in re, præter vim potentiæ componentis quæ in re componi non possunt, etiam posse fingi per imaginationem ; tamen, quia imaginatio humana in hoc participat aliquo modo vim rationis, et fortasse nunquam id facit nisi cooperante ratione, ideo hæc omnia dicuntur entia rationis, et, simpliciter loquendo, etiam hoc munus rationi tribuitur.

Formetne divinus intellectus entia rationis

19. Aliquorum sententia. – Ultimo colligitur ex dictis responsio ad ultimam interrogationem de intellectu divino, an per illum etiam formentur entia rationis. Multis enim videtur non esse denegandum divino intellectui, quia dicit perfectionem in intellectu nostro, et nullam necessario involvit imperfectionem. Nam intelligere omne intelligibile, perfectionis est ; hæc autem entia rationis sunt aliquo modo intelligibilia ; ergo ad divinam perfectionem pertinet illa etiam intelligere. Rursus ad perfectionem intelligentis pertinet, ut unumquodque cognoscat sicut est, seu quale est ; sed hæc entia rationis talia sunt, ut in se non sint vera entia, cogitari tamen possint per modum entium ; ergo ad perfectionem intellectus divini pertinet illa comprehendere ; nulla igitur imperfectio erit in divino intellectu, quod hæc cognoscat per modum entium, cum entia non sint, sed est, imperfectio ipsius objecti, quod talem habet modum entitatis. Et confirmatur, quia necessitas fabricandi hæc entia rationis non provenit semper

d'espèces simples en constituant avec elles une image qui comprend des choses représentées par les fantasmes simples, elle peut ainsi composer des choses qui n'impliquent pas de contradiction, bien qu'en fait elles ne soient pas composées de la sorte, elle peut également forger une composition pour celles dont l'union est contradictoire. C'est pourquoi les dialecticiens[1] disent aussi que l'étant imaginable possède une extension plus grande que l'étant possible. Il faut sans aucun doute affirmer que ces êtres de raison qui sont simplement impossibles et qui n'ont dans la réalité d'autre fondement que la force d'une puissance de composition des choses qui ne peuvent l'être dans la réalité, peuvent également être forgés par l'imagination ; cependant, parce que l'imagination participe en cela, d'une certaine manière, à la force de la raison, et parce que, peut-être, elle ne le fait jamais sans la coopération de la raison, tel est le motif pour lequel on appelle l'ensemble de ces choses des êtres de raison, et absolument parlant, on attribue également cette tâche à la raison.

L'INTELLECT DIVIN FORME-T-IL DES ÊTRES DE RAISON ?

19. SENTENCE DE CERTAINS. – On en déduit enfin la réponse à la dernière question[2] se rapportant à l'intellect divin, à savoir, si par son intermédiaire, on forme également des êtres de raison. Nombreux sont ceux qui pensent, en effet, qu'on ne peut le refuser à l'intellect divin puisqu'il exprime la perfection dans notre intellect et il n'enveloppe pas nécessairement une quelconque imperfection. En effet, comprendre tout ce qui est intelligible, correspond à la perfection ; ainsi donc, ces êtres de raison sont d'une certaine manière intelligibles ; donc, il appartient également à la divine perfection de les comprendre. En revanche, le fait de connaître chaque chose comme elle est, ou selon ses propriétés, correspond à la perfection de l'intelligence divine ; mais ces êtres de raison ont une nature telle que, sans être en soi de véritables étants, ils peuvent être pensés à la manière des étants ; donc, il appartient à la perfection de l'intellect divin de les comprendre ; c'est pourquoi ce ne sera pas une imperfection pour l'intellect divin de les connaître à la manière des étants bien que ce ne soient pas des étants, mais le fait de posséder cette modalité entitative constituera une imperfection pour l'objet lui-même. Et cela est confirmé parce que la nécessité d'élaborer ces êtres de raison ne provient pas toujours

1. Voir Domingo Soto, O.P., *Summularum*, editio secunda (Salmanticae, 1554), II, c. 13, n. 4 (44vb) et Franciscus Toletus, S.J., *Introductio in universam Aristotelis Logicam* (Coloniae, 1615), II, c. 8 (p. 33).

2. Voir sec. 5.

ex imperfectione intelligentis, sed ex natura et intrinseca necessitate ipsarum rerum cognoscendarum. Hoc patet imprimis in negationibus et privationibus; ideo enim cognoscuntur per modum entium, quia nihil est per se intelligibile nisi ens, et ideo illa quatenus non entia sunt, non habent intelligibilitatem, ideoque ut intelligi possint, oportet ut per modum entium concipiantur; hæc autem ratio communis est omni intellectui, et non fundatur in imperfectione intelligentis, sed in ipsa natura objecti intelligibilis. Nam sicut ens est objectum adæquatum intellectus humani, est etiam suo modo adæquatum objectum intellectus divini, loquendo de objecto terminativo, sive primario, sive secundario; ergo etiam intellectus divinus non potest aliquid concipere nisi per modum entis; ergo etiam hoc modo concipiet negationes et privationes. Rursus de relationibus rationis hoc patet, quia etiam intellectus divinus concipit ut ratione distincta, ea quae in re distincta non sunt; cognoscit enim Verbum divinum procedere per intellectum, et non per voluntatem, et Spiritum Sanctum procedere per voluntatem, et non per intellectum; et similiter concipit hominem creari per ideam hominis, et non per ideam leonis, et e converso, et sic de aliis. Atque huic sententiæ favent multi Theologi. qui, tractantes de ideis divinis, vel de relationibus, aut attributis, Deo, attribuunt tum respectus rationis, tum etiam distinctiones rationis per comparationem ejusdem rei ad diversas, ut videre licet apud D. Thomam, 1 p., quæst. 19, a. 2, ad 2 et 3, 1 contr. Gent., c. 18, et alios theologos, in 1, dist. 35 et 36.

20. Opposita sententia. – Nihilominus aliunde videtur repugnare perfectioni divini intellectus, ut per illum formentur entia rationis, quia ens rationis non formatur nisi concipiendo per modum entis id quod ens non est; at vero hoc provenit ex imperfectione intellectus et

de l'imperfection de l'intelligence, mais de la nature et de la nécessité intrinsèque des choses elles-mêmes que l'on doit connaître. Cela est clair, en premier lieu, dans les négations et dans les privations ; en effet, elles sont connues à la manière de l'étant, précisément parce qu'il n'y a rien par soi de plus intelligible que l'étant, et par conséquent, en tant qu'elles ne constituent pas des étants, elles n'ont pas d'intelligibilité, et c'est pourquoi, pour pouvoir être comprises, elles doivent être conçues à la manière de l'étant ; et cette raison est commune à tout intellect et ne se fonde pas dans l'imperfection de l'intelligence, mais dans la nature même de l'objet intelligible. Car, de la même manière que l'étant est l'objet adéquat de l'intellect humain, de même, il est selon sa modalité l'objet adéquat de l'intellect divin, si nous nous référons à l'objet terminal [1] soit primaire, soit secondaire ; l'intellect divin ne peut non plus rien concevoir, si ce n'est à la manière de l'étant ; donc, il concevra également de cette façon les négations et les privations. Inversement, ceci est manifeste par rapport aux relations de raison puisque, également, l'intellect divin conçoit comme rationnellement distinctes des choses qui ne sont pas distinctes dans la réalité ; en effet, il connaît que le Verbe divin procède par l'intellect et non par la volonté, et que le Saint Esprit procède par la volonté et non par l'intellect; de la même manière, il conçoit que l'homme est créé selon l'idée d'homme et non suivant l'idée de lion, et inversement. Cette sentence est soutenue par de nombreux théologiens qui, en examinant les idées divines ou les relations ou attributs, confèrent à Dieu non seulement des relations de raison, mais aussi des distinctions de raison par la comparaison d'une même chose avec d'autres distinctes, ainsi qu'on peut le voir chez Thomas d'Aquin, I, q. 19 [2], a. 2, ad 2 et 3 [3]; I, *Contre les Gentils*, chapitre 18 [4]; et chez d'autres théologiens, au livre I du *Commentaires des Sentences*, dist. 35 et 36 [5].

20. Sentence contraire. – Cependant, d'autre part, il semble que la perfection de l'intellect divin soit opposée à la formation des êtres de raison, parce que l'être de raison n'est constitué qu'en concevant à la manière de l'étant ce qui n'est pas un étant ; or, ceci provient de l'imperfection de l'intellect et est

1. Dieu et les créatures constituent les objets premiers et seconds dans l'ordre de la connaissance divine, *D.M.* XXX, sec. 15, § 20-26. Sur l'objet terminal, voir *D.M.* XXXI, sec. 2, § 7.

2. Plutôt q. 15, voir édition de Salamanque, 1597 (II, 716) et Mainz, 1605 (II, 651). La référence de l'édition Vivès est inexacte.

3. Thomas d'Aquin, édition Léonine, tome IV (1885), p. 202.

4. *Ibid.*, I, c. 54 ; tome XIII (1918), p. 154-155.

5. Par exemple, Duns Scot, *Ordinatio*, I, d. 35, q.un., n. 32 (VI, 258) ; n. 54 (264) ; d. 36, qu. un., n. 44 (288), et Durand de saint Pourçain, *In Sent.*, I, d. 36, q. 3, particulièrement n. 17 (98v) ; q. 4, particulièrement n. 5 (99v).

repugnat perfectioni divinæ cognitionis, nam hæc in eo posita est, quod unumquodque clarissime cognoscit sicut est; ergo fieri non potest ut per divinum intellectum entia rationis formentur. Et confirmatur, nam fieri non potest ut intellectus divinus concipiat spiritualia instar corporalium, quia ille est imperfectus modus cognoscendi, sed ad perfectionem ejus pertinet ut ita intueatur spiritualia sicut sunt, et non aliter; ergo, pari ratione, fieri non potest ut intellectus divinus concipiat ut distincta, quæ in re distincta non sunt, quia etiam hic est imperfectus et alienus modus cognoscendi; ergo distinctio rationis non potest fieri per divinum intellectum; ergo, pari ratione, nulla alia relatio rationis potest per intellectum divinum fieri. Est enim eadem seu proportionalis ratio, quia non potest Deus intelligere ut relata quæ relata non sunt, quia etiam ille modus concipiendi non esset proprius nec per illum conciperentur res ut sunt. Ac denique ob eamdem rationem non concipit Deus negationes aut privationes per modum entium positivorum, quia conciperet illa extraneo modo et non qualia sunt; ergo nullum genus entis rationis per divinum intellectum formari potest.

21. Unde falsum esse videtur, quod in argumentis contrariis assumitur, scilicet, formationem entium rationis non provenire ex imperfecto modo cognoscendi, aut necessariam esse ex vi objecti intellectus; nam omnis conceptio rei quae aliter se habet ex parte objecti aut modi repraesentandi quam res cognita se habeat, in se est imperfecta et non habet illam conditionem ex vi objecti, sed ex parte cognoscentis. Dico autem, *ex parte objecti, et in quodo repraesentandi,* quia ex parte cognoscentis et actus seu entitatis ejus, fieri potest ut res aliter formetur in intelligente quam sit in se, ob majorem perfectionem cognoscentis. Sic enim cognoscimus materialia immaterialiter, et Deus cognoscit composita simplicissime, et mutabilia immutabiliter, et potentialia per purissimum actum, quia hæc omnia solum dicunt perfectionem in illo esse quo cognitio perficitur. At vero quoad repræsentationem objecti, pertinet ad perfectionem cognitionis, ut ita repræsentet illud sicut est, et omnis cognitio quæ recedit ab hac proprietate non potest id habere ex perfectione cognitionis, sed ex aliqua imperfectione vel limitatione adjuncta, quia perfectio cognitionis consistit in adaequatione ad rem cognitam, et consequenter in repræsentatione ejus sicut in se est. Atque hinc fit ut, ex vi objecti intellectus, etiam

en opposition avec la perfection de la connaissance divine, puisque celle-ci consiste à connaître très clairement chaque chose comme elle est ; donc, il n'est pas possible que des êtres de raison soient constitués par l'intellect divin. Et on le confirme, car il est impossible que l'intellect divin conçoive les choses spirituelles à la manière des choses corporelles, parce que ceci est une manière imparfaite de connaître, alors que l'intuition des choses spirituelles comme elles sont et non selon un autre mode, appartient à sa perfection ; donc, pour la même raison, il est impossible que l'intellect divin conçoive comme distinctes des choses qui ne le sont pas dans la réalité parce que cela est également une manière imparfaite et autre de connaître ; donc, on ne peut établir une distinction de raison au moyen de l'intellect divin. En effet, la raison est identique ou proportionnelle, parce que Dieu ne peut comprendre comme étant en relation des choses qui ne le sont pas, puisque cette manière de concevoir ne serait pas non plus adéquate, et ainsi on ne concevrait pas les choses telles qu'elles sont. Enfin, pour cette raison, Dieu ne conçoit pas les négations ou les privations à la manière d'étants positifs parce qu'Il les concevrait d'une autre manière, et non comme elles sont ; donc, par l'intermédiaire de l'intellect divin, on ne peut former aucun genre d'être de raison.

21. C'est pourquoi il semble que ce que l'on accepte dans les arguments contraires s'avère erroné, c'est-à-dire, la formation des êtres de raison ne provient pas de la manière imparfaite de connaître, ou alors elle est nécessaire en vertu de l'objet de l'intellect ; en effet, toute conception d'une chose qui, examinée du point de vue de l'objet ou du mode de représentation, est autrement que la chose connue et est en soi imparfaite, et ne possède pas cette caractéristique à partir de l'objet mais à partir de celui qui connaît. Et je dis « à partir de l'objet et dans la modalité de sa représentation » parce que de la part de celui qui connaît et de l'acte, ou de l'entité de ce dernier, il est possible que la chose se forme dans l'intelligence de manière distincte à ce qu'elle est en soi, à cause d'une plus grande perfection de celui qui connaît. En effet, nous connaissons ainsi les choses matérielles immatériellement, et Dieu connaît de manière très simple les choses composées, et de manière immuable les choses changeantes, et selon un acte très pur les choses potentielles, parce que tout ceci indique seulement la perfection dans cet être grâce auquel la connaissance est achevée. Par contre, concernant la représentation de l'objet, il appartient à la perfection de la connaissance de le représenter tel qu'il est, et toute connaissance qui s'écarte de cette propriété ne peut le devoir à la perfection de la connaissance, mais à quelque imperfection ou limitation étrangère, parce que la perfection de la connaissance consiste en l'adéquation à la chose connue et, par conséquent, en sa représentation telle qu'elle est en soi. Il en découle qu'à partir de l'objet de l'intellect, même de l'objet

terminativi, nunquam sit necessarius alius modus cognitionis, nam potius ipsum objectum postulat cognosci sicut est.

22. Et discurrendo per singula objecta seu entia rationis, id facile constare potest, nam ens absolutum, quantum in ipso est, non postulat cognosci per modum relativi; quantumvis enim duae res nobis videantur inter se connexae, si tamen revera non sunt relatæ, perfectius cognoscentur prout in se sunt, et cum ea connexione quam vere habent sine ulla relatione vera vel conficta, quam si modo relativo, qui eis extraneus est, cognoscantur. Et simili ratione, ens respectivum non postulat cognosci per modum absoluti, neque ens positivum per modum negativi, quantum est in se, neque e converso negatio per modum positivi. Quanquam hoc ultimum difficilius existimatur, eo quod negatio nihil habeat entitatis quæ per cognitionem repræsentari possit, nisi per modum entis fingatur. Sed est considerandum, perfectam cognitionem negationis non consistere in hoc quod ipsa directe et per modum entis repræsentetur, sed in hoc quod, cognoscendo clarissime entia positiva, in eis cognoscatur unum non esse aliud, vel non habere aliud, seu hoc non esse unitum illi, absque alia directa repræsentatione ipsius negationis vel privationis. Et hoc modo perfectissime cognoscit Deus negationes ipsas, non quidem sine positivo actu et iudicio quo Deus, intuendo duas res, simplicissime simul intuetur unam non esse aliam, et non esse conjunctam alteri, aut etiam non posse illi uniri; sed quia praeter hunc actum Deus non habet alium ratione distinctum, quo apprehendat ipsam negationem per modum entis positivi; hic enim conceptus neque Deo est necessarius, neque ad perfectionem spectat. Quod autem Deus dicitur cognoscere ea quæ non sunt, tanquam ea quæ sunt, non ideo dicitur quia ad cognoscenda ea quae non sunt seu negationes entium, necesse sit Deum cognoscere negationem per modum entis positivi, sed quia tam clare et distincte cognoscit ea quæ sunt, sicut ea quæ non sunt, cognoscendo et judicando de unoquoque id quod est vel non est. Et præterea, quia Deus non accipit cognitionem a rebus, neque, ut eas cognoscat, pendet ex existentia illarum, sed æque cognoscit possibilia sicut existentia, et futura sicut praesentia, unumquodque tamen ita cognoscendo esse sicut est, vel non esse sicut non est.

terminal, une autre modalité de la connaissance n'est jamais nécessaire puisque l'objet lui-même requiert plutôt d'être connu tel qu'il est.

22. Et en discourant sur chacun des objets ou des êtres de raison, nous pouvons aisément le constater, puisque l'étant absolu, autant que cela en dépend, ne demande pas d'être connu de manière relative ; car, bien que deux choses nous semblent liées entr'elles, néanmoins, si, en réalité, elles ne sont pas en relation, il y aura plus de perfection à les connaître telles qu'elles sont et avec cette connexion qu'elles possèdent véritablement sans aucune relation vraie ou fictive, que de les connaître de manière relative qui leur est étrangère. Et pour la même raison l'étant relatif ne requiert pas d'être connu d'une manière absolue, ni l'étant positif de manière négative, autant que cela dépende de lui, ni, à l'inverse, la négation ne requiert pas d'être connue à la manière de quelque chose de positif. Quoiqu'on estime ce dernier point plus difficile du fait que la négation n'a aucune entité qui puisse être représentée par la connaissance, à moins de la forger à la manière d'un étant. Or, il faut considérer que la connaissance parfaite de la négation ne consiste pas à être représentée elle-même directement et à la manière d'un étant, mais qu'en connaissant clairement les étants positifs, on y reconnaisse qu'une chose n'en est pas une autre, ou qu'elle n'en a pas une autre, ou que ceci ne lui est pas lié sans une autre[1] représentation immédiate de la négation elle-même ou de la privation. Et de cette manière, Dieu connaît parfaitement les négations elles-mêmes, non de manière certaine, sans l'acte positif et sans le jugement par lequel Dieu, pressentant deux choses, pressent en même temps très simplement que l'une n'est pas l'autre et qu'elle n'est pas unie à l'autre, ou même qu'on ne peut l'y unir ; mais parce que, en dehors de cet acte, Dieu n'en a pas d'autres rationnellement distincts pour appréhender la négation elle-même à la manière d'un étant positif ; en effet, Dieu n'a pas besoin de ce concept et il ne correspond pas à la perfection. Et le fait de dire que Dieu connaît les choses qui ne sont pas comme celles qui sont, ne peut être avancé parce qu'il faut, pour connaître les choses qui ne sont pas, ou les négations de l'étant, que Dieu connaisse la négation à la manière d'un étant positif, mais parce qu'Il connaît clairement et distinctement les choses qui sont aussi bien que celles qui ne sont pas, connaissant et jugeant chaque chose pour ce qu'elle est ou n'est pas. Et de plus, parce que Dieu ne reçoit pas la connaissance des choses, et afin de les connaître, Il ne dépend pas non plus de leur existence alors qu'Il connaît les choses possibles tout comme les choses existantes, et les choses futures tout comme les choses présentes, en connaissant cependant que chaque chose est connue telle qu'elle est, ou qu'elle n'est pas connue telle qu'elle n'est pas.

1. *Alia* dans l'édition de Salamanque au lieu de *illa* de l'édition Vivès.

23. ULTIMA SENTENTIA PROBATUR – DEUS PERFECTISSIME COGNOSCIT ENTIA RATIONIS. – Hæc posterior sententia vera mihi videtur, et maxime consentanea divinæ perfectioni. Solum addendum occurrit, quanquam Deus per se et immediate non intelligat formando entia rationis, nihilominus tamen perfectissime cognoscere ipsa entia rationis, et ea ratione dici posse hujusmodi entia habere aliquod esse ex vi divinæ cognitionis. Quia esse eorum est esse objective in intellectu; si autem a Deo cognoscuntur, sunt objective in intellectu divino; ergo habent esse sibi proportionatum ex vi divinæ intellectionis. Quod autem hæc entia perfecte cognoscantur a Deo, dubitari non potest, ob rationes priori loco positas, quæ hoc saltem probant, et non aliud. Declararique potest, quia Deus comprehendit omnes actiones humanæ imaginationis vel rationis; ergo comprehendit omnes fictiones formales (ut ita dicam) quæ in his potentiis esse possunt; ergo etiam cognoscit fictiones objectivas quæ illis actibus mentis correspondent seu objiciuntur, atque ita cognoscit omnia entia rationis, quæ per operationes harum potentiarum quovis modo insurgere possunt.

24. Dicere tamen potest aliquis, licet Deus ita cognoscat entia rationis, id non satis esse ut illa dicantur actu esse eo modo quo esse possunt, sed solum ut dicantur esse possibilia, vel potius imaginabilia, seu fingibilia per humanam mentem. Respondetur, non esse contendendum, si alicui hic modus loquendi magis placeat, nam erit contentio de nomine, potius quam de re, et talis loquendi modus non est improbabilis, nam cum hæc entia tantum sint ficta, tunc proprio et peculiari modo dicuntur actu esse, quando actu finguntur; non finguntur autem per intellectum divinum, sed cognoscuntur ut fingibilia per humanum intellectum, et sub ea ratione merito dici possunt nondum actu esse. Quanquam si latius loquamur de

23. ON DÉMONTRE LA DERNIÈRE SENTENCE. DIEU CONNAÎT PARFAITEMENT LES ÊTRES DE RAISON. – Cette deuxième sentence me semble vraie et naturellement en accord avec la perfection divine. Seulement je pense qu'il faut ajouter, bien que Dieu par Lui-même et immédiatement, n'entende pas former des êtres de raison, néanmoins, Il connaît à la perfection ces mêmes êtres de raison, et donc, en ce sens, on peut dire que ces êtres ont un être particulier en vertu de la connaissance divine. En effet, leur être consiste à être objectivement dans l'intellect ; ainsi donc, s'ils sont connus de Dieu, ils sont objectivement dans l'intellect divin, par conséquent, ils possèdent l'être proportionnellement à l'intellection divine. Et on ne peut mettre en doute que ces êtres soient connus parfaitement par Dieu, à cause des raisons invoquées en premier lieu [1] qui, à tout le moins, le prouvent à défaut d'autre chose. Et on peut l'expliquer parce que Dieu comprend toutes les actions de l'imagination ou de la raison humaine, donc, il comprend toutes les fictions formelles – pour les appeler ainsi – qu'il peut y avoir dans ses puissances ; il connaît donc aussi les fictions objectives qui correspondent ou servent d'objets à ces actes de l'esprit [2], en connaissant de la sorte tous les êtres de raison qui peuvent apparaître, quelle qu'en soit la modalité par l'opération de ces puissances.

24. Cependant, on peut objecter que, bien que Dieu connaisse de la sorte les êtres de raison, ceci ne suffit pas pour que l'on dise de ces derniers qu'ils sont en acte selon le mode en fonction duquel ils peuvent l'être, mais cela permet seulement de dire qu'ils sont possibles, ou mieux, imaginables, ou forgés par l'esprit humain. La réponse est la suivante : il n'y a pas à discuter pour savoir si ce mode d'expression convient davantage à l'un, car soit cela constituera plutôt une discussion sur les mots que sur la chose, étant donné que ce mode d'expression n'est pas improbable, soit du fait que ces êtres sont purement fictifs, on dit qu'ils sont en acte selon leur mode propre et particulier au moment où ils sont forgés en acte [3] ; or, pour l'intellect divin ils ne sont pas inventés mais ils sont connus comme pouvant être forgés par l'intellect humain, et on peut légitimement dire en fonction de cette raison qu'ils ne sont pas encore en acte. Bien que si nous nous référions à n'importe quel être

1. Voir § 19 de cette section.

2. Il s'agit ici de se rapporter à la distinction entre le concept formel et le concept objectif. Voir *D.M.* II, sec. 1, § 1.

3. Suárez pose également que les êtres de raison existent seulement quand ils sont connus en acte dans les passages suivants : *D.M.* III, sec. 1, § 10 ; *D.M.* VI, sec. 7, § 2 ; *D.M.* VIII, sec. 2, § 20 ; *D.M.* XXV, sec. 1, § 5 ; *De Anima*, IV, c. 3, § 26.

quolibet esse objectivo illorum, sicut actu cognoscuntur per intellectum divinum, ita etiam dici possunt actu esse.

25. Angelus et Beatus an forment entia rationis. – Ex his autem quæ diximus de intellectu divino et humano, ferendum est judicium de intellectu angelico, vel de quocumque creato, perfecto et superiori modo intelligente, ut est intellectus videntis Deum, ut sic. Nam quatenus perfecte cognoscunt res prout in se sunt, vel in seipsis, non formant entia rationis. Intellectus vero angelicus, si quæ fortasse intelligit imperfecto modo, et per alienas species aut conceptus, potest aliqua entia rationis formare ; ut cognoscendo Deum naturali cognitione, potest illum cognoscere per aliquam habitudinem ad creaturas, et distinctionem rationis in illo formare. Sed hujus rei rationem et expositionem theologis remittimus, quia supponit perfectam intelligentiam circa modum cognoscendi angelorum.

objectif qu'ils possèdent selon une signification plus étendue, on peut également dire qu'ils sont en acte de la même manière qu'ils sont connus en acte par l'intellect divin[1].

25. Est-ce que l'ange et le bienheureux forment des êtres de raison ? – D'après ce que nous avons dit au sujet de l'intellect divin et de l'intellect humain, on en déduit le jugement que l'on doit porter sur l'intellect angélique ou sur tout autre intellect créé qui comprenne d'une manière parfaite et plus élevée, comme c'est le cas de l'intellect qui voit Dieu en tant que tel. Car, dès qu'on connaît parfaitement les choses telles qu'elles sont en soi, ou qu'on les connaît en elles-mêmes, on ne forme pas des êtres de raison. Or, si par hasard, l'intellect angélique comprend certaines choses de manière imparfaite et par des espèces ou des concepts étrangers, il peut former certains êtres de raison ; par exemple, connaissant Dieu par une connaissance naturelle, il peut le connaître par une relation particulière aux créatures et former en lui une distinction de raison. Mais laissons aux théologiens ce raisonnement et cette exposition, parce que cela suppose une parfaite compréhension du mode de connaissance des anges.

1. Ce qui revient à dire qu'ils ont leur être objectif du fait que Dieu les connaît actuellement comme étant pensables par l'intellect humain.

SECTIO III

An recte dividatur ens rationis in negationem, privationem et relationem

1. Divisio hæc satis vulgaris est, habetque fundamentum in Aristotele, 4 Metaph., in principio, ubi negationes et privationes ponit inter entia, cum tamen revera non entia sint; unde solum ponit ea sic numerare, quia entia rationis sunt. Atque ita postea, lib. 5, c. 7, declarat, esse talium entium solum esse secundum praedicationem veram, atque adeo per intellectum atque eodem libro, cap. 15, insinuat relationes rationis. Sumitur etiam illa divisio ex D. Thoma, quæst. 2l de Verit., art. 1, in 1, dist. 2, q. 1, a. 3, et dist. 19, q. l, a. 1, et omnes recentiores eadem distinctione utuntur.

Difficultates circa divisionem positam

2. Habet tantum nonnullam difficultatem, tum in sufficientia, tum etiam in distinctione horum membrorum sub hujusmodi diviso. Et de priori quidem parte dicemus sectione sequenti. Quoad alteram vero partem, ratio dubitandi breviter esse potest, quia negationes et privationes

SECTION III

La division de l'être de raison en négation, privation et relation est-elle correcte ?

1. Cette division est assez courante et trouve son fondement chez Aristote au livre IV de la *Métaphysique*, au commencement[1], où il place parmi les étants les négations et les privations qui cependant, en réalité, ne sont pas des étants ; par conséquent, on décide seulement de les énumérer parce que ce sont des êtres de raison. Et ensuite, au livre V, chapitre 7[2], il déclare que l'être de tels étants n'est attribué que selon une véritable prédication et, en conséquence, au moyen de l'intellect, et dans ce même livre, au chapitre 15[3], il suggère les relations de raison. Cette division se trouve également chez Thomas d'Aquin, *De la vérité*, q. 21, a. 1[4], Livre I du *Commentaire des Sentences*, dist. 2, q. 1, a. 3[5] et dist. 19, q. 1, a. 1[6], et tous les auteurs les plus récents utilisent la même distinction.

Difficultés concernant la position de la division

2. Elle présente néanmoins une difficulté certaine, tant en ce qui concerne son caractère suffisant que concernant la distinction de ces membres inclus sous cette division. Nous traiterons ce dernier point dans la section suivante[7]. Quant au second, la raison de douter consiste peut être en bref dans le fait que les négations et les privations semblent être

1. Aristote, *Métaphysique*, Γ, 2, 1003b 8-11.

2. *Ibid.*, 1017a 32. Voir également Suárez, *D.M.* XXXI, sec. 1, § 2 ; sec. 12, § 45 ; *D.M.* VIII, sec. 2, § 16.

3. *Ibid.*, 1020b 30-33 ; 1021a 29.

4. Thomas d'Aquin, édition Léonine, tome XXII, vol. 3 (1976), p. 593.

5. Thomas d'Aquin, *Scriptum super libros Sententiarum Magistri Petri Lombardi*, I, d. 2, q. 1, art. 3 ; éd. R.P. Mandonnet, O.P., t. I (Paris, 1929), p. 63-72.

6. *Ibid.*, d. 19, q. 5, a. 1 ; éd. Mandonnet, p. 484-490.

7. Voir section 4.

immerito numerari videntur inter entia rationis, quia non sint aliquid mente confictum, sed vere rebus ipsis conveniunt, nam in re ipsa aer est tenebrosus et carens lumine, et homo est non albus, si sit niger. Quod si haec dicantur esse entia rationis quatenus per modum entis finguntur, hoc modo omnia entia rationis erunt negationes quaedam, quia omnia sunt non entia realia et vera, et hanc negationem intrinsece includunt. Aliunde etiam non apparet cur negatio et privatio ut diversa entia rationis numerentur, quia si considerentur formaliter, et quoad carentiam seu fictionem entitatis, non habent diversitatem; quod autem differant ex habitudine seu connotatione subjecti aut potentiæ receptivæ, sub ea consideratione non differunt in aliqua entitate rationis, sed quasi extrinsece in entitate reali seu in habitudine ad ens reale. Denique etiam negatio et privatio non concipiuntur ut entia rationis sine habitudine ad aliud; non ergo recte distinguuntur a relatione rationis. Antecedens patet, quia privatio alicujus est privatio.

Explicatur et probatur divisio

3. Nihilominus dicta divisio recte tradita est. Non est enim dubium quin illa tria membra concepta per modum entium sint entia rationis, et non rei. Quod de relationibus rationis suppono ex dictis supra de praedicamento *ad aliquid,* ubi ostendimus quasdam esse relaliones reales, et alias rationis, et has posteriores diximus non habere in re verum esse ad aliud, sed cogitari ut habentes esse ad aliud. Igitur esse talium relationum non est esse rei, sed est esse quod cogitatione fingitur; est ergo esse rationis. Rursus negatio ex se non dicit aliquid rei, cum illud simpliciter removeat. De privatione vero supponendum est pro tota hac materia, interdum vocari ab Aristotele privationem, formam minus perfectam comparatione perfectioris formæ sibi oppositæ, ut nigredo, comparatione albedinis; tamen illa non est vera privatio, sed forma positiva, unde non pertinet ad hanc divisionem. Propria ergo privatio dicitur carentia formæ in

illégitimement comptabilisées parmi les êtres de raison, puisqu'on n'examine pas quelque chose inventé par l'esprit, mais elles appartiennent véritablement aux choses elles-mêmes, car dans la réalité elle-même l'air est obscur et manque de lumière, et l'homme est non blanc s'il est noir. Et l'on dit que ces dernières sont des êtres de raison dès qu'elles sont forgées à la manière d'un étant, en ce sens tous les êtres de raison seront des négations, puisque tous sont des non étants réels et véritables, et incluent intrinsèquement cette négation. De plus, on ne voit pas non plus pourquoi on comptabilise la négation et la privation parmi des êtres de raison distincts, parce que si on les considère formellement et eu égard au manque ou à l'invention de l'entité, elles n'ont pas de différence. Et si elles diffèrent par la relation ou la connotation du sujet ou de la puissance réceptive, en fonction de cette considération, elles ne diffèrent dans aucune entité de raison, mais pour ainsi dire extrinsèquement dans l'entité réelle ou dans la relation à l'étant réel. Enfin, on ne conçoit pas la négation et la privation comme des êtres de raison sans relation à autre chose; donc, on ne les distingue pas légitimement au moyen de la relation de raison. L'antécédent est manifeste puisque la privation est privation de quelque chose.

On explique et on démontre la division

3. Néanmoins, cette division a été avancée en toute rectitude. En effet, il n'y a pas de doute à ce que ces trois membres conçus à la manière des étants, constituent des êtres de raison et non des étants réels. Et concernant les relations de raison, je tiens ceci pour acquis à partir de ce qui a été déjà dit [1] sur le prédicat « par rapport à quelque chose », où nous avons démontré qu'il y a des relations réelles et d'autres de raison, et eu égard à ces dernières, nous avons affirmé que dans la réalité, elles n'ont pas un être véritable par rapport à autre chose. Ainsi donc, l'être de ces relations n'est pas un être réel, mais un être qui est forgé par la pensée ; donc, c'est un être (*esse*) de raison. En revanche, la négation ne dit pas à partir d'elle-même quelque chose de réel puisqu'elle l'écarte simplement. Quant à la privation, eu égard à l'ensemble de ce sujet, il faut partir du fait qu'Aristote donne parfois le nom de privation à la forme moins parfaite par comparaison à une autre forme plus parfaite qui lui est opposée, par exemple, la noirceur par comparaison à la blancheur; cependant, celle-ci n'est pas une véritable privation, mais une forme positive n'appartenant pas de ce fait, à cette division. On l'appelle donc privation propre au manque de forme dans un

1. Voir *D.M.* XLVII, sec. 3, § 5.

subjecto apto, 5 Metaphysic., capite vigesimo secundo, lib. 10, c. 7, unde ex se ac formaliter etiam est remotio ac non ens, ut docet etiam Aristoteles, I Phys., cap. 8. Sic igitur tam negatio quam privatio, si considerentur præcise quatenus non entia sunt, ut sic, nec sunt entia realia, nec rationis, quia non sunt entia, nec considerantur ut entia, sed ut non entia, et hoc modo non sunt aliquid fictum, et dicuntur convenire rebus ipsis, non ponendo in eis aliquid, sed tollendo, ut ex D. Thoma notavit Cajetanus, 1 p., q. 48, articulo 2, ubi D. Thomas idem sentit, et q. I de Malo, art. 2; Capreolus, in 2, dist. 34, quæst. 2, ad 1; Ferrar., 3 contr. Gent., capite 19; Soncinas, 10 Metaph., quæst. 15. Et sic dicimus dari in rebus privationes, ut cæcitatem in oculo, tenebras in aere, malum in actionibus humanis; sicque Aristoteles posuit privationem principium generationis naturalis.

4. Ex hac autem negatione seu remotione entitatis, et ex modo quo noster intellectus illam attribuit rebus, non solum negando, sed etiam affirmando, fit ut hæc non solum concipiantur a nobis pure negative, sed etiam per modum entis positivi; sub qua consideratione habent rationem entis, non rei, sed rationis, ut recte D. Thomas notavit, 4 Metaph., cap. 2, ubi. Aristoteles idem sentit. Primum patet, tum quia in hac affirmatione, « Homo est cæcus », virtute includitur prædicatio entis; nam verbum *est* includit participium entis; tum etiam quia noster intellectus non concipit aliquid ut in rebus existens, nisi concipiat illud per modum entis. Secundum autem patet, quia in hoc modo conceptionis aut affirmationis

sujet apte à l'avoir, livre V de la *Métaphysique*, chapitre 22[1], livre X, chapitre 7[2], étant aussi d'elle-même et formellement éloignement et non-étant, comme l'indique Aristote au livre I de la *Physique*, chapitre 8[3] ; ainsi donc, aussi bien la négation que la privation, considérées précisément comme non-étants en tant que telles, ne sont ni des étants réels, ni des êtres de raison, puisque ce ne sont pas des étants et qu'on ne les considère pas comme des étants, et de la sorte, elles ne sont pas fictives, et on dit qu'elles conviennent aux choses, non parce qu'elles leur apportent, mais parce qu'elles leur ôte quelque chose, comme l'a fait remarquer Cajetan, en le tirant de Thomas d'Aquin, I, q. 48, a. 2[4], où Thomas d'Aquin pense de même, ainsi que dans *Du mal*, q. 1, a. 2[5]; Capréolus au livre II, du *Commentaire sur les Sentences*, dist. 34, q. 2, ad 1[6]; Sylvestre de Ferrare, *Contre les Gentils*, III, chapitre 19[7]; Soncinas, *Métaphysique* X, q. 15[8]. Et c'est dans ce sens que nous disons que l'on attribue des privations aux choses, comme la cécité à l'œil, l'obscurité à l'air, le mal aux actions humaines; et c'est en fonction de cette même signification qu'Aristote posa la privation comme principe de la génération naturelle.

4. À partir de cette négation ou éloignement de l'entité et du mode selon laquelle notre intellect l'attribue aux choses – non seulement en niant, mais aussi en affirmant – il se trouve que nous concevons ces choses non seulement de manière purement négative, mais également à la manière d'un étant positif; et selon cette considération, elles ont une propriété d'étant non réelle mais de raison, comme l'a fait remarquer Thomas d'Aquin, *Métaphysique* IV, chapitre 2[9], et Aristote pense de même dans ce passage. Le premier point est évident, non seulement parce que dans cette affirmation « l'homme est aveugle » on inclut virtuellement une prédication de l'étant, puisque le verbe « est » inclut le participe « étant », mais également parce que notre intellect ne conçoit pas quelque chose comme existant dans les choses s'il ne le conçoit pas à la manière d'un étant. Le deuxième point est manifeste parce que selon cette modalité de conception ou d'affirmation,

1. Aristote, *Métaphysique*, Δ, 1022b 32 – 1023a 6.

2. *Ibid.*, I, 7, 1057 a 38.

3. *Physique*, I, 8, 191b 16.

4. Cajetan, *Commentaria in Summam Theologicam*, éd. Léonine, Operum S. Thomae, tome IV (Romae, 1888), p. 493, n. 3.

5. Thomas d'Aquin, *Du mal*, éd. Léonine, tome XXIII (1982), p. 11.

6. Capréolus, *Defensiones Theologiae Divi Thomae Aquinatis*, II, d. 34, q. 2, art. 3, ad 1 ; éd. C. Paban et Pègues, II (Turonibus, 1903), p. 396-397.

7. Sylvestre de Ferrare, *Commentaria in Summam Contra Gentiles*, éd. Léonine, tome XIV (Romae, 1926), p. 44-45.

8. Soncinas, *Quaestiones metaphysicales…*, L. 10, q. 15, p. 277.

9. Thomas d'Aquin, *In XII Libros Metaphysicorum…*, éd. Cathala, p. 152, nn. 539-540.

non admiscetur falsitas vel deceptio; nam hujusmodi locutiones omnino veræ sunt; unde et in Scriptura sacra reperiuntur, Genes. 1 *et tenebræ erant super faciem abyssi,* et Joan. 9 : *Erat cæcus a nativitate.* Ergo non attribuitur hoc ens, ut ponens aliquam entitatem in re; ergo ut ens rationis tantum, quia, nimirum, id quod in re est sola carentia, concipitur et attribuitur subjecto, ut aliquid in illo existens; in quo est quidem extraneus seu improprius modus concipiendi et prædicandi, non tamen falsitas. Sic igitur constat illa tria membra sub ente rationis comprehendi.

Discrimen inter relationem rationis, et alia duo membra

5. Quod vero relatio sit in illo ordine et latitudine diversum ens rationis ab aliis duobus, constat primo ex diversitate fundamenti; nam fundamentum, quod habet intellectus ad concipiendam relationem rationis, non est negatio aliqua vel remotio entitatis, sed potius est aliqua positiva entitas, quae a nobis non perfecte concipitur nisi per modum respectus. Dices : ad concipiendum respectum rationis, semper supponitur in re carentia respectus realis; nam si interveniret respectus realis, non fingeretur relatio rationis. Respondetur : verum est supponi hujusmodi carentiam seu negationem tanquam conditionem necessariam, non tamen ut proprium fundamentum hujusmodi relationis. Unde relatio rationis non fingitur ad concipiendam ipsam negationem seu carentiam relationis per modum entis positivi, sed ad concipiendum aliquid aliud; quod in re positivum est, et absolutum, ita tamen connexum cum alio, ut ea ratione per modum respectivi a nobis concipiatur.

6. Atque hinc colligitur ulterius propria et formalis differentia inter respectum rationis, et alia duo membra, quod relatio rationis formaliter dat denominationem respectivam secundum rationem, et per

on ne mêle pas fausseté ou duperie, puisque les locutions de ce type sont absolument vraies ; c'est pourquoi on les trouve aussi dans les Saintes Écritures, Genèse, chapitre 1 : « Et les ténèbres étaient sur la face de l'abîme » [1], et Jean, chapitre 9 : « Il était aveugle à la naissance ». C'est pourquoi on n'attribue pas cet étant en tant qu'il pose quelque entité dans la chose ; donc, on l'attribue seulement en tant qu'être de raison, car, à vrai dire, ce qui dans la chose est pur manque, est conçu et attribué au sujet comme quelque chose d'existant en lui ; et par là certainement, on attribue une modalité étrangère ou impropre [2] de concevoir et de prédiquer, mais il n'y a pas d'erreur. Il est donc clair que ces trois membres sont inclus sous l'être de raison.

DIFFÉRENCE ENTRE LA RELATION DE RAISON ET LES DEUX AUTRES MEMBRES

5. Et le fait que la relation soit dans cet ordre et dans ce domaine un être de raison distinct [3] des deux autres, est premièrement établi par la diversité du fondement ; car le fondement que possède l'intellect en concevant la relation de raison ne constitue pas une négation ou un éloignement de l'entité, mais il représente plutôt une entité positive que nous ne concevons pas parfaitement, si ce n'est à la manière d'une relation. On objectera que pour concevoir une relation de raison, on prend toujours pour hypothèse ce manque de relation réelle, car s'il y avait une relation réelle, on ne forgerait pas une relation de raison. On répond qu'il est vrai que l'on prend pour hypothèse ce manque ou cette négation comme condition nécessaire, mais non comme fondement propre de cette relation. En conséquence, on ne forge pas la relation de raison pour concevoir la négation elle-même ou le manque de relation [4] à la manière d'un étant positif, mais pour concevoir une autre chose particulière qui, en réalité, est quelque chose de positif et d'absolu, mais lié à autre chose, de telle sorte que pour cette raison, nous le concevons selon un mode relatif.

6. On en déduit, en outre, que la différence propre et formelle entre la relation de raison et les deux autres membres, réside dans le fait que la relation de raison confère formellement une dénomination relative selon la raison, et

1. Voir également saint Augustin, *De genesi contra Manichaeos*, c. IV, n. 7, éd. Fr. Balbino Martin Pérez, in *Obras de San Augustín*, XV (Madrid : Biblioteca de Autores Christianos, 1957), p. 368-370.

2. C'est-à-dire « métaphorique ».

3. Le terme « distinct » est distingué chez Suárez de « différent » ; voir *D.M.* VII, sec. 3, § 6.

4. La version de l'édition Vivès est préférable à celles de Salamanque (1597) et de Mainz (1605) : « *ipsam relationem seu carentiam negationis* » (« la relation elle-même ou le manque de négation »).

eam nos explicamus aliquid positivum in re, praesertim quando talis relatio habet in re ipsa aliquod fundamentum, saltem remotum. Quod ideo adverto, quia interdum fundatur tantum in modo nostro concipiendi, et tunc fieri potest ut per eam solum explicetur aliqua negatio ex parte rei ut patet de relatione rationis identitatis ejusdem ad seipsum. Hoc tamen est quasi per accidens ad denominationem relativam, quam confert relatio rationis ut sic. At vero negatio et privatio ex suo genere denominant per modum absoluti et positivi secundum rationem, quamvis per eam denominationem solam carentiam nos declaremus, ut denominamus aerem tenebrosum, quasi affectum quadam dispositione absoluta lumini opposita, per quam hanc carentiam luminis declaramus.

7. Nec refert quod privatio per positivum cognoscatur et definiatur ad modum relationis tum quia illud magis provenit ex ipso fundamento negativo, quod in re supponitur, quam ex modo concipiendi tale ens rationis per modum positivi ; tum etiam quia ille modus habitudinis privationis ad habitum, eo modo quo in privatione esse aut concipi potest, non est per modum relationis secundum esse, sed secundum dici, sicut unum contrariorum per aliud cognoscitur. Unde fit ut dari possit privatio relationis realis, quæ non concipitur per modum relationis, quamvis sine termino cognosci non possit. Ut, verbi gratia, esse orphanum privatio quædam est quae immediate videtur privare relatione filiationis, quæ tollitur per mortem patris, et ideo illa privatio intelligi satis non potest sine patre, et tamen non concipitur per modum relationis, sed potius per modum cujusdam absolutæ affectionis, quæ manet in uno extremo, ablato alio ; nam, hoc ipso quod per illum modum concipiendi declaramus privationem relationis, concipimus illam per modum absoluti, et non respectivi.

que grâce à elle, nous expliquons ce qu'il y a de positif dans la chose, notamment lorsqu'une telle relation possède un fondement à tout le moins éloigné dans la chose elle-même. Et je le fais précisément remarquer parce que, parfois, elle se fonde seulement dans notre manière de concevoir, et dans ce cas, il peut se produire que par sa médiation on explique seulement une négation particulière concernant la chose, comme on le voit dans la relation de raison de l'identité d'une chose avec elle-même[1]. Or, ceci est pour ainsi dire accidentel en ce qui concerne la dénomination relative qui confère la relation de raison en tant que telle. En revanche, la négation et la privation par leur genre, dénomment de manière absolue et positive conformément à la raison, bien que nous expliquions par cette dénomination le simple manque, par exemple, lorsque nous dénommons obscurci l'air, comme s'il était affecté par une certaine disposition absolue opposée à la lumière, en expliquant par son intermédiaire ce manque de lumière.

7. Et cela n'a rien à voir avec le fait que l'on connaisse la privation par l'intermédiaire du positif et qu'on la définisse comme relation[2], puisque le positif provient plutôt du fondement négatif se trouvant dans la chose que de la façon de concevoir cet être de raison de manière positive, soit également parce que cette forme de relation de la privation à l'*habitus*, en fonction de la forme selon laquelle elle est attribuée ou conçue dans la privation, n'est pas à la manière d'une relation « conforme à l'être » mais « conforme à ce qui est dit »[3], de même qu'un contraire est connu au moyen d'un autre contraire[4]. À partir de là, il en résulte que la possibilité d'attribution d'une privation de relation réelle non conçue à la manière d'une relation, existe, bien qu'elle ne puisse être connue sans le terme. Ainsi, par exemple, être orphelin est une privation certaine qui semble priver immédiatement de la relation de filiation, cette dernière étant annulée par la mort du père, et on ne peut, pour la même raison, comprendre suffisamment cette privation sans le père, et néanmoins, on ne la conçoit pas à la manière d'une relation, mais plutôt à la manière d'une certaine affection absolue qui demeure dans un extrême, l'autre ayant été supprimé ; en effet, par le fait même que, au moyen de cette manière de concevoir, nous expliquions la privation d'une relation, nous la concevons à la manière de quelque chose d'absolu et non de relatif.

1. Voir section VI, § 5 ; *D.M.* VII, sec. 3, § 2-5.

2. Voir § 2 de cette section.

3. *D.M.* XLVII, sec. 3, § 6.

4. En ce qui concerne la différence entre les opposés contraires et les opposés relatifs, voir *D.M.* XLV, sec. 1, § 8 ; sec. 2, § 18.

Differencia inter negationem et privationem

8. Denique, quod spectat ad distinctionem inter alia duo membra, scilicet, privationem et negationem, non est dubium quin aliquo modo sint distincta; nam privatio dicit carentiam in subjecto apto nato, negatio vero dicit carentiam in subjecto absolute et simpliciter. An vero differentia sit essentialis seu formalis necne, quæstio est parvi momenti, quam in sect. 5 expediemus commodius. Nunc solum adverto, ex D. Thoma, quæst. 3 de Malo, art. 7, negationem dupliciter sumi posse : primo in communi, et sic proprie et adæquate condistingui a relatione rationis, et ulterius dividi in privationem proprie dictam, et in negationem pressius sumptam, prout dicit carentiam in subjecto non apto seu inepto ; et hic est secundus modus, quo sumi solet negatio. Atque ita illa trimembris divisio quam tractamus, duas bimembres continet : prima est entis rationis in positivum, quod est ad aliquid, et negatium. Et hæc prima divisio est in membra essentialiter diversa, eo, videlicet, modo quo in his entibus potest cogitari essentialis constitutio aut diversitas.

9. Dubiolo satisfit. – Potest tamen de hac divisione dubitari, an sit univoca, an analoga; et si est univoca, an sit generis in species, vel qualis sit; sed hæc, quæ parvi momenti sunt, legentis disputationi et cogitationi relinquo. Mihi quidem videtur esse univoca, quia nulla est sufficiens ratio analogiæ ; videtur etiam esse generis in species, nam hi respectus possunt etiam entibus rationis attribui ; et in eis cogitari potest compositio ex genere et differentia, ut ex dialectica suppono. Et in præsenti etiam potest ille conceptus entis rationis ita abstrahi, ut in suo ordine concipiatur tanquam quid completum, et habens differentias extra sui rationem. Altera divisio, vel potius subdivisio est entis rationis negativi in communi, in negationem stricte sumptam, et privationem ; quam in duabus sectionibus sequentibus commodius declarabimus.

DIFFÉRENCE ENTRE LA NÉGATION ET LA PRIVATION

8. Finalement, en ce qui concerne la distinction entre les deux autres membres, c'est-à-dire entre la privation et la négation, elles sont distinctes et il ne subsiste aucun doute ; en effet, la privation exprime le manque dans un sujet naturellement apte à, tandis que la négation exprime le manque dans un sujet considéré absolument et simplement. Et le fait de savoir si la différence est essentielle ou formelle, ou si elle ne l'est pas, constitue une question mineure que nous résoudrons avec plus de facilité dans la section V. Pour l'instant, je fais seulement remarquer, en citant Thomas d'Aquin, *Du mal*, q. 3, a. 7[1], qu'on peut considérer la négation selon deux sens ; d'abord, en général, dans ce cas elle se distingue proprement et de façon adéquate de la relation de raison, et elle se divise postérieurement en privation proprement dite et en une négation considérée plus restrictivement, à partir du moment où elle exprime le manque dans un sujet non apte ou inapte à ; et c'est de cette deuxième modalité que l'on tire habituellement la négation. Et telle est la division tripartite dont nous parlons qui contient deux parties : la première est la division de l'être de raison en positif, qui est une relation, et en être négatif. Et cette première division est constituée de parties essentiellement diverses, c'est-à-dire selon le degré en fonction duquel dans ces êtres, on peut penser une constitution essentielle ou une différence.

9. RÉPONSE À UN DOUTE MINEUR. – Cependant, eu égard à cette division, on peut douter du fait qu'il s'agisse d'une division univoque ou analogue ; et si elle est univoque, voyons si c'est celle d'un genre dans ses espèces, ou ce qu'elle est ; mais ces choses qui sont de courte durée, je les laisse au raisonnement et à la réflexion du lecteur. Il me semble qu'elle est certainement univoque parce qu'il n'y a aucune raison suffisante pour une analogie ; et elle semble également s'identifier à la division d'un genre en ses espèces puisque ces considérations peuvent également être attribuées aux êtres de raison ; et on peut penser en eux une composition du genre et de la différence, ainsi que je le suppose à partir de la dialectique. Et dans le cas présent, on peut aussi abstraire le concept d'être de raison, de telle manière qu'on le conçoive dans son arrangement comme quelque chose de complet possédant des différences extérieures à sa nature[2]. La deuxième division, ou mieux subdivision, consiste à diviser l'être de raison négatif en général selon la négation strictement considérée, et selon la privation, et c'est ce que nous allons exposer de manière plus appropriée dans les deux sections suivantes.

1. Thomas d'Aquin, *Du mal*, éd. Léonine, tome XXIII (1982), p. 80-81.

2. Voir *D.M.* II, sec. 5, § 10; *D.M.* XXVIII, sec. 3, § 20; *D.M.* XXX, sec. 4, § 32; *D.M.* XXXII, sec. 2, § 15.

SECTIO IV

Utrum ens rationis sufficienter dividatur in negationem, privationem et relationem

1. Ratio dubitandi est quia ens rationis proportionaliter dividi potest per omnia prædicamenta; ergo non satis comprehenditur in illis tribus membris. Antecedens patet, quia discurrendo per omnia prædicamenta, in singulis confinguntur aliqua entia rationis per proportionem ad realia, quae totidem prædicamenta rationis proportionaliter possunt constituere. Ut in substantia concipitur chymæra, aut similia monstra rationis, quae per modum substantiæ concipiuntur; non enim finguntur ut adjacentia aliis, sed ut entia per se ficta. In quantitate videtur esse imprimis spatium imaginarium, quod per modum cujusdam extensionis nos concipimus; quantitas etiam illa, quam in chymæra, verbi gratia, concipimus, ens rationis est. Rursus in qualitate videtur esse magna latitudo entium rationis; nam famam, verbi gratia, et honorem concipimus, ut dispositionem convenientem personæ honoratæ, seu bonæ famae, cum tamen in illa tantum sit ens rationis. Item dominium humanum, vel jurisdictio, concipiuntur ut potestates quædam, quæ propterea appellari solent potentiæ morales, tamen sunt entia rationis. Deinde sicut fingimus chymæram, ita in illa fingere possumus figuram propriam ejus, quæ ut sic etiam erit

SECTION IV

La division de l'être de raison en négation, privation et relation est-elle suffisante ?

1. La raison de douter consiste dans le fait qu'on peut diviser proportionnellement l'être de raison par tous les prédicats ; il n'est donc pas suffisamment englobé dans ces trois membres. L'antécédent est manifeste puisque, en raisonnant sur tous les prédicats, on invente en chacun d'entre eux, en proportion avec les étants réels, certains êtres de raison, qui peuvent constituer proportionnellement autant de prédicats rationnels. Par exemple, dans la substance, on conçoit la chimère ou des monstres de raison similaires à ceux que l'on conçoit à la manière des substances ; en effet, on ne les forge pas en tant qu'inhérents à d'autres, mais comme des étants fictifs par soi. En premier lieu, l'espace imaginaire que nous concevons à la manière d'une extension, semble résider dans la quantité, et la quantité que nous concevons par exemple dans la chimère, est également un être de raison. Il semble aussi que dans la qualité il y ait une grande étendue d'êtres de raison ; car, par exemple, nous concevons la renommée et l'honneur comme une disposition appartenant à la personne honnête ou de bonne réputation ; donc, il ne s'agit ici que d'un être de raison. De la même manière, le pouvoir[1] humain ou la juridiction, sont conçus comme des pouvoirs particuliers auxquels, pour la même raison, on attribue d'habitude le nom de puissances[2] morales, même si ce sont des êtres de raison. D'autre part, de la même manière que nous forgeons la chimère, nous pouvons également forger en elle une figure qui lui soit propre, ou qui en

1. Selon les contextes, *dominium* peut renvoyer à un pouvoir politique ou à une règle, mais également à la domination ou à la propriété. Il semble difficile selon le texte de choisir entre l'une de ces significations.

2. Voir *D.M.* XLII, sec. 3, § 9-10 et sec. 4, § 7. La distinction commune dans la scolastique est la suivante : *potestas* désigne un pouvoir au sens d'une autorité morale, alors que *potentia* désigne un pouvoir au sens d'une force physique. Suárez semble ici poser que certains êtres de raison appartiennent à la deuxième espèce des catégories aristotéliciennes concernant la qualité, c'est-à-dire la puissance.

quædam qualitas rationis. Et fere ad hunc modum possunt in chymæra reliqua prædicamenta per modum entium rationis confingi, ut si quis in ea excogitet proprias actiones vel passiones, seu modos, et proprium *Ubi,* et similia. Et præterea specialiter actio, si concipiatur ut forma absoluta inhærens agenti, est quoddam ens rationis, non per modum relationis, sed per modum actionis; et e converso denominationes visi, cogniti, amati, et similes, si concipiantur ut aliquid in re denominata, concipiuntur per modum cujusdam passionis, et ut sic sunt entia rationis. Item in prædicamento *Quando,* concipimus extensionem imaginariam, vel denominationem ab extrinseco tempore ut mensurante, ac si esset quippam in re denominata, et idem est de cæteris prædicamentis. Ergo non recte coarctatur partitio entium rationis ad illa tria membra. In contrarium vero est, quia nisi illa divisio sufficiens sit, non erit convenienter data, quod erit contra communem sententiam.

Prior modus explicandi sufficientam divisionis

2. Duo possunt esse modi explicandi dictam divisionem. Prior est, ut illa divisio non intelligatur dari de ente rationis in tota sua latitudine sumpto, sed tantum de illo, quod in re habet aliquod fundamentum. Ut enim notavit D. Thomas, in 1, d. 2, quæst. 1, art. 3, et d. 19, quæst. 5, art. 1, quædam sunt entia rationis, quae habent in rebus fundamentum, licet

tant que telle, sera aussi une qualité de raison. Et pratiquement de la même manière, on peut imaginer dans la chimère les prédicats restants selon la modalité d'êtres de raison, comme dans l'hypothèse où quelqu'un pense en elle des actions et des passions propres, ou des modes [1] et un lieu propre, etc. Et de plus, l'action tout spécialement si elle est conçue comme une forme absolue inhérente à l'agent, est un être de raison, non pas à la manière d'une relation, mais à la manière d'une action ; et inversement, les dénominations de « vu », « connu », « aimé » et d'autres similaires, si elles sont conçues comme quelque chose dans la chose dénommée, le sont à la manière d'une passion [2] particulière, et en tant que telles, ce sont des êtres de raison. De la même manière, dans le prédicat « quand », nous concevons une extension imaginaire ou la dénomination dérivée du temps extrinsèque comme mesurant [3], comme si c'était quelque chose dans la chose dénommée, et il se produit de même avec les autres prédicats. Donc, la division des êtres de raison ne se limite pas proprement à ces trois membres. Or, à l'encontre de cela, on peut dire que si cette division n'est pas suffisante, c'est qu'elle n'a pas été convenablement posée, ce qui sera contraire à la sentence commune.

Première modalité d'explication du caractère suffisant de la division

2. Il peut y avoir deux manières d'expliquer la division proposée. La première, c'est qu'on comprenne que cette division soit applicable à l'être de raison considéré dans la totalité de son extension, mais seulement à celui qui a un fondement particulier dans la réalité [4]. Comme l'a fait remarquer Thomas d'Aquin, au livre I du *Commentaire sur les Sentences*, dist. 2, q. 1, a. 3 [5], et dist. 19, q. 5, a. 1 [6], il y a certains êtres de raison qui ont leur fondement dans

1. Sur la théorie suarézienne des modes voir J.I. Alcorta, *La teoría de los modos en Suárez* (Madrid, 1949).

2. C'est-à-dire d'une propriété.

3. Voir *D.M.* L, sec. 10, § 11-12.

4. Voir par exemple, ainsi que le mentionne Doyle, les auteurs postérieurs à Suárez : A. Rubio, S.J., *Logica mexicana* (Lugduni, 1620), *Tractatus de natura entis rationis*, dub. 3 (p. 71-72) ; P. Hurtado de Mendoza, S.J., *Disp. Metaphy.* (Lugduni, 1624), d. 19, s. 4, n. 70 et s. 5, n. 87 (p. 953, 955). Jean de saint Thomas, O.P. (*Cursus Phil. Log.* II, q. 2, a. 1 (éd. Reiser : Taurini, 1930, p. 287) attribue la même opinion à Serna, *Commentaria in Logicam Aristotelis*, Hispali, 1624, et à Cabero, *Brevis Summularum recapitulatio*, Vallesoleti, 1623. On peut également se reporter à la classification effectuée par Kant dans la *Critique de la raison pure*, concernant les êtres de raison, dans « L'amphibologie des concepts de la réflexion » (P.U.F., Paris, 1944), p. 248-249.

5. Voir note 5, p. 105.

6. Voir note 6, p. 105.

a ratione habeant complementum, ut ratio universalis seu generis, et aliæ similes, et hujusmodi etiam sunt negationes et privationes, ut facile potest ex dictis in superioribus sectionibus intelligi. Alia vero sunt entia rationis omnino ficta per intellectum sine fundamento in re, ut chymæra. Divisum ergo illius divisionis esse potest ens rationis, quod in re habet fundamentum. Et ratio reddi potest, quia hujusmodi ens rationis aliquo modo deservit ad scientias et cognitiones rerum prout in hominibus esse possunt, et ita potest sub scientiam et doctrinam cadere, unde, quia illa divisio doctrinalis est, de illo tantum ente rationis merito traditur; nam aliud ens rationis mere fictum, est omnino per accidens, et in infinitum multiplicari potest. Sic igitur nullum ens rationis, quod in re habeat fundamentum, fingitur per modum substantiæ, sed per modum adjacentis alicui in quo fundatur; omne enim ens rationis, quod fingitur per modum substantiæ, est mere fictum et sine fundamento; unde mirum non est, quod in illa divisione non comprehendatur; unde etiam fit ut omnia entia rationis, quæ per modum accidentis in tali ficta substantia concipiuntur, ab hac etiam divisione excludantur, quia etiam sunt mere ficta et sine fundamento. Ac denique juxta hanc interpretationem concedi poterit, entia rationis, quæ mere ficta sunt, vagari per omnia prædicamenta, seu ad eorum imitationem posse confingi; secus vero esse de iis quæ in re habent fundamentum.

3. Expenditur praedicta sufficientiæ ratio. – Sed juxta hanc sententiam adhuc superest exponendum cur illa entia rationis quæ in re habent fundamentum, et per modum accidentium finguntur, non possint saltem per plura prædicamenta accidentium multiplicari. Ut enim in præcedenti

les choses bien qu'ils reçoivent leur complément de la raison, comme la raison de l'universel, ou de celle du genre, et d'autres semblables, et les négations et les privations ont également cette modalité, comme on peut facilement le comprendre par ce qui a été dit dans les sections précédentes [1]. Au contraire, il y a d'autres êtres de raison totalement inventés par l'intellect, sans fondement dans la réalité, par exemple, la chimère. Ce qui est donc divisé dans cette division peut être l'être de raison qui a son fondement dans la réalité. Et on peut donner comme argument qu'un tel être de raison est en quelque sorte utile aux sciences et à la connaissance des choses telles que les hommes [2] peuvent les donner, et de la sorte, elles peuvent être objet de science et d'enseignement ; c'est pourquoi, étant donné qu'il s'agit d'une division scientifique [3], on la propose légitimement seulement pour cet être de raison, puisque l'autre sorte d'être de raison purement fictif est complètement accidentelle [4] et peut être multipliée à l'infini. Ainsi donc, aucun être de raison qui a un fondement dans la réalité n'est inventé à la manière de la substance, mais à la manière de l'attribut de quelque chose en lequel il est fondé ; car, tout être de raison qui est imaginé à la manière de la substance est purement fictif et sans fondement ; c'est pourquoi il n'est pas étonnant qu'il ne soit pas compris dans cette division. Donc, il en résulte également que tous les êtres de raison que l'on conçoit comme un accident dans cette substance fictive sont, de la même manière, exclus de cette division, parce qu'ils sont également totalement fictifs et sans fondement. Finalement, selon cette interprétation, on pourra concéder que les êtres de raison qui sont purement fictifs s'étendent à tous les prédicats, c'est-à-dire qu'ils peuvent être inventés afin de les imiter ; mais il n'en est pas ainsi pour ceux qui ont un fondement dans la réalité.

ANALYSE DE L'ARGUMENT DU CARACTÈRE DE SUFFISANCE ANTÉRIEUREMENT EXPOSÉ

3. En accord avec cette sentence, il reste encore à exposer pourquoi les êtres de raison qui ont un fondement dans la réalité et sont inventés à la manière des accidents, ne peuvent être multipliés, tout au moins en plusieurs prédicats.

1. Voir section II, § 15-16 ; section III, § 2-3-4.

2. On peut penser aux constructions intellectuelles utilisées par la connaissance scientifique. Voir *D.M.* XLI, sec. 1, § 2 ; *D.M.* XL, sec. 3, § 8 ; *D.M.* L, sec. 4, § 1-68 ; *D.M.* X, sec. 3, § 19-21.

3. Cette division des êtres de raison est utilisée en science et dans l'enseignement doctrinal du fait de sa valeur heuristique ; voir *Prologue*, § 1, et section 6, § 2. Elle s'oppose à la multiplication illégitime et indéfinie des êtres de raison.

4. Voir *D.M.* IV, sec. 3, § 14.

sectione dicebam, ens rationis, quod dividitur in negationem, relationem et privationem, virtute prius dividitur in ens positivum et negativum; ut ergo illa divisio sit adæquata, oportet ut omne ens rationis positivum sit etiam relativum; hujus ergo rei rationem investigamus; nam discursus in principio factus videtur ostendere plura esse entia rationis habentia in re fundamentum, quæ excogitantur ad modum aliorum prædicamentorum, præsertim qualitatis seu potentiae, et actionis, et passionis.

4. Solet autem hujus rei ratio reddi ex proprio constitutivo relationis ut sic, quod est esse ad aliud. Nam hic modus, seu quasi differentia praecise sumpta, scilicet *ad ut ad,* ex se non ponit aliquid inhærens rei quæ refertur; accidentia vero absoluta secundum proprias rationes dicunt aliquid inhærens. Et hinc est, ut ens rationis, quod ut positivum accidens cogitatur, semper concipiatur per modum relativi, et non per modum absoluti, quia ipsum esse ad aliud, cum ex se non dicat inhærere, cogitari potest ut affixum seu quasi adjunctum per rationem, non tamen potest cogitari ut quid absolutum et inhærens, quia inhærere ex proprio conceptu intrinseco dicit aliquid reale.

5. Quæ ratio videtur habere fundamentum in D. Thoma, 1 part, quæst. 28, art. 1. Eam tamen recte intelligere et declarare oportet; habet enim difficultatem, quoad omnes suas partes. Prima, quia esse ad aliud, vere ac proprie sumptum, quippiam reale est et inhærens, ut supra diximus, et hoc non obstante, per rationem excogitatur esse ad, non verum, sed fictum; ergo idem dici poterit de esse in, etiam absoluto. Secundo, quia non omnia prædicamenta absolutum accidentium dicunt veram inhaerentiam, sed quædam dicunt adjacentiam extrinsecam, ut supra visum est; ergo ex hac parte etiam habent fundamentum ut secundum rationem fingantur. Quod vero Cajetanus ibi, et alii sentiunt, esse ad, ut sic,

Comme je le disais dans la section précédente[1], l'être de raison que l'on divise en négation, relation, et privation, est au fond divisé en être positif et négatif; par conséquent, pour que cette division soit adéquate, il faut que tout être de raison positif soit également relatif; nous en rechercherons donc la raison puisque le raisonnement au commencement[2], semble démontrer qu'il y a beaucoup d'êtres de raison qui ont un fondement dans la réalité, on pense à ces derniers à la manière d'autres prédicats, principalement de la qualité ou de la puissance, de l'action et de la passion.

4. Et la raison que l'on a l'habitude d'en donner, est tirée de la constitution propre de la relation en tant que telle qui consiste à être par rapport à autre chose. En effet, cette modalité ou pour ainsi dire différence, considérée séparément, c'est-à-dire le « rapport en tant que rapport à », ne pose par soi rien d'inhérent à la chose référée; au contraire, les accidents absolus expriment selon leurs raisons propres quelque chose d'inhérent. Il en découle que l'être de raison pensé comme accident positif, est toujours conçu à la manière d'un relatif et non d'un absolu, puisque l'être lui-même par rapport à un autre être, étant donné qu'il n'exprime pas de lui-même l'inhérence, peut être pensé comme relié ou presque ajouté par la raison, mais il ne peut être pensé comme quelque chose d'absolu et d'inhérent puisque l'inhérence par son concept intrinsèque propre, exprime quelque chose de réel[3].

5. Cet argument semble fondé chez Thomas d'Aquin, I, q. 28, a. 1[4]. Or, il faut le comprendre et l'expliquer avec rectitude puisqu'il présente des difficultés concernant l'ensemble de ses parties. La première réside dans le fait qu'être par rapport à un autre être, considéré véritablement et proprement, est quelque chose de réel et d'inhérent, comme nous l'avons déjà dit[5], et malgré cela, cela est inventé par la raison comme un « en rapport à » non véritable mais fictif; donc, on pourra dire la même chose de « être dans »[6], y compris de l'absolu « être dans ». En second lieu, parce que tous les prédicats d'accidents absolus n'expriment pas une véritable inhérence, mais certains expriment une adjacence extrinsèque, comme on l'a déjà vu[7]; donc, à ce titre, leur fondement consiste également à être forgés par la raison. Et nous avons déjà réfuté ce que Cajetan et d'autres pensent dans ce passage, c'est-à-dire que l'être « par rapport à » en tant que tel, fait

1. Voir section III, § 8 et 9.

2. Voir cette section, § 1.

3. Voir *D.M.* XXXIV, sec. 4, § 24.

4. Thomas d'Aquin, édition Léonine, tome IV, 1888, p. 318.

5. Voir *D.M.* XLVII, sec. 5, § 6 et 7; *D.M.* X, sec. 3, § 14.

6. Il s'agit de l'inhérence.

7. Voir Suárez, *D.M.* XXXVII, sec. 2, § 8, ainsi que la totalité de la *D.M.* LIII sur l'*habitus*.

abstrahere a reali et rationis, ut in hoc fundent dictam rationem, supra a nobis improbatum est.

6. Quocirca illa ratio in hoc sensu videtur sumenda, quod nimirum, quia relatio secundum propriam et peculiarem rationem includit habitudinem non solum ad subjectum, sed etiam ad terminum, potest intellectus hanc posteriorem rationem præcise considerare, non considerando aliam expresse, etiam si in re ipsa includatur in vero esse ad, quae præcisio et consideratio satis est, ut intellectus possit concipere et comparare aliquid per modum respicientis aliud, etiamsi in illo vere non sit talis respectus; atque ita est in relativis peculiaris ratio, ob quam possint entia rationis positiva concipi per modum relationum; hæc autem ratio non reperitur in prædicamentis absolutis, nisi fortasse quatenus includunt aliquem transcendentalem respectum; nam sub ea ratione jam sunt quodammodo ad aliud. Si vero aliqua entia rationis excogitantur per modum relationum, hoc ipso finguntur ad instar relationum prædicamentalium et non transcendentalium, quia sunt illi respectus adventitii per extrinsecam conceptionem intellectus, et non concipiuntur ut intrinsece pertinentes ad constitutionem alicujus entis, quod est de rationa respectus transcendentalis. At vero in accidente absoluto, quatenus absolutum est, nullum est fundamentum ad cogitandum aliquod ens rationis positivum illi proportionatum, sive tale accidens sit inhærens, sive adjacens; nam in tota hac amplitudine sumendum est accidens absolutum in prædicta ratione, et verbum ipsum inhærendi interdum in ea lata significatione sumi solet. Atque hæc ratio sic exposita magis declarabitur discurrendo per singula exempla superius posita.

Satisfit difficultatibus initio positis

7. Spatium imaginarium quale ens rationis. – Primum erat de spatio imaginario, quod ad modum dimensionum concipimus. At, licet verum sit hujusmodi spatium sic conceptum, esse ens rationis, comprehenditur tamen sub negatione vel privatione late sumpta, quia spatium illud, seclusis

abstraction de l'étant réel et de l'être de raison, ce que nous avons déjà réfuté auparavant[1].

6. C'est pourquoi, semble-t-il, on doit prendre cet argument comme il suit. Car la relation, conformément à sa propre raison particulière, inclut une relation non seulement au sujet, mais également au terme, l'intellect peut précisément considérer cette deuxième raison, sans considérer expressément l'autre, bien qu'en réalité, elle soit elle-même incluse dans le véritable « être en rapport à », précision et considération qui suffisent à l'intellect pour pouvoir concevoir et comparer quelque chose à la manière de ce qui est référé à autre chose, bien qu'il ne comprenne pas véritablement une telle relation ; et de cette manière, dans les choses relatives, on attribue une raison particulière grâce à laquelle les êtres de raison positifs peuvent être conçus à la manière de relations ; tandis qu'on ne trouve pas ces raisons dans les prédicats absolus, excepté peut-être à partir du moment où ils incluent une certaine relation transcendantale ; car sous cette raison ils sont en quelque sorte « en rapport à ». Mais si certains êtres de raison sont inventés à la manière de relations, par ce fait même, ils sont forgés selon la modalité de relations prédicatives et non transcendantales, puisqu'il s'agit de rapports se produisant par l'intermédiaire de la conception extrinsèque de l'intellect, et on ne les conçoit pas comme appartenant intrinsèquement à la constitution d'un étant particulier, cela appartient à la raison de la relation transcendantale[2]. Au contraire, dans l'accident absolu, dans la mesure où il est absolu, il n'y a aucun fondement pour penser quelque être de raison positif qui lui soit rapporté, soit que l'accident en question soit inhérent, soit qu'il soit adjacent; car dans l'argument déjà exposé, on doit prendre l'accident absolu selon la totalité de cette extension, et parfois même, on prend le mot inhérent avec une signification aussi étendue. Cet argument ainsi exposé, deviendra plus clair en reprenant les exemples déjà proposés[3].

Réponse aux difficultés posées au commencement[4]

7. Quelle sorte d'être de raison constitue l'espace imaginaire ? – Le premier concernait l'espace imaginaire que nous avons conçu comme ayant des dimensions. Cependant, bien qu'il soit vrai que cet espace ainsi conçu est un être de raison, néanmoins, il est inclus sous la négation ou la privation extensivement considérée. Car cet espace, abstraction faite des

1. *Summa Theologiae*, I, 28, 1.
2. Voir *D.M.* XLVII, sec. 3, § 11-12.
3. Voir cette section, § 1.
4. *Ibid.*

dimensionibus, negativum quid est ; nos vero ad illud declarandum, ita illud concipimus, et de illo loquimur, ac si esset quid positivum, et in hoc consistit ens rationis, quod est negatio vel privatio, ut dictum est. Hinc vero recte concludi potest, entia rationis, quæ sunt negationes vel privationes, revocari posse ad diversa prædicamenta, juxta exigentiam formarum, quibus tales negationes opponuntur. Ut est etiam in exemplo illo de successione imaginaria, quam concipimus secluso tempore reali, de qua eadem ratio est quæ de spatio imaginario.

8. Aliud exemplum erat de quibusdam denominationibus pertinentibus ad genus qualitatis, ut sunt illæ quae sumuntur a fama vel honore, quæ prout habentur in humana existimatione, et censentur aliqua bona, non sunt propria entia rationis, sed denominationes extrinsecæ a formis realibus existentibus in aliis, et sic honor dicitur esse in honorante, et fama esse clara notitia cum laude. Si vero hinc sumatur occasio fingendi aliquod ens rationis in honorato, illud non est nisi per modum relationis objecti cogniti vel alio modo significati seu repræsentati, sicut paulo inferius dicemus de objecto viso vel cognito. Aliud exemplum erat de morali potestate dominii vel jurisdictionis, et hæc etiam concipitur a nobis per modum cujusdam relationis superioris ; nam ad concipiendam hanc potestatem, non fingimus aut cogitamus aliquid per modum qualitatis superadditum ei cui talis potestas datur, sed solum concipimus illi addi respectum superioris fundatum in aliqua extrinseca denominatione proveniente ex voluntate alterius.

9. Præterea addebatur exemplum de actione et passione, de quibus diversa est ratio. Nam actio si sit immanens, non concipitur in agente ut aliquid rationis, sed ut aliquid rei ; si vero sit transiens, aut agens tale est ut inde in illo resultet relatio realis, et tunc etiam non potest inde

dimensions, est quelque chose de négatif. Or, en ce qui nous concerne, afin de l'expliquer, nous le concevons et nous en parlons comme si c'était quelque chose de positif, et c'est en cela que consiste l'être de raison qui est une négation ou une privation, ainsi qu'il a été dit[1]. À partir de là, on peut conclure avec rectitude que les êtres de raison qui sont des négations ou des privations, peuvent faire partie de divers prédicats, conformément à l'exigence des formes auxquelles ces négations sont opposées. Et c'est aussi ce qui se produit dans l'exemple de la succession imaginaire que nous avons conçue, abstraction faite du temps réel, le même argument étant valable pour elle et pour l'espace imaginaire.

8. Il y avait un autre exemple sur les dénominations appartenant au genre de la qualité, ainsi que c'est le cas pour celles que l'on tire de la renommée ou de l'honneur qui, en tant qu'ils sont appréciés des hommes et estimés comme des biens, ne sont pas des êtres de raison propres, mais des dénominations extrinsèques, prises dans les formes réelles qui existent dans d'autres choses, et l'on affirme ainsi que l'honneur réside dans celui qui honore et que la renommée consiste dans la connaissance claire unie à la louange[2]. Or, si on saisit ici l'occasion d'imaginer un être de raison particulier chez celui qui est honoré, on ne peut l'attribuer qu'à la façon d'une relation de l'objet connu ou signifié ou représenté d'une autre manière, nous allons également évoquer un peu plus loin[3] l'objet vu ou connu. L'autre exemple concerne celui du pouvoir moral d'autorité ou de juridiction que nous avons aussi conçu à la manière d'une relation de supériorité. En effet, pour concevoir ce pouvoir, nous n'inventons pas, ou nous ne pensons pas quelque chose à la manière d'une qualité qui serait surajoutée à celui à qui on confère un tel pouvoir, mais nous concevons uniquement qu'on y ajoute une relation de supériorité fondée sur une certaine dénomination extrinsèque dérivée de la volonté d'autrui.

9. On ajoutait également l'exemple de l'action et de la passion, pour lesquels l'argument diffère. Car, l'action si elle est immanente, n'est pas conçue dans l'agent comme quelque chose de rationnel, mais comme quelque chose de réel[4] ; si, au contraire, elle est transitive ou si l'agent est tel qu'il découle en lui une relation réelle, dans ce cas, on ne peut pas non

1. Voir Section 3, § 4.

2. Voir Aristote, *Éthique à Nicomaque*, I, 5, 1095b 24-25 ; Thomas d'Aquin, *Summa Theologiae*, I-II, q. 2, art. 2, éd. Léonine, tome VI (1891), p. 18, *Sententiae primi libri Ethicorum*, lect. 5, tome XLVII, Vol. 1 (1969), p. 19. Pour cet exemple, voir également Thomas d'Aquin, *Summa Theologiae*, I-II, q. 2, a. 3, tome VI, p. 19, qui mentionne saint Ambroise comme source.

3. Voir cette section, § 9.

4. L'action immanente est ce qui est réellement immanent à l'agent. La concevoir en tant que telle ne revient pas à produire un être de raison.

concipi in agente aliquid rationis, sed solum aliquid rei; si tamen tale sit agens, ut in eo non consurgat relatio realis, sic ex tali actione potest concipi in agente aliquid rationis; illud tamen non est nisi relatio quædam, quia actio transiens, ut sic, non potest concipi in agente nisi per modum relationis, quia repugnat propria rationi ejus concipi in illo per modum actionis. At vero passio si propria ac vera sit, semper dicit in passo aliquid rei et non rationis tantum, sive consideretur secundum propriam rationem passionis, sive secundum relationem prædicamentalem inde resultantem. Si vero consideretur aliquid per modum passionis, quod vera passio non sit secundum rem, sed solum secundum modum concipiendi et denominandi, ut esse visum, amatum, et similia, sic quidem aut denominatio est extrinseca et realis, aut si concipiatur quasi intrinseca – et rationis, tantum est relativa, quia revera non est denominatio passi ut sic, sed objecti ut terminantis actum potentiæ et relati ad illum, eo quod aliud referatur ad ipsum. Quia in objecto aut termino ut sic denominato non potest aliquid concipi absolutum omnino ab actu vel motu denominante, et ideo necessario concipitur per modum respectus. Quod etiam colligi potest ex doctrina de relativis non mutuis data ab Aristotele V Metaph., c. 15, quod, nimirum, concipiuntur et denominantur ut correlata ad alia, eo quod alia referuntur ad ipsa. Et hoc ipsum dicendum est de omni denominatione rationis fundata in aliqua reali denominatione extrinseca; semper enim talis denominatio respectiva est in ordine ad formam denominantem; unde si non sumitur ex relatione reali, sumenda erit ex relatione rationis. Ita ergo constat omnem denominationem rationis quæ fit per modum positivæ formæ, et non ad concipiendam vel declarandam aliquam privationem vel negationem, fieri per modum relationis.

plus concevoir dans l'agent quelque chose de rationnel, mais quelque chose de réel[1]. Or, si l'agent est tel qu'aucune relation réelle n'apparaisse en lui, dans ce cas, en tant que résultat de cette action, on peut concevoir dans l'agent quelque chose de rationnel; mais il ne s'agit que d'une relation puisque l'action transitive en tant que telle, ne peut être conçue chez l'agent qu'à la manière d'une relation[2], puisque l'étant conçu en elle à la manière d'une action[3] est en contradiction avec sa raison propre. La passion, au contraire, à condition d'être véritable et propre, exprime toujours chez le patient quelque chose de réel et pas seulement de raison, soit qu'on la considère selon la raison propre de la passion, soit selon la relation prédicative qui en découle. Ainsi donc, si on considère comme passion quelque chose qui ne constitue pas une véritable passion dans la réalité, mais qui existe seulement selon la manière de concevoir et de dénommer, comme être vu, aimé, etc., dans ce cas, il est certain que soit la dénomination est extrinsèque et réelle, soit, si on la conçoit comme intrinsèque et de raison, elle est seulement relative, car elle n'est pas en réalité la dénomination du patient en tant que tel, mais celle de l'objet en tant qu'il est le terme de l'acte de la puissance et le terme de ce qui lui est référé, étant donné qu'il y a autre chose qui est en relation avec lui. Car, dans l'objet, ou terme dénommé en tant que tel, on ne peut concevoir quelque chose comme totalement absolu eu égard à l'acte ou au mouvement dénominatif en le concevant nécessairement par là même à la manière de la relation. On peut également l'inférer de la doctrine sur les choses qui sont en relation non réciproques, posée par Aristote en *Métaphysique*, V, chapitre 15[4]; à dire vrai, on les conçoit et on les dénomme comme se référant à d'autres choses parce que d'autres choses s'y réfèrent. Et c'est ce qu'il faut affirmer de toute dénomination de raison fondée sur une dénomination réelle extrinsèque particulière, car on donne toujours cette dénomination relative en rapport à la forme dénominante. C'est pourquoi, si on ne la tire pas d'une relation réelle, on doit la tirer d'une relation de raison. Ainsi donc, il est évident que toute dénomination de raison qui est produite à la manière d'une forme positive et qui ne l'est pas pour concevoir ou expliquer une privation ou une négation, est effectuée à la manière de la relation.

1. Le raisonnement est similaire au précédent. La relation dont il s'agit serait réellement inhérente à l'agent. La vérité de sa conception réside dans le fait de la concevoir telle qu'elle est; ce n'est en aucun cas produire un être de raison.

2. Voir *D.M.* XXXVII, sec. 2, § 14; *D.M.* XLVIII, sec. 4, § 12-18; et Suárez, *De SS. Trinitatis Mysterio*, VI, c. 2, n. 1 (t. I, éd. Vivès, p. 676).

3. Cette action pour Suárez n'est pas dans l'agent; voir *D.M.* XLVIII, sec. 4, § 15. En ce qui concerne l'action et la passion en tant qu'expressions des différentes relations entre l'agent et le patient, voir également *ibid.*, § 17, et *D.M.* XLVII, sec. 4, § 5.

4. Aristote, *Métaphysique*, Δ, 15, 1020b 30-33 et 1021a 29.

ALTER MODUS EXPLICANDI SUFFICIENTAM

10. Atque hæc quidem interpretatio hujus divisionis satis accommodata est et sufficienter rem declarat. Addere vero possumus modum alium, quo illa divisio adæquata sit de toto ente rationis, comprehendendo sub negatione entia ficta et impossibilia, sive per modum substantiæ, sive per modum accidentis fingantur. Cum enim hujusmodi entia ficta simpliciter sint non entia, merito sub negatione comprehenduntur; immo interdum ad explicandum quasi per simplicem conceptum complexam et impossibilem negationem, hujusmodi entia impossibilia finguntur. Ut quia impossibile est equum esse leonem, ideo illud ens, quod concipitur per modum equi et leonis simul, dicimus esse fictum, et chymæram vel aliquid simile nominamus; et ad eumdem modum, ut explicemus hanc negationem esse necessariam, « Bos non potest volare », apprehendimus bovem volantem, ut quid impossibile et ens rationis. Et hic videtur esse communior sensus hujus divisionis, quod, nimirum, hæc omnia sub negatione comprehendantur; hoc etiam modo, adjunctis aliis quæ in priori interpretatione diximus, facile constat divisionem sufficientem esse, et illi non repugnare, quod per omnia prædicamenta possint entia rationis fingi, nam reliqua omnia, præter relationes, per modum privationum aut negationum confinguntur.

UNE AUTRE MANIÈRE D'EXPLIQUER LE CARACTÈRE SUFFISANT <DE LA DIVISION>

10. Il est certain que l'interprétation de cette division est suffisamment adéquate et explique suffisamment la question. Or, nous pouvons ajouter une autre modalité en vertu de laquelle cette division est adéquate à la totalité de l'être de raison, en comprenant sous la négation les étants fictifs et les étants impossibles, qu'ils soient forgés à la manière de la substance, ou qu'ils le soient selon celle de l'accident. Car, étant donné que ces étants fictifs sont dans l'absolu des non-étants, ils sont légitimement inclus sous la négation ; bien plus, parfois pour expliquer par une sorte de concept simple une négation complexe et impossible, on forge ces étants impossibles. Par exemple, du fait qu'il est impossible qu'un cheval soit un lion, nous disons d'un étant qu'il est conçu à la manière d'un cheval et d'un lion, en même temps que nous disons qu'il est fictif, et nous l'appelons chimère ou quelque chose de semblable. Et de la même manière, pour expliquer que cette négation est nécessaire, « le bœuf ne peut pas voler », nous concevons un bœuf qui vole comme quelque chose d'impossible et comme un être de raison. Voilà quel semble le sens le plus ordinaire de cette division, toutes ces choses étant assurément comprises sous la négation. De cette manière, on établit également aisément après avoir ajouté d'autres points exposés dans l'interprétation précédente[1] que la division est suffisante et qu'il ne lui est pas contradictoire de pouvoir forger des êtres de raison grâce à l'ensemble des prédicats, puisque tous les autres, à l'exception des relations, sont inventés à la manière des privations ou des négations.

1. Voir § 2 de cette section.

SECTIO V

In quo conveniant aut differant negatio et privatio quatenus entia rationis sunt

1. De negatione et privatione agere possumus, vel solum quatenus removent formam seu entitatem positivam, vel quatenus entia rationis sunt; has enim duas rationes superius distinximus, et secundum eas diversæ etiam sunt considerationes negationum et privationum.

Comparantur negatio et privatio, ut in rebus sunt

2. Nam, ut supra insinuavi, in negatione (et idem est proportionaliter de privatione, ut remotio est), si vera sit negatio, nulla est fictio intellectus; sed dum intellectus concipit præcise hominem non esse equum, illud vere concipit quod in re est, eo modo quo esse potest, scilicet, vel positive ac fundamentaliter in entitatibus extremorum, vel remotive tantum secundum propriam rationem negationis, quia vere et a parte rei unum non est aliud, etiamsi ab homine non consideretur, nec cognoscatur. Dixi autem, *si vera sit negatio,* quia si negatio falsa sit, ut si quis concipiat hominem, qui non sit animal, tunc illa negatio etiam sub ratione negationis est mere conficta per intellectum, solumque habet esse objective in illo, et ideo est ens rationis,

SECTION V

En quoi la négation et la privation s'accordent-elles ou se différencient-elles en tant qu'êtres de raison ?

1. Nous pouvons examiner la négation et la privation, soit seulement en tant qu'elles s'écartent d'une forme ou d'une entité positive, soit en tant que ce sont des êtres de raison ; en effet, nous avons déjà distingué ces deux raisons[1], et selon ces dernières, les considérations des négations et des privations sont également différentes.

Comparaison de la négation et de la privation en tant qu'elles sont dans les choses

2. Car, comme je l'ai déjà laissé entendre[2], dans la négation – et il en est proportionnellement de même avec la privation en tant qu'elle est un éloignement – à condition que ce soit une véritable négation, il n'y a aucune création de l'intellect. Or, tandis que l'intellect conçoit précisément que l'homme n'est pas un cheval, il conçoit véritablement ce qui est donné, c'est-à-dire, soit positivement et fondamentalement dans les entités des extrêmes, soit seulement à la manière d'un éloignement selon la raison propre de la négation, puisque une chose, véritablement et réellement, n'est pas identique à l'autre, même si elle n'est pas examinée et connue par l'homme. Et j'ai dit « à condition que ce soit une véritable négation », car, si c'est une fausse négation, par exemple, si quelqu'un concevait un homme qui ne fût pas un animal, alors cette négation, même sous la raison de la négation, est une pure invention de l'intellect, et elle y a seulement un être objectif, et elle est en conséquence, un être de raison, ou mieux une

1. Voir section 3, § 4. C'est dans les paragraphes 2 à 19 que Suárez examinera ces négations et ces privations selon ce premier aspect; l'examen du second aspect renverra au § 20.

2. Voir section 2, § 22; section 3, § 2 et 4.

vel potius negatio rationis, nam illa etiam negatio præcise concepta in ratione negationis non apprehenditur per modum entis, sed potius per modum non entis, et ita est quædam negatio per rationem conficta. Aliæ vero negationes, quae veræ sunt, dici possunt negationes aut privationes reales, quatenus vere removent formas aut naturas reales, et ideo non est in eis quærenda vera essentia accidentalis vel substantialis, quia non dicuntur esse in rebus, ponendo aliquid in illis, sed negative, seu removendo aliquid ab illis. Sunt autem privatio et negatio entia rationis, quatenus per modum entis concipiuntur, ut supra declaratum est.

Privatio et negatio, ut in rebus sunt, in quibus conveniant

3. Prima convenientia. – Secunda. – Omissis autem falsis seu fictis negationibus, quia nec ad præsentem considerationem referunt, nec novam expositionem requirunt, præter ea quæ de falsitate dicta sunt in disp. IX, vera et realis negatio, et privatio, in hoc imprimis conveniunt, quod utraque, quantum ad id quod dicit de formali, vel, ut aiunt, in recto, in sola remotione consistit, ut supra dictum est et late tractat Soncin., 10 Metaph., q. 15, et Niphus, lib. IV Metaphys., disput. 3, et est per se manifestum. Conveniunt secundo, quod utraque est extremum alicujus oppositionis in rebus ipsis aliquo modo inventæ et non fictæ per intellectum, qualis est oppositio privativa vel contradictoria; hæ namque oppositiones non sunt confictæ per intellectum, et quamvis peculiari modo tribuantur quibusdam actibus vel compositionibus intellectus, tamen et in illis dicunt

négation de raison[1], puisqu'également cette négation conçue précisément dans la raison de la négation n'est pas appréhendée à la manière d'un étant, mais plutôt à la manière d'un non-étant, il s'agit alors d'une négation inventée par la raison. Au contraire, les autres négations qui sont vraies peuvent être appelées négations ou privations réelles, dès qu'elles s'éloignent des formes ou des natures réelles, et c'est pourquoi, on ne doit pas chercher en elle une véritable essence accidentelle ou substantielle, puisqu'on ne dit pas qu'elles sont dans les choses en mettant quelque chose en elles, mais elles le sont négativement, ou en éloignant quelque chose d'elles. Donc, la négation et la privation sont des êtres de raison, en tant que, selon ce qui a été déjà affirmé[2], elles sont conçues à la manière des étants.

EN QUOI LA NÉGATION ET LA PRIVATION, TELLES QU'ELLES SONT DANS LES CHOSES, S'ACCORDENT-ELLES ?

3. PREMIER ACCORD. – DEUXIÈME ACCORD. – Et laissant de côté les fausses négations ou les négations fictives parce qu'elles n'ont rien à voir avec la considération présente et qu'elles n'exigent pas une nouvelle explication en dehors de ce qui a été dit sur l'erreur dans la dispute IX[3], la négation véritable et réelle et la privation s'accordent sur le fait que toutes les deux, eu égard à ce qu'elles expriment formellement, ou ainsi qu'on le dit, avec rectitude, consistent dans le pur éloignement, comme nous l'avons déjà dit[4] et comme Soncinas l'évoque amplement en *Métaphysique*, X, q. 15[5], et Nipho, *Métaphysique*, livre IV, disp. III[6], ceci étant une chose évidente par soi. Deuxièmement, elles s'accordent dans le fait que toutes les deux sont les extrêmes d'une opposition particulière qui, d'une certaine manière réside dans les choses elles-mêmes et qui n'a pas été forgée par l'intellect, comme c'est le cas de l'opposition privative ou contradictoire ; en effet, ces oppositions ne sont pas inventées par l'intellect, et bien qu'on les attribue d'une manière particulière à certains actes ou compositions de l'intellect, cependant, non seulement elles expriment une

1. Concernant la négation de raison, voir *D.M.* XLV, sec. 1, § 4.

2. Voir section 3, § 4.

3. La *D.M.* IX a pour objet l'origine de l'erreur.

4. Voir section 3, § 3 et 4.

5. Soncinas, *Quaestiones metaphysicales*, In L. X, qu. 15 ; éd. Venetiis, 1588, p. 278.

6. Il s'agit, contrairement à ce que donne l'édition Vivès, si l'on se réfère à l'édition de Salamanque (1597) et de Mainz (1605), de la dispute 2. Voir Augustini Niphii, *Delecidarium metaphysicarum disputationum, in Aristotelis decem et quatuor libros Metaphysicorum*, Venetiis, 1559 (reprint : Frankfurt/Main : Minerva, 1967), L.IV, disp. 2, c. 2, p. 105.

realem oppositionem inter ipsos, et in objectis supponunt aliquam oppositionem, quae non est ficta per intellectum, sed omnem fictionem ejus antecedit, ut supra, disp. XLV, declaratum est.

4. Tertio conveniunt, quod utraque potest habere fundamentum in re cui tribuitur talis negatio, vel in aliqua conditione ejus absolute sumpta, vel ad aliud comparata. Fundamentum appellamus non solum subjectum cui negatio vel privatio tribuitur, sed proximam causam seu radicem, ratione cujus talis negatio vel privatio convenit tali subjecto. Et hoc fundamentum frequentius et facilius reperitur in negatione, quia cum negatio non requirat subjectum aptum ad recipiendam formam vel naturam oppositam, fundari potest in ipsa intrinseca natura talis subjecti, ut in homine negatio hinnibilis vel rugibilis, etc., fundatur in intrinseca differentia hominis. At vero privatio cum connotet aptitudinem in subjecto, non potest in illo ut sic seu in sola intrinseca ejus natura fundari, sed in aliqua alia forma vel conditione adjuncta. Ut si homo sit caecus, non fundatur illa privatio in præcisa hominis natura, sed in aliqua alia causa, quae removet formam quam negat illa privatio. Hæc autem causu interdum est positiva dispositio subjecti; interdum potest esse forma contraria, ut calor in aqua infert privationem frigoris; aliquando vero solum est absentia causæ extrinsecae, ut in aere causa tenebrarum est absentia solis, quanquam ex parte ipsius aeris supponatur talis natura, quæ licet sit apta ad formam luminis, tamen ex se illam non habet, nec est ex se ac necessario conjunctus causæ a qua illam potest recipere.

5. Quarta convenientia. – Quarto conveniunt, quia tam negatio quam privatio possunt vere et absolute praedicari de re sine ulla fictione intellectus; non dico sine operatione intellectus, cum ipsa prædicatio sit quædam intellectus operatio; sed dico, sine fictione, quia ex parte ipsarum rerum supponitur sufficiens fundamentum, ut intellectus possit unam rem de alia negare, utramque prout in se est concipiendo. Unde, sicut intellectus divinus vel Angelus sine ulla fictione et sine compositione aut divisione cognoscit negationem vel privationem, ita humanus intellectus sine ulla fictione potest

réelle opposition entre eux, et elles supposent dans les objets une opposition particulière qui n'est pas inventée par l'intellect, mais qui précède toute fiction de ce dernier, comme on l'a déjà expliqué dans la dispute XLV[1].

4. Troisièmement, elles s'accordent en ce que toutes les deux peuvent avoir un fondement dans la chose à laquelle une telle négation est attribuée, ou dans une de ses conditions considérée dans l'absolu, ou référée à autre chose. Et nous appelons fondement, non seulement le sujet auquel on attribue la négation ou la privation, mais également la cause prochaine ou l'origine, et pour cette raison, cette négation ou privation appartient à ce sujet. Et on trouve avec plus de fréquence et de facilité ce fondement dans la négation parce que, du fait qu'il ne requiert pas la négation, un sujet apte à recevoir la forme ou la nature opposée, peut être fondé dans la nature intrinsèque elle-même de ce sujet, comme chez l'homme la négation du hennissement ou du rugissement, etc., est fondée sur la différence intrinsèque de l'homme. Au contraire, la privation, en connotant l'aptitude dans le sujet, ne peut être fondée en lui en tant que tel, ou dans sa seule nature intrinsèque, mais dans une autre forme ou caractéristique ajoutée. Par exemple, si l'homme est aveugle, cette privation n'est pas fondée sur l'exclusion de la nature de l'homme, mais sur une autre cause qui éloigne la forme niée par cette privation. Cette cause est parfois une disposition positive du sujet; parfois, elle peut être une forme contraire, comme la chaleur qui induit dans l'eau la privation du froid[2]; et parfois, ce n'est que l'absence de cause extrinsèque, comme l'absence de soleil est la cause des ténèbres dans l'air, bien que l'on suppose à partir de l'air lui-même cette nature qui, quoique apte à la forme de la lumière, ne la possède pas néanmoins par elle-même, et elle n'est pas par soi nécessairement articulée à la cause pouvant la recevoir.

5. Quatrième accord. – Quatrièmement, elles s'accordent parce que, aussi bien la négation que la privation, peuvent véritablement et absolument être prédiquées de la chose sans aucune création de l'intellect ; je ne dis pas sans une opération de l'intellect, parce que la prédication elle-même est une opération particulière de l'intellect, mais je dis sans invention, parce qu'on suppose en ce qui concerne les choses elles-mêmes, un fondement suffisant pour que l'intellect puisse nier une chose d'autre chose, en concevant chacune d'entre elles telle qu'elle est en soi. C'est pourquoi, de même que l'intellect divin ou l'ange connaît la négation ou la privation sans aucune création et sans aucune composition ou division, de même, l'intellect humain peut connaître

1. Voir *D.M.* XLV, sec. 1, § 5-6. La section 1 examine la conception de l'opposition et ses catégories.

2. Le froid est ici considéré comme une qualité positive de la même manière que les ténèbres dans la section 3, § 3.

hujusmodi negationem cognoscere, media tamen compositione seu divisione propter suum imperfectum operandi modum. Quo fit ut id etiam non faciat sine indirecta et quasi discursiva cognitione. Nam hoc etiam commune est privationi et negationi, ut non possint per proprium speciem directe repraesentari ; nam, cum sint non entia, non possunt habere hujusmodi propriam speciem ; cognoscuntur ergo a nobis per speciem oppositae formæ indirecte et medio aliquo discursu, et ideo cognitio privationis necessario supponit cognitionem positivi per quod possit intellectus in cognitionem privationis pervenire. Atque ita etiam fit, ut tum privatio quam negatio cognoscantur per habitudinem ad positivum removendo illud, quanquam per diversum actum et conceptum ab illo quo forma ipsa positive directe et secundum se concipitur, ut Soncinas et Niphus locis supra citatis attingunt, et Javel., 10 Metaph., q. 10 ; Ferrar., 1 cont. Gent., cap. 17 ; Capreol., in 2, d. 39, quæst. 1, art. 3 ; et Ægid., in l, dist. 36, quæst. 2.

6. Est autem considerandum, dupliciter hoc cognosci ab intellectu : primo, per modum divisionis seu negationis ; et tunc proprie cognoscitur sicut est, quia per divisionem unum extremum tantum removetur ab alio ; secundo, per modum compositionis et affirmationis, ut cum dicimus, *homo est caecus,* vel, *est non albus,* et tunc jam videtur admisceri quidam improprius modus cognoscendi et concipiendi ; nam cum in verbo *est,* ipsum ens aliquo modo includatur, jam attribuitur per modum entis id quod revera non est ens, atque in hoc fundatur seu inchoatur altera consideratio negationis et privationis, quatenus entia rationis sunt, de qua statim dicemus. Est autem animadvertendum, quod in his affirmationibus non attribuitur subjecto modus quo prædictum concipitur, ut illo modo

cette négation sans aucune création, bien que que ce soit grâce à une composition ou à une division en raison de sa manière imparfaite d'opérer. On en déduit qu'il ne le fait pas non plus sans une connaissance indirecte et à vrai dire discursive. Car le fait de ne pas pouvoir être représenté directement par une espèce propre, est également commun à la négation et à la privation ; car comme ce sont des non-étants, elles ne peuvent avoir cette espèce propre ; donc, nous les connaissons par l'espèce de forme opposée d'une manière indirecte et grâce à un raisonnement particulier, et par là même, la connaissance de la privation suppose nécessairement la connaissance de quelque chose de positif par l'intermédiaire duquel l'intellect peut arriver à la connaissance de la privation. Il s'ensuit également qu'aussi bien la privation que la négation, sont connues par relation au positif en l'éloignant, quoique par un acte et un concept différents de l'acte par lequel la forme elle-même est conçue de manière positive directement et en soi, ainsi que le soulignent Soncinas et Nipho dans les passages déjà cités [1], et Javelli, *Métaphysique*, X, q. 10 [2] ; Sylvestre de Ferrare, *Contre les gentils*, I, chapitre 17 [3] ; Capréolus, livre II du *Commentaire sur les Sentences*, dist. 39, q. 1, a. 3 [4] ; Gilles de Rome, livre I du *Commentaire sur les Sentences*, dist. 36, q. 2 [5].

6. Or, il faut considérer que ceci peut être connu par l'intellect de deux manières : premièrement, à la manière de la division ou de la négation, et alors on le connaît proprement tel qu'il est, puisque par la division un extrême est seulement éloigné de l'autre ; ensuite, à la manière de la composition et de l'affirmation, comme lorsque nous disons : « l'homme est aveugle ou il n'est pas blanc » ; et il semble qu'on mêle alors un certain mode inadéquat de la connaissance et de la conception ; en effet, comme dans le verbe « est », l'étant lui-même est inclus d'une manière particulière, on attribue alors à la manière de l'étant ce qui en réalité n'est pas un étant, et c'est avec cela que l'on fonde ou que l'on commence la deuxième considération de la négation et de la privation en tant que ce sont des êtres de raison ; nous allons immédiatement en parler. Mais il faut prendre en considération que dans ces affirmations, on n'attribue pas au sujet le mode

1. Pour Soncinas voir note 5 p. 135. En ce qui concerne Nipho, *Dilucidarium metaphysicarum disputationum...*, l. IV, disp. 2, p. 107-109.

2. Javelli, *In omnibus Metaphysicae libris quaesita textualia metaphysicali modo determinata*, Lib. X, q. 10 ; éd. Venetiis, 1576, p. 276.

3. Sylvestre de Ferrare, *In Ium Contra Gentiles*, c. 71 ; éd. Léonine, XIII (Romae, 1918), p. 208, n. 5. Il s'agit du chapitre 71 conformément à l'édition de Salamanque et de Mainz, et non du chapitre 17 dans l'édition Vivès.

4. Capréolus, *Defensiones*, II, d. 39, qu. 1, art. 3, n. 1, ad 5 (éd. Paban-Pègues), II, p. 488.

5. Gilles de Rome, *Commentaria in libros Sententiarum*, I, dist. 36, q. 4 (*Utrum mala habeant ideam*) ; éd. Venetiis, 1521, 188v-189v.

subjecto attribuatur, sed solum tribui id quod concipitur, nempe negationem seu privationem ipsam ; quare in re illa affirmatio negationi æquivalet quantum ad remotionem prædicati, vel solum per illam copulam affirmatur veritas cognitionis, ut significavit Aristoteles, 5 Metaph., cap. 7. Unde, cum dicimus, verbi gratia, tenebrae sunt in aere, non significamus aliquid realiter inhærere aeri, sed solum aerem carere luce, et ideo vere cognosci et affirmari tenebrosum. Haec ergo communia sunt negationi et privationi secundum se consideratis.

In quibus differant negatio et privatio, prout in re inveniuntur

7. Differunt autem primo, quia privatio dicit carentiam formæ in subjecto apto nato ; negatio vero præcise dicit carentiam sine subjecti aptitudine ; hoc enim necesse est addere, ut distinguatur a privatione, vel a generali ratione carentiæ, quæ communis esse potest tam privationi quam negationi. Hæc autem diversitas non est in propria et formali ratione quam in recto dicit privatio et negatio, sed in connotato ; privatio enim ut sic non includit intrinsece subjectum aut aptitudinem ejus, alioqui et privatio non distingueretur a subjecto privato, quod est quasi compositum ex subjecto et privatione, et non esset purum non ens reale, sed constans ex realitate potentiæ et negatione actus seu formæ, quod est contra rationem privationis. Igitur privatio de formali solum dicit negationem, coarctando illam ad subjectum capax oppositæ formæ, et hoc modo dicitur differre a negatione in obliquo, et quatenus connotat subjectum aptum ad oppositam formam. Quod genus discriminis etiam solet inter formas positivas tali modo conceptas aut significatas reperiri ; sic enim sæpe Aristoleles ait differre simitatem a curvitate, nam, licet de formali dicant eamdem

en fonction duquel on conçoit le prédicat pour l'attribuer au sujet selon cette modalité, mais on lui attribue uniquement ce que l'on conçoit, à savoir la négation et la privation elles-mêmes ; c'est pourquoi, en réalité, cette affirmation équivaut à une négation eu égard à l'éloignement du prédicat, c'est-à-dire que par cette copule, on affirme uniquement la vérité de la connaissance, comme l'a donné à comprendre Aristote en *Métaphysique*, V, chapitre 7[1]. Pour cette raison, quand nous disons par exemple : « les ténèbres sont dans l'air », nous ne signifions pas que quelque chose soit réellement inhérent à l'air, mais uniquement que l'air manque de lumière, et que donc, il est véritablement connu comme ténébreux, et affirmé comme tel. Ainsi donc, toutes ces choses sont communes à la négation et à la privation considérées en elles-mêmes.

EN QUOI LA NÉGATION ET LA PRIVATION TELLES QU'ON LES TROUVE DANS LA RÉALITÉ, SE DIFFÉRENCIENT-ELLES ?

7. Elles se différencient, en premier lieu, parce que la privation exprime le manque de forme dans un sujet naturellement apte à, tandis que la négation exprime précisément le manque en l'absence d'aptitude du sujet ; et il faut, en effet, ajouter ceci pour la distinguer de la privation, ou de la raison générale du manque, qui peut être commune aussi bien à la privation qu'à la négation. Cependant, cette différence ne réside pas dans la raison propre et formelle qu'expriment avec rectitude la privation et la négation, mais dans la connotation ; en effet, la privation en tant que telle n'inclut pas intrinsèquement le sujet ou son aptitude car, dans le cas contraire, on ne distinguerait pas la privation du sujet qui fait l'objet d'une privation ; ce dernier s'identifie à un composé de sujet et de privation, et la privation ne serait pas un pur non-étant réel, mais elle se composerait de la réalité de la puissance et de la négation de l'acte ou de la forme, ce qui va à l'encontre de la raison de la privation. Ainsi donc, la privation formellement, n'exprime que la négation, en la limitant au sujet capable de la forme opposée, et en ce sens, on dit qu'elle se distingue de la négation indirectement, et jusqu'à ce qu'elle connote un sujet apte à la forme opposée. Et on a aussi l'habitude de rencontrer ce genre de différence parmi les formes positives conçues ou signifiées de cette manière, car c'est ainsi qu'on différencie comme l'affirme souvent Aristote, le camus du concave[2]. Car, tout en exprimant formellement la même figure, ce qui est camus la désigne cependant par

1. Aristote, *Métaphysique*, Δ, 7, 1071a 32-34.

2. Aristote, *Métaphysique*, E, 1, 1025b 31-1026a 1 ; *ibid.*, Z, 5, 1030b 28-1031a 1 ; *ibid.*, 11, 1037a 30-33.

figuram, tamen simitas significat illam cum habitudine ad talem materiam, quæ differentia non est essentialis, sed materialis ; ita ergo de negatione et privatione sentiendum est.

Privationum divisio

8. Et ex hac differentia colligi potest multiplex distinctio privationum, quam tetigit Aristoteles, lib. 5 Metaph., cap. 22 ; nam cum privatio dicat negationem connotando aptitudinem, interdum hæc aptitudo tam improprie sumitur, ut non connotetur in subjecto, cui tribuitur privatio, sed absolute in entibus, ut si planta (quod est Aristotelis exemplum) privata oculis dicatur. Aliquando vero connotatur illa aptitudo in re cui tribuitur privatio, non secundum speciem, sed secundum genus tantum, ut si talpa caeca dicatur. Tertio connotatur aptitudo in re secundum speciem, non tamen secundum tempus et omnes circumstantias requisitas, ut si infans dicatur privatus dentibus. Quarto et magis proprie connotatur aptitudo in re secundum speciem et secundum omnes circumstantias quæ ad talem aptitudinem requiruntur. Ac præterea privatio interdum connotat tantum aptitudinem seu capacitatem, ut tenebræ aut nox respectus aeris ; interdum vero connotat non tantum capacitatem, sed etiam principium aliquod, ratione cujus debita est opposita forma ; quo modo quies, verbi gratia, terræ in centro, aut supremi cæli in suo loco, licet sit privatio motus priori modo, non tamen hoc posteriori ; quia nullus motus est debitus tali corpori in tali loco existenti ; at vero carentia frigoris aut siccitatis respectu terræ esset privatio perfectionis debitæ, quæ est maxime propria privatio.

rapport à une matière déterminée, et cette différence n'est pas essentielle mais matérielle; il faut donc avoir le même avis pour la négation et la privation.

Division des privations

8. On peut déduire de cette différence une division multiple des privations qu'Aristote a notée au livre V de la *Métaphysique*, chapitre 22[1]; car la privation exprime une négation en connotant une aptitude; parfois, cette aptitude est considérée d'une manière tellement impropre qu'on ne la connote pas dans le sujet auquel on attribue la privation, mais de manière absolue dans les étants, comme lorsqu'on dit que la plante, (tel est l'exemple d'Aristote), est privée d'yeux. Or, parfois, on connote cette aptitude dans la chose à laquelle on attribue la privation, non pas selon l'espèce, mais seulement suivant le genre, comme lorsqu'on dit que la taupe est aveugle. Troisièmement, on connote l'aptitude dans la chose selon son espèce, mais sans s'occuper du temps et de toutes les circonstances requises, comme lorqu'on dit qu'un enfant est privé de dents. Quatrièmement, plus adéquatement, on connote l'aptitude dans la chose selon son espèce et selon l'ensemble des circonstances requises pour une telle aptitude. De plus, la privation connote uniquement parfois l'aptitude ou la capacité, par exemple, les ténèbres ou la nuit par rapport[2] à l'air; en revanche, parfois, non seulement elle connote la capacité, mais aussi un principe particulier en raison duquel la forme opposée sera présente. Dans ce sens, par exemple, le repos de la terre en son centre[3], ou celui du ciel suprême en son lieu[4], bien que ce soit une privation de mouvement selon l'acception première, néanmoins, cela ne l'est pas dans cette deuxième parce qu'aucun mouvement n'est issu de ce corps existant dans ce lieu précis; au contraire, l'absence de froid ou de sécheresse venant de la terre serait la privation d'une perfection dûe qui est la privation à son degré le plus propre.

1. *Ibid.*, Δ, 22, 1022b 22-1023a 6.

2. *Respectu* dans l'édition de Salamanque et de Mainz au lieu de *respectus* de l'édition Vivès.

3. Voir Aristote, *Du ciel*, II, 14, 296b 23-24.

4. Voir *Du ciel*, I, 9, 279a 18-19; *Physique*, IV, 4, 212a 18-24. Chez Suárez, voir *D.M.* LI, sec. 1, § 21.

Et hoc modo distingui solet ignorantia quædam negationis, altera privationis ; nam, licet utraque supponat capacitatem, et ex hac parte habeat rationem privationis, tamen illa, quæ est carentia scientiae debitæ, magis propriam et rigorosam rationem privationis habet, ita ut comparatione ejus altera censeatur negatio. Cum ergo privatio et negatio adaequate dividant carentiam, quot multiplicantur modi privationum, tot possunt multiplicari modi negationum, nam quantum ab una receditur, tantum acceditur ad alteram, et e converso.

9. Rursus distinguitur privatio ex Aristotele supra, in privationem totalem, vel tantum ex parte ; ut dicitur res invisibilis quæ caret colore, vel quae habet valde remissum, et sic de aliis. Ex quibus illa prior est simpliciter privatio in re et loquendi modo ; posterior vero licet in modo loquendi interdum significari soleat per modum absolutæ privationis, tamen in re tantum est privatio secundum id quod negat, nam si quid relinquit, illo vere non privat, ut per se notum est.

Expeditur incidens dubium, an privatio suscipiat magis et minus

10. Unde obiter et facile expeditur illa quæstio, an privatio suscipiat magis et minus. Solet enim etiam in hoc constitui differentia inter negationem et privationem, quod negatio non suscipit magis et minus, privatio autem ea suscipit. Sed si cum proportione de eis loquamur, in hoc fere nullum est discrimen. Nam si privatio sit totalis, nulla potest esse major quam illa formaliter et in se ; poterit autem alia privatio esse minor, si non sit totalis, sed partialis tantum, atque ita inter ipsas partiales privationes poterit dari major et minor, pro ratione formae cui opponuntur. Nam si forma habeat gradus intensionis, ea erit major privatio physice, quæ plures gradus formæ a

Et de cette manière, on a l'habitude de distinguer une ignorance selon la négation et une autre selon la privation[1] ; car, bien que toutes les deux supposent une capacité et à ce titre possèdent la raison de la privation, néanmoins, celle qui est absence d'une science qui devrait exister, a une raison de privation davantage adéquate et rigoureuse, de telle sorte que dans sa comparaison, l'autre est considérée comme une négation. Donc, lorsqu'on divise la privation et la négation adéquatement à l'absence, quelles que soient les manières de multiplier les privations, on peut multiplier les négations d'autant de manières, car nous nous éloignons d'autant plus de l'une que nous nous approchons d'autant plus de l'autre, et inversement.

9. De plus, on divise la privation en le tirant d'Aristote dans le passage précédent[2], en privation totale ou en privation seulement partielle ; par exemple, lorsqu'on appelle invisible une chose par absence de couleur, ou qui a une couleur très atténuée, etc. Parmi les deux, la première est absolument privation dans la réalité et dans la manière de s'exprimer. La deuxième, au contraire, bien que dans la façon de s'exprimer on ait parfois l'habitude de la signifier à la manière d'une privation absolue, néanmoins, dans la réalité, elle est seulement une privation selon ce qu'elle nie parce que, si elle laisse subsister quelque chose, relativement à cela, elle ne constitue pas véritablement et de toute évidence, une privation.

ANALYSE DE L'INCIDENCE D'UN DOUTE : EST-CE QUE LA PRIVATION EST SUSCEPTIBLE DU PLUS ET DU MOINS ?

10. Chemin faisant, on résout aisément la question, à savoir, si la privation est sujette au plus et au moins. On a aussi l'habitude de faire une différence entre la négation et la privation, étant donné que la négation n'est pas sujette au plus et au moins, alors qu'il en est ainsi pour la privation. Mais si nous nous y référons proportionnellement, il n'y a pratiquement pas de différence. Car, si la privation est totale, aucune ne peut être plus grande que cette dernière considérée formellement et en soi ; or, une autre privation peut être plus petite si elle n'est pas totale, mais seulement partielle, et de cette manière, entre ces mêmes privations partielles, on pourra en attribuer une plus grande et une plus petite, selon la raison de la forme à laquelle elles sont opposées. Car, si la forme possède des degrés d'intensité, cette privation qui écartera du sujet davantage de degrés de forme, sera plus grande physiquement, et la plus grande de toutes sera celle

1. C'est-à-dire une ignorance privative ou négative.

2. Voir § 8.

subjecto removerit; illa vero erit maxima quæ omnino formam removeat; fortasse vero nulla potest dari minima, quia non datur minima pars gradus formæ, quæ per remissionem auferri possit. Si vero forma opposita habeat latitudinem extensionis, privatio etiam esse poterit major vel minor extensive cum eadem proportione et secundum physicam considerationem. Quod semper addo, quia moraliter potest gravitas seu quantitas privationis aliunde pensari, scilicet, ex majori debito habendi talem formam. Et absolute etiam in genere imperfectionis seu mali erit major imperfectio seu privatio, si forma opposita sit magis debita, etiamsi alioqui sit æqualis negatio. Dixi etiam privationem totalem in se ac formaliter non posse esse majorem, quia ex parte causæ seu fundamenti interdum dicitur una privatio major alia; ut cæcitas quae vehementiorem habet causam, dicitur major, etiamsi non plus tollat de forma, et hoc modo una immaterialitas dicitur major alia, et sic de aliis. Omnis tamen hæc inæqualitas, ut ex ipsa explicatione constat, provenit semper ex parte rei positivæ, quæ vel privationem causat aut fundat, vel certe, quia per ipsam non aufertur, sed in subjecto relinquitur; quæ fere omnia cum proportione ad negationem applicari possunt, quia etiam potest intelligi negatio totalis vel partialis, et majorem vel minorem habens causam.

11. Negatio necessaria esse potest subjecto, secus privatio. – Una vero differentia intercedere in hoc videtur inter privationem et negationem, quod negatio, quia non supponit aptitudinem in subjecto, talis esse potest, ut sit necessaria, et opposita affirmatio impossibilis, in quo dici potest habere exactam quamdam rationem negationis; privatio vero, si propriissima sit, nunquam potest esse necessaria, respectu proprii subjecti, quia supponit potentiam ad oppositum actum; ubi autem est potentia contrariorum, neutrum extremum est simpliciter impossibile vel necessarium, juxta doctrinam Aristotelis, 9 Metaph. Ex qua differentia colligi potest alia, quod negatio habere potest intrinsecum et quasi essentiale fundamentum positivum in subjecto cui attribuitur; privatio vero propria cum per accidens conveniat, aliunde provenit, et quasi ab

qui écartera absolument la forme ; et peut-être ne peut-il y en avoir de plus petite, car il n'y a aucune partie minime du degré de forme qui puisse être éliminée par rémission [1]. Si, au contraire, la forme opposée a une amplitude extensive, la privation pourra également être plus grande ou plus petite extensivement dans la même proportion et selon une considération physique. Et j'ajoute toujours ce point car, moralement, on peut évaluer selon un autre point de vue le poids ou la quantité de privation, à savoir à partir de la plus grande exigence d'avoir une telle forme. Et dans le genre de l'imperfection ou du mal, l'imperfection ou la privation sera également absolument plus grande si la forme opposée est également particulièrement requise, même si la négation est par ailleurs égale. J'ai dit aussi que la privation totale, en soi et formellement, ne peut être plus grande, parce que, eu égard à la cause ou au fondement, on dit qu'une privation est parfois plus grande qu'une autre. Par exemple, la cécité qui a une cause plus forte, est dite plus grande, bien qu'elle ne soit pas privée de la forme au plus haut point, et on dit également qu'une immatérialité est plus grande qu'une autre, etc. Cependant, l'ensemble de cette inégalité, ainsi qu'il se dégage de l'explication elle-même, tire toujours son origine de la réalité positive qui cause ou fonde la privation, ou du moins, parce que, grâce à elle, on ne l'écarte pas, mais elle demeure dans le sujet ; et on peut appliquer presque toutes ces choses proportionnellement à la négation puisqu'on peut également concevoir une négation totale ou partielle qui aura une cause majeure ou mineure.

11. La négation peut s'avérer nécessaire au sujet, mais non à la privation. – Il semble qu'il y ait une différence entre la privation et la négation : la négation, en ne supposant pas d'aptitude dans le sujet peut être en tant que telle nécessaire, et l'affirmation opposée impossible, et on peut dire que dans ce cas, elle possède la raison particulière exacte d'une négation ; au contraire, la privation, si on la comprend adéquatement, ne peut jamais être nécessaire relativement au sujet propre parce qu'elle suppose une puissance vers l'acte opposé ; et là où il y a puissance des contraires, aucun des extrêmes n'est absolument impossible ou nécessaire, conformément à la doctrine d'Aristote, au livre IX de la *Métaphysique* [2]. De cette différence, on peut en déduire une autre : la négation peut avoir un fondement positif intrinsèque et à vrai dire essentiel dans le sujet auquel on l'attribue, tandis que la privation propre, du fait de sa convenance accidentelle, possède une autre origine et procède d'un fondement qui en

1. D'une part, une limite peut être atteinte par un changement complet et d'autre part, il ne peut y avoir de limite pour un changement minime.

2. Aristote, *Métaphysique*, Θ, 9, 1051a 4.

extrinseco fundamento, ut superius etiam, explicando quamdam convenientiam inter privationem et negationem, insinuatum est.

12. DIFFERENTIA QUAE INTER PRIVATIONEM, ETC. – AN NEGATIVE OPPOSITA CAREANT MEDIO, PRIVATIVE AUTEM ILLUD HABEANT. – Præterea colligitur ex dictis intelligentia alterius discriminis, quod inter privationem et negationem assignari solet, nimirum, quod inter negationem et oppositam affirmationem non datur medium, inter privationem autem et habitum datur medium. Circa quam differentiam est advertendum, non esse in ea sermonem de affirmatione et negatione, quatenus inveniuntur in compositione et divisione mentis; sic enim, si propria sit contradictio, inter affirmationem et negationem nunquam datur medium, sive id quod affirmatur et negatur sit aliquid positivum, sive aliquid privativum. Nam, sicut necesse est, aliquid videre aut non videre, ita et esse cæcum, aut non esse cæcum, dummodo de eodem omnino subjecto et sub eadem significatione seu ratione prædicati affirmatio et negatio fiat. Si vero non sit perfectu contradictio, sed aut contrarietas, aut subcontrarietas, sic in utrisque potest dari medium, vel per abnegationem, vel per participationem utriusque extremi, ut ex dialectica constat. Non est ergo hic sermo de ipsis complexionibus mentis, sed de simplici privatione vel negatione, comparatis ad oppositam formam, quam removent, et a nobis explicantur per hos terminos, *cæcus, non videns* et similes, et sic constituitur differentia respectu ejusdem subjecti.

13. Et declarari potest per duas affirmationes, in quibus prædicata contradictorie vel privative opposita de eodem subjecto prædicantur. Nam quae contradictorie opponuntur, non habent medium, sed aliquod eorum de quolibet subjecto vere dicitur, nec fieri potest ut utrumque simul affirmetur aut negetur, quin una propositio vera sit, et altera falsa. Et hoc modo docet ubique Aristoteles, inter contradictoria non dari medium,

vient à être extrinsèque, comme on l'a déjà également donné à comprendre[1] en expliquant un des accords entre la privation et la négation.

12. La différence existant entre la privation (et la négation), etc. – Est-ce que les choses qui s'opposent négativement sont dépourvues d'un milieu, alors que celles qui le font de manière privative le possèdent ? – En fonction de ce qui a été dit, on arrive également à la compréhension d'une autre différence qu'on a l'habitude de mettre en relief entre la privation et la négation, à savoir, il n'y a pas de milieu entre la négation et l'affirmation opposée, alors qu'il y en a un entre la privation et l'*habitus*. En ce qui concerne cette différence, il faut remarquer qu'il ne s'agit pas de l'affirmation et de la négation en tant qu'elles se trouvent dans la composition et la division de l'esprit ; car, dans le cas d'une contradiction propre, il n'y a jamais de milieu entre l'affirmation et la négation que ce que l'on affirme et ce que l'on nie soient quelque chose de positif, ou quelque chose de privatif. En effet, de la même manière qu'il est nécessaire soit que quelque chose soit, soit qu'il ne soit pas, de même est-il nécessaire qu'il soit aveugle ou qu'il ne soit pas aveugle dès lors que l'affirmation et la négation s'appliquent au même sujet et selon une même signification ou raison du prédicat ? Si, au contraire, il n'y a pas de contradiction parfaite, mais soit une contrariété, soit une subcontrariété, alors, dans les deux cas, on peut déterminer le milieu soit par l'éloignement de la négation, soit par la participation des deux extrêmes[2], ainsi qu'il est évident grâce à la dialectique. Il ne s'agit donc pas ici des jugements de l'esprit eux-mêmes, mais de la simple privation ou de la négation en comparaison à la forme opposée qu'ils écartent ; ce que nous exprimons au moyen de ces termes « aveugle, non voyant » et d'autres similaires, en ayant ainsi établi une différence eu égard à un même sujet.

13. Et on peut l'expliquer par les deux affirmations où l'on applique à un même sujet des prédicats opposés contradictoirement ou de manière privative. Car ceux qui sont opposés de manière contradictoire n'ont pas de milieu, mais si l'un d'entre eux est prédiqué avec vérité de n'importe quel sujet, dans ce cas il n'est pas possible que tous les deux soient affirmés ou niés en même temps, parce qu'une proposition serait vraie et l'autre fausse. Et dans ce sens, Aristote montre toujours que parmi les contradictoires, il n'y a pas de milieu,

1. Voir § 4 de cette section.

2. Ainsi, une couleur peut être plus ou moins foncée, tout comme ce qui se situe entre deux contraires peut être plus ou moins proche de l'un ou de l'autre.

libr. 10 Metaph., c. 6 et 10, et lib. I Poster., cap. 2. Et ratio est quia inter ens et non ens non potest excogitari medium. Dices, fieri esse medium. Respondeo, esse medium inter ens perfectum et omnino non ens, non tamen absolute inter ens et non ens, cum sit absolute aliquid, et consequenter aliquo modo ens, ut sumitur ex Aristotele, 4 lib. Metaph., c. 2. Unde magis explicatur ratio, quia negatio simpliciter removet formam seu id quod negat, et nullam peculiarem conditionem in subjecto requirit, et ideo fieri non potest quin vel forma vel negatio formæ in subjecto conveniat. At vero in privative oppositis datar medium, non quidem per participationem utriusque extremi, sed per abnegationem, quia privatio non dicit simpliciter negationem, sed connotando in subjecto aptitudinem, et ideo ex defectu hujus connotati dari potest subjectum cui neutrum oppositorum conveniat, ut lapis nec est cæcus, nec videns, quamvis necessario sit videns aut non videns. Hinc vero consequenter intelligitur, respectu proprii subjecti habentis aptitudinem ad formam non posse dari medium inter privative opposita, quia tunc jam includunt virtualiter contradictoriam oppositionem. Quocirca, licet prædicta differentia sic explicata vera sit, tamen ex ea colligitur proportionalis convenientia, quia sicut inter negationem et positivum non datur medium respectu cujuscumque subjecti, eo quod respectu negationis vel affirmationis oppositæ quaelibet res potest esse aptum subjectum, ita etiam inter privationem et positivum respectu subjecti proportionati non datur medium.

14. Sed occurrit objectio, quia etiam inter terminos contradictorie oppositos datur medium per abnegationem, saltem respectu subjecti non existentis, ut chymæra neque est alba, neque est non alba; utraque enim affirmatio est falsa, cum sit de subjecto non supponente. Respondetur primo, negationem non habere medium, si in vi puræ negationis sumatur; at si admisceatur aliquid positivi, ex ea parte poterit habere medium; ut si

livre X de la *Métaphysique*, chapitre 6[1] et 10[2], et livre I des *Analytiques Seconds*, chapitre 2[3]. Et la raison réside dans le fait qu'on ne peut imaginer le milieu entre l'étant et le non-étant. On peut objecter que le milieu est le devenir. Je réponds qu'il est le milieu entre l'étant parfait et l'absolument non-étant, mais qu'il ne l'est pas dans l'absolu entre l'étant parfait et le non-étant, puisque considéré absolument, il est quelque chose, et par conséquent, selon un certain mode, un étant, selon Aristote, livre IV de la *Métaphysique*, chapitre 2[4]. On en explique mieux la raison car la négation écarte simplement la forme ou ce qu'elle nie, et elle n'exige dans le sujet aucune caractéristique particulière, et par conséquent il est nécessaire que la forme ou la négation de la forme appartienne au sujet. Mais entre les termes opposés privativement, il y a un milieu, non évidemment par participation des deux extrêmes[5], mais par l'éloignement puisque la privation n'exprime pas simplement la négation, mais elle le fait en connotant l'aptitude dans le sujet et, conséquemment, cette connotation faisant défaut, il peut y avoir un sujet auquel aucun des opposés ne convient, par exemple une pierre n'est ni aveugle, ni voyante, bien qu'elle soit nécessairement voyante ou non voyante. Conséquemment à ce point, on comprend que par rapport à un sujet propre qui possède l'aptitude à la forme, il n'y a pas de milieu entre les opposés de manière privative parce que dans ce cas, ils incluent virtuellement une opposition contradictoire. C'est pourquoi, bien que la différence que nous venons d'exposer, ainsi expliquée, soit vraie, néanmoins, on en déduit une convenance proportionnelle, parce que tout comme relativement à n'importe quel sujet il n'y a pas de milieu entre le positif et sa négation, puisque eu égard à la négation ou à l'affirmation opposée n'importe quoi peut être un sujet approprié, ainsi il n'y a pas non plus de milieu relativement à un sujet proportionné entre quelque chose de positif et sa privation.

14. Or, une objection apparaît parce que parmi les termes contradictoirement opposés, il y a également un milieu par négation, du moins relativement au sujet non existant, par exemple, la chimère n'est pas blanche et elle n'est pas non blanche; en effet, les deux affirmations sont fausses parce qu'il s'agit d'un sujet dépourvu de supposition[6]. On répond premièrement, que la négation n'a pas de milieu si on la considère comme une valeur de pure négation; mais si on y laisse entrer quelque chose de positif, par ce biais, elle pourra avoir un milieu; par exemple, si cette

1. Aristote, *Métaphysique*, I, 7, 1057a 34-35.

2. *Ibid.*, 1059a 6.

3. *Seconds Analytiques*, 72a 13.

4. *Métaphysique*, Γ, 2, 1003b 10-11.

5. Voir note 2, p. 149.

6. Voir Suárez, *De Eucharistia*, d. 50, 2, n. 2, (tome XXII, éd. Vivès, p. 325); *De Scientia Dei II*, c. 5, n. 12, (XI, p. 359); *D.M. XXXI*, 12, § 44, (XXVI, p. 296).

hæc est falsa, chymæra est non videns, ideo est, quia non pure negatur visio, sed affirmatur entitas vel esse. Atque ita ut prædicata contradictorie opposita nunquam habeant medium, etiam dum per modum affirmationis denuntiantur, oportet ut sumantur respectu proprii subjecti, quod sit aliqua res existens, et ita servatur aliqua proportio inter negationem et privationem. Secundo respondetur negando assumptum. Nam ex illis duabus propositionibus, ea quæ est de praedicato negativo, est vera, etiamsi subjectum non existat, præsertim si (ut dialectici dicunt) illa negatio non infinitanter, sed neganter sumatur. Quod necesse est ut oppositio sit pure negativa; alioqui ex parte includetur aliqua affirmatio, ut recte dicebatur in priori responsione, quæ tunc videtur procedere, quando negatio illa sumitur infinitanter.

15. Privatio veris solum entibus, negatio etiam fictis convenit. – Unde etiam colligi potest alia differentia inter privationem et negationem puram, quia privatio non potest attribui nisi veris et realibus entibus; nam cum privatio dicat carentiam formæ in subjecto apto nato, non potest nisi vero ac reali enti attribui, quia aptitudo ad formam non est nisi in ente reali. Immo nec attribui potest nisi rei existenti, quia cum supponat aptitudinem ad formam, non convenit subjecto ex necessitate sed contingenter, ut supra dicebamus (loquimur enim de privatione proprie et in rigore sumpta); prædicata autem accidentalia et contingentia non conveniunt rebus, nec eis possunt vere attribui, nisi in re existentibus. Quod quidem verum est secundum propositiones de inesse; homo enim non existens non potest vere dici esse cæcus; secus vero erit, si fiat propositio modalis seu de possibili; vere enim dicitur posse esse cæcus; sed tunc non attribuitur illi privatio, sed capacitas privationis, quæ positiva et intrinseca est.

16. At vero negatio non solum veris entibus et existentibus, sed fictis etiam et non existentibus attribui potest, non solum dividendo, sed etiam componendo et affirmando; hæc enim propositio in rigore sermonis vera est,

proposition est fausse : « la chimère est non voyante », c'est précisément parce qu'on ne nie pas simplement la vision, mais qu'on affirme une entité ou un être. Et de la sorte, pour que des prédicats contradictoirement opposés n'aient jamais de milieu, même quand ils sont exprimés sous la modalité d'une affirmation, il faut qu'ils soient pris relativement à un sujet propre qui soit une réalité existante particulière, et on garde ainsi une certaine proportion entre la négation et la privation. Deuxièmement, on répond en niant ce que l'on tient pour acquis. Car, de ces deux propositions, celle qui comporte un prédicat négatif est vraie, même si le sujet n'existe pas, d'autant plus si, comme le disent les dialecticiens, on ne prend pas cette négation selon une modalité infinie mais négative; ce qui est nécessaire afin que l'opposition soit purement négative[1]. Dans le cas contraire, on inclura en partie une affirmation particulière comme on le disait avec exactitude dans la première réponse qui semble avoir de la validité quand on prend cette négation selon une modalité indéfinie.

15. La privation n'appartient qu'aux étants véritables, la négation appartient également aux étants fictifs. – On peut aussi déduire une autre différence entre la privation et la pure négation parce qu'on ne peut attribuer la privation qu'à des étants véritables et réels; en effet, parce que la privation exprime le manque d'une forme dans un sujet apte par nature à, on ne peut l'attribuer qu'à un étant véritable et réel puisque l'aptitude à une forme n'est donnée que dans un étant réel. Bien plus, on peut seulement l'attribuer à une chose existante puisque, étant donné qu'elle suppose l'aptitude à une forme, elle n'appartient pas nécessairement au sujet, mais de manière contingente, comme nous l'avions précédemment affirmé[2]; car nous nous référons à la privation considérée proprement et de manière rigoureuse, et les prédicats accidentels et contingents n'appartiennent pas aux choses et on ne peut les leur attribuer avec vérité, à moins qu'elles existent réellement. Ceci est sans doute vrai eu égard aux propositions d'inhérence, car on ne peut véritablement dire d'un homme qui n'existe pas qu'il est aveugle; or, il n'en sera pas ainsi si une proposition est modale ou possible puisqu'on dit avec vérité qu'il peut être aveugle; mais dans ce cas, on ne lui attribue pas la privation, mais la capacité de privation qui est positive et intrinsèque.

16. Au contraire, non seulement la négation peut être attribuée à des étants véritables et existants, également aux étants fictifs et aux étants non existants, non seulement en divisant, mais aussi en composant et en affirmant; en effet, cette proposition dans sa rigueur d'expression est vraie :

1. Voir Aristote, *De l'interprétation*, c. 2, 16a 30-32; c. 10, 20a 32; *Premiers Analytiques*, I, c. 46, 51b 6.

2. Voir § 11 de cette section.

chymæra est non ens; nam si est ens fictum, ergo est non ens; unde Aristoteles, 4 Metaph., cap. 2, hanc locutionem veram esse dicit, *non ens esse non ens, seu nihil ;* quod si est non ens, etiam est non homo, non equus, et quodlibet aliud simile contentum sub non ente. Ratio autem esse potest, quia, licet hæ habeant formam affirmationum, tamen in sensu et significatione æquivalent negationibus, ita ut licet illa negatio in ordine compositionis postponatur copulæ, tamen in virtute et quoad sensum cadat in illam. Vel aliter dici potest illa copula absolvi a tempore, quia, eo modo quo subjectum concipitur ut ens fictum, prædicatum est de intrinseca ratione subjecti, et ideo potest propositio illa non solum vera esse, sed etiam necessaria. Atque hæc responsio ac differentia sic declarata mihi non displicet; solum adverto, quod dictum est de privationibus, intelligendum esse de veris et realibus privationibus, nam possunt esse etiam aliquae privationes imaginariæ et confictæ in fictis entibus, ut si quis chymæram cæcam fingat, aut imaginarium spatium concipiat tenebrosum, vel quid simile; hujusmodi enim privatio attribui poterit enti ficto in ordine ad copulam abstrahentem seu ampliantem tale esse fictum. Et eodem modo possunt quibusdam entibus fictis attribui negationes aliorum, et uni negationi alia negatio; sic enim concipitur chymæra non esse hyrcocervus, et spatium imaginarium non esse quid successivum.

17. Privatio inter principia rei naturalia cur numeretur, non negatio. – Alia differentia assignari potest inter privationem et negationem, quod privatio numeratur inter principia realis mutationis seu generationis, negatio vero, ut sic, non potest induere hujusmodi rationem principii. Prior pars nota est ex Aristotele, in 1 Phys. et 11 Met., ubi privationem ponit inter principia rei materialis. Posterior autem pars probatur, quia non ex qualibet negatione potest fieri naturalis mutatio. Et ratio utriusque partis est, quia mutatio fieri non potest nisi in subjecto capaci; et ideo carentia, quae in illo

“la chimère est un non-étant”, car si elle est un étant fictif, en conséquence, elle est un non-étant; c’est pourquoi Aristote, au livre IV de la *Métaphysique*, chapitre 2[1], affirme que cette locution est vraie : « le non-étant est un non-étant ou rien », parce que, s’il est non-étant, il est aussi non homme, non cheval, et n’importe quoi de similaire contenu sous le non-étant. Et la raison peut résider dans le fait que, malgré la forme affirmative de ces propositions, néanmoins, par leur sens et leur signification, elles équivalent à des négations, de manière à ce que, même si la négation dans la composition de la phrase est placée après la copule, cependant, au fond, elle s’y rapporte en valeur et en signification. Soit, d’une autre manière, on peut dire que cette copule est déliée du temps, car, de la même manière que le sujet est conçu comme un étant fictif, le prédicat appartient à la raison intrinsèque du sujet, et donc, la proposition peut non seulement être vraie, mais aussi nécessaire. Et cette réponse et cette différence ainsi expliquées, ne me déplaisent pas ; je fait seulement remarquer que ce qui a été dit sur les privations doit être compris des privations vraies et réelles puisqu’il peut y avoir également des privations imaginaires et inventées dans des étants fictifs, comme lorsque quelqu’un invente une chimère aveugle, ou conçoit l’espace imaginaire plein de ténèbres, ou quelque chose de similaire ; car on pourra attribuer une telle privation à un étant fictif[2] en relation à une copule qui fasse abstraction de cet étant ou qui soit ampliative[3]. On peut attribuer une négation à une autre négation ; ainsi par exemple, on conçoit que la chimère n’est pas un bouc-cerf, et que l’espace imaginaire n’est pas quelque chose de successif.

17. Pourquoi parmi les principes naturels d’une chose, compte-t-on la privation et non la négation ? – On peut constater une autre différence entre la privation et la négation : on compte la privation parmi les principes du changement réel ou de la génération, tandis que la négation en tant que telle, ne peut recouvrir cette modalité de la raison du principe. La première partie est évidente pour Aristote au livre I de la *Physique*[4] et au livre XI de la *Métaphysique*[5], où il place la privation parmi les principes de la chose matérielle. Et on prouve la deuxième partie parce que le changement naturel ne peut se faire à partir de n’importe quelle négation. Et la raison des deux parties réside dans le fait que le changement peut seulement avoir lieu dans un sujet capable <de supporter le changement>; et donc, il faut que le

1. Aristote, *Métaphysique*, Γ, 2, 1003b 10-11.

2. Voir dans Suárez, *Opera omnia*, t. XXVII, p. 390, la remarque de C. Berton, “Justification de la révision du texte des anciennes éditions et observations critiques”.

3. Ampliatif, (1548) : qui agrandit, développe et complète ce qui a été dit dans un acte précédent, selon la définition du Robert.

4. Aristote, *Physique*, I, 8, 191b 15.

5. Aristote, *Métaphysique*, K, 3, 1061a 18.

supponitur, oportet ut habeat rationem privationis, cum sit negatio in subjecto apto nato; ergo quæ fuerit pura negatio, et non induerit rationem privationis, non potest esse principium mutationis; non est autem hoc loco a nobis explicandum quomodo privatio induat rationem principi; id enim proprie spectat ad 1 librum Phys., et pro hujus materiæ opportunitate tactum sufficienter est supra, disp. XII, sect. 1. Est enim principium non proprie influens, sed terminus per se necessarius, a quo fit mutatio. Hinc autem recte confirmatur quod supra cum Cajetano et aliis diximus, privationem secundum se spectatam, licet non sit ens reale, non esse quid confictum per rationem, sed talem carentiam, quæ suo modo in rebus ipsis reperitur; nam seclusa omni rationis fictione potest naturalis mutatio habere sua principia necessaria, quorum unum est privatio.

18. Dices : etiam negatio hoc modo secundum se sumpta convenit rebus absque fictione intellectus, scilicet removendo, ut superius etiam diximus. Respondetur negationem non propter defectum hujus conditionis non posse esse principium mutationis naturalis, sed quia ex se non requirit subjectum capax oppositæ formæ, quod necessarium est ad naturalem mutationem. Unde dici ulterius potest quod, licet sola negatio non possit esse sufficiens principium mutationis, aliqua tamen negatio possit esse in suo genere, et in ratione termini a quo, sufficiens principium alicujus actionis seu productionis. Sic enim dicitur creatio fieri ex nihilo, sicut generatio ex privatione; nihil autem meram negationem dicit. Addi tamen potest rationem principii non tam proprie attribui ipsi nihilo respectu creationis, sicut privationi respectu generationis, quia privatio saltem ex parta subjecti connotat vel includit aliquid rei positivæ, quod videtur necessarium ad propriam rationem principii. Sed de hoc alias.

manque qui est supposé en lui, ait la raison d'une privation puisqu'il s'agit de la négation dans un sujet apte par nature ; donc, s'il s'agit d'une pure négation qui ne revêt pas le caractère de privation, elle ne peut être le principe du changement ; et nous n'avons pas à expliquer ici de quelle manière la privation revêt le caractère de principe ; en effet, ceci appartient proprement au livre I de la *Physique*, et selon les opportunités de cette matière, cela a déjà été suffisamment démontré, dispute XII, section 1[1]. Il s'agit, en effet, d'un principe qui proprement n'a pas d'influence, mais qui est un terme nécessaire par soi, à partir duquel s'opère le changement. Ce que nous avons déjà dit[2] avec Cajetan et d'autres, est effectivement confirmé, à savoir, la privation, considérée en elle-même, bien qu'elle ne soit pas un étant réel, n'est pas quelque chose forgé par la raison, mais un manque d'une nature telle que, à sa manière, il se trouve dans les choses elles-mêmes ; car, en marge de toute invention de la raison, la mutation naturelle peut avoir ses principes nécessaires propres dont l'un est la privation.

18. On objectera que de cette manière également, la négation considérée en elle-même, convient aux choses sans invention de l'intellect, c'est-à-dire, en mettant à l'écart, comme nous l'avons déjà dit[3]. On répond que la négation ne peut être un principe du changement naturel, non à cause du défaut de cette condition mais parce d'elle-même, elle n'exige pas un sujet capable de la forme opposée, ce qui est nécessaire au changement naturel. C'est pourquoi on peut affirmer de plus que, même si la pure négation ne peut être un principe suffisant de changement, néanmoins, une négation particulière dans son genre et dans la raison du *terminus a quo* peut être le principe suffisant d'une action ou production particulière. En effet, c'est ainsi que l'on dit que la création s'effectue à partir du néant, de la même manière que la génération s'effectue à partir de la privation, et le néant exprime une pure négation. Cependant, il faut ajouter qu'on n'attribue pas la raison du principe avec autant de propriété au néant eu égard à la création, qu'à la privation eu égard à la génération, parce que la privation, du moins relativement au sujet, connote ou implique quelque chose de la réalité positive qui semble nécessaire à la raison propre du principe. On en a parlé ailleurs[4].

1. La dispute XII, section 1, examine la question de l'identité absolue entre la cause et le principe.

2. Voir section 3, § 3.

3. Voir section 5, § 2.

4. Voir *D.M.* XII, sec. 1. En ce qui concerne la privation comme principe de la génération naturelle, voir *ibid.*, § 6.

A privatione ad habitum an sit regressus

19. Occurrebat vero statim hoc loco explicandum commune illud axioma : *A privatione ad habitum non est regressus,* quod sumptum est ex Aristotele, 2 de Gener., et 8 Metaph., c. 5, ubi breviter declaravimus illud esse verum respectu ejusdem numero formæ, non vero respectu ejusdem in specie, nisi quoad immediatum regressum, idque non in omnibus formis, sed in quibusdam, quæ natura sua certum ordinem inter se determinant. Ibi autem locuti fuimus cum Aristotele de forma, quæ per propriam actionem seu generationem induci potest, et de privatione illi opposita; sunt autem quædam formæ accidentales, quæ ex necessitate naturali dimanant ab aliquo intrinseco principio, et aliter fieri non possunt; et in his si contingat privationem fieri, non potest naturaliter fieri regressus ad habitum, neque eumdem numero, neque in specie. Et hujusmodi videtur esse cæcitas aut surditas, quæ propterea naturaliter tolli non possunt, quia nullum est in natura intrinsecum principium, quod possit organum talis facultatis ad eam dispositionem restituere, ob cujus defectum etiam ipsam facultatem amisit. Sed hæc jam excedunt tractationem entium rationis, de quibus in hac disputatione agimus, et ideo hæc sufficiat dixisse de privatione et negatione sub priori consideratione.

Comparantur privatio et negatio ut entia rationis sunt

20. Privatio cum qualitate maximam habet proportionem. – Secundo modo agere possumus de illis formaliter quatenus entia rationis sunt, et sic etiam conveniunt in his omnibus quæ communia sunt enti rationis ut sic, vel enti rationis absoluto (ut sic dicam), id est, ut condistinguitur ab ente rationis, quod est relatio, quod satis patet ex dictis in superioribus sectionibus.

À PARTIR DE LA PRIVATION, Y A-T-IL RETOUR À L'HABITUS ?

19. Il semblait ici opportun d'expliquer tout de suite l'axiome commun : « À partir de la privation il n'y a pas de retour à l'*habitus* », tiré d'Aristote, *De la génération et de la corruption*, II[1], et livre VIII de la *Métaphysique*, chapitre 5[2], passages dans lesquels nous expliquions brièvement[3] que cela est vrai concernant une forme qui est numériquement la même, mais non une forme qui est la même spécifiquement, à moins qu'il ne s'agisse d'un retour immédiat, et cela non dans toutes les formes, mais dans certaines qui ont par leur nature un ordre déterminé entre elles. Et nous dialoguons là avec Aristote sur la forme qui peut être induite par une action propre ou par une génération, ainsi que sur la privation qui lui est opposée ; mais il y a des formes accidentelles qui découlent d'un certain principe intrinsèque par nécessité naturelle et qui ne peuvent être produites autrement ; et chez ces dernières, si la privation est produite, il ne peut y avoir naturellement retour à l'*habitus*, ni numériquement, ni spécifiquement. Et c'est le cas, semble-t-il, de la cécité et de la surdité qui, pour la même raison, ne peuvent être naturellement évitées parce qu'elles ne comprennent aucun principe intrinsèque pouvant restituer l'organe de cette faculté à cette disposition, et c'est par ce manque qu'elle a également perdu la faculté elle-même. Or, ceci dépasse les limites de l'étude des êtres de raison dont nous traitons dans cette dispute et, par conséquent, il est suffisant d'avoir évoqué la privation et la négation selon le premier aspect[4].

COMPARAISON DE LA PRIVATION ET DE LA NÉGATION EN TANT QUE CE SONT DES ÊTRES DE RAISON

20. LA PRIVATION CONSERVE UNE GRANDE PROPORTION AVEC LA QUALITÉ. – Selon la deuxième modalité, nous pouvons les étudier formellement en tant qu'elles constituent des êtres de raison[5], et en ce sens, elles appartiennent également à toutes ces choses qui sont communes à l'être de raison en tant que tel, ou à l'être de raison absolu – pour ainsi dire – c'est-à-dire, en tant qu'il se distingue de l'être de raison qui consiste dans la relation, ce qui est assez clair en fonction de ce qui a été dit dans les sections

1. Aristote, *De la génération et de la corruption*, II, 11, 338b 9.

2. Aristote, *Métaphysique*, H, 5, 1045a 3.

3. Suárez, *Index détaillé de la métaphysique d'Aristote* (In : J.-P. Coujou, *Suárez et la refondation de la métaphysique comme ontologie*, éd. Peeters, Louvain, 1999), livre V, q. 2.

4. Voir cette section, § 1.

5. Voir cette section, § 2-19.

Unde utrique commune esse videtur, ut fingatur aut cogitetur per modum cujusdam qualitatis afficientis subjectum quod denominat, quanquam non æqualiter seu eodem modo. Nam de privatione videtur id in universum verum : ut, verbi gratia, cæcitas apprehenditur tanquam dispositio quædam talis organi, et tenebræ ut dispositio aeris. Quidquid enim apprehenditur per modum positivi entis, oportet ut concipiatur per analogiam vel proportionem ad ens alicujus praedicamenti realis ; apprehensio autem privationis respectu rei quam denominat, cum nullo alio genere habet tantam analogiam, quantam cum qualitate.

21. Objectioni respondetur. – Dices, id esse verum, quando forma cui opponitur privatio, est qualitas, secus vero esse, si sit res alterius prædicamenti. Respondeo negando assumptum. Quod ostendo breviter discurrendo per alia prædicamenta. Privatio enim formæ substantialis non apprehenditur in materia ad modum substantialis formæ, sed per modum dispositionis accidentalis, quæ potest inesse et abesse, et ita etiam illa qualitatem imitatur. Quantitas vero non est naturaliter separabilis, et ideo non datur naturaliter privatio quantitatis ; si tamen ponamus de potentia absoluta materialem substantiam privatam quantitate, non apprehendemus illam privationem per modum quantitatis, sed potius per modum cujusdam immaterialis et simplicis dispositionis. Et ratio differentiae inter quantitatem et qualitatem esse videtur, quia quantitas nunquam habet aliam quantitatem sibi contrariam, et ideo carentia quantitatis non apprehenditur per modum quantitatis oppositæ, sed ut dispositio quædam alterius rationis, et ut habens effectum formalem longe alterius rationis a toto genere quantitatis. At vero una qualitas habere potest aliam sibi contrariam, et inde fit ut, quando qualitas non habet contrarium, privatio ejus apprehendi possit per modum qualitatis oppositæ, et ut habens effectum formalem oppositum effectui contrariae qualitatis, non tamen extra latitudinem seu proportionem totius generis qualitatis. Et eadem fere ratione dicebam supra,

précédentes[1]. C'est pourquoi il semble commun aux deux d'être inventées ou pensées à la manière d'une qualité particulière qui affecte le sujet qu'elle désigne bien que cela ne soit pas fait de manière égale ou selon la même manière. Car, concernant la privation, ceci semble vrai selon un sens général : ainsi, par exemple, la cécité est appréhendée comme une certaine disposition d'un organe déterminé et les ténèbres comme une disposition de l'air. En effet, tout ce que l'on appréhende selon le mode d'un étant positif, doit être conçu par analogie ou en proportion à l'étant d'un prédicat réel[2] ; et l'appréhension de la privation eu égard à la chose désignée ne conserve avec aucun autre genre le même degré d'analogie qu'avec la qualité.

21. Réponse à une objection. – On objectera que ceci est vrai quand la forme à laquelle la privation est opposée constitue une qualité, mais ce n'est pas le cas s'il s'agit d'une chose d'une autre catégorie. Je réponds en niant cette supposition. Et je le démontre brièvement en discourant sur les autres catégories[3]. En effet, la privation de forme substantielle n'est pas appréhendée dans la matière à la manière d'une forme substantielle, mais à la manière d'une disposition accidentelle qui peut être présente ou absente, et de cette manière, elle imite également la qualité. La quantité n'est pas naturellement séparable, et c'est pourquoi il n'y a pas naturellement de privation de quantité ; et bien que nous supposions comme puissance absolue[4] une substance matérielle privée de quantité, nous n'appréhenderons pas cette privation à la manière de la quantité, mais plutôt à la manière d'une certaine disposition immatérielle et simple. Et la raison de la différence entre la quantité et la qualité semble consister dans le fait que la quantité n'a jamais une autre quantité qui lui soit contraire[5], et donc, on n'appréhende pas le manque de quantité à la manière d'une quantité opposée, mais comme une disposition de nature distincte et en tant qu'elle possède un effet formel de nature très distinct de la totalité du genre de la quantité. Par contre, une qualité peut en avoir une autre qui lui soit contraire, d'où il ressort que lorsqu'une qualité n'a pas de contraire, sa privation peut être appréhendée à la manière d'une qualité opposée et comme ayant un effet formel opposé à l'effet de la qualité contraire, bien qu'elle ne soit pas en dehors du domaine ou de la proportion de la totalité du genre de la qualité. Et à vrai dire pour le même motif, je disais déjà[6] que

1. Voir section 3, § 8 et 9 ; section 4, § 10.
2. Voir Carlo Giacon, S.J., *Il devenire in Aristotele* (Padova, 1947), p. 56.
3. On est ici renvoyé aux catégories des êtres de raison négatifs.
4. Il s'agit de la puissance absolue de Dieu, *D.M.* XXX, sec. 17, § 32-36.
5. Voir Aristote, *Catégories*, 6, 5b 11 – 6a 18 ; Suárez, *D.M.* XLI, sec. 5, § 2.
6. Voir section 3, § 7.

privationem relationis ut sic non concipi per modum relationis, quia per talem privationem destruitur proportio et similitudo ad veram relationem, quia negatur ordo ad aliud. Non nego tamen cum privatione unius relationis intelligi posse aliam positive oppositam vel diversam, interdum realem, interdum rationis; ut dum quis privatur relatione similitudinis potest oriri relatio realis dissimilitudinis; et in eo qui privatur relatione filiationis per mortem patris, concipi potest relatio rationis ad generans quod jam præteriit, sed non est conceptio privationis ut sic, sed alterius formae.

22. Idem facile intelligi potest in ultimis prædicamentis, quatenus in eis aliquis modus privationis inveniri potest. Nam in actione ut sic non videtur esse proprie privatio, eo quod actio non respiciat agens ut subjectum, sed ut principium, et ideo carentia actionis respectu agentis non est proprie negatio in subjecto apto nato, et ideo non est proprie privatio; tamen qualiscumque negatio aut privatio sit, non concipitur ad modum actionis, quia non concipitur ut fluens ab agente. Et similiter passio (et idem est de mutatione et motu), quamvis respectu illius detur proprie privatio, tamen non concipitur per modum passionis, quia non concipitur ut aliquid in fieri, sed in facto esse ac quieto, atque ita quies, quæ est privatio motus, non apprehenditur per modum passionis, sed quasi dispositionis cujusdam quiete permanentis. In duratione vero nunquam intercedit propria ac pura privatio, quia non potest omnino tolli duratio, nisi destruatur subjectum ejus. Neque *Ubi* (ut opinor) tollitur per privationem puram, sed per oppositum *Ubi,* et eadem ratio est de situ in rebus quæ sunt capaces illius, et ideo in his prædicamentis non confinguntur hujusmodi

la privation de la relation en tant que telle n'est pas conçue à la manière d'une relation parce que par l'intermédiaire d'une telle privation, on détruit la proportion et la similitude avec la véritable relation puisque l'ordre par rapport à autre chose est nié. Néanmoins, je ne refuse pas qu'avec la privation d'une relation, on puisse en concevoir une autre opposée ou différente, parfois réelle, parfois de raison ; par exemple, lorsqu'on est privé de la relation de ressemblance, une relation de différence réelle peut apparaître ; et chez celui qui est privé de la relation de filiation par la mort du père, on peut concevoir une relation de raison avec celui qui engendre qui est déjà révolue, or, il ne s'agit pas d'une conception de la privation en tant que telle, mais d'une autre forme [1].

22. On peut aisément comprendre tout ceci dans les catégories restantes en tant qu'il est possible de leur attribuer un mode de privation particulier. Car dans l'action en tant que telle, il ne semble pas y avoir proprement de privation puisque l'action ne considère pas l'agent comme sujet mais comme principe [2], et donc, le manque d'action concernant l'agent n'est pas proprement une négation dans un sujet naturellement apte à, c'est pourquoi ce n'est pas proprement une privation ; cependant, quel que soit le type de négation ou de privation, elle n'est pas conçue à la manière d'une action, car elle n'est pas conçue en tant qu'elle découle de l'agent. Et il en est de même pour la passion – et pour le changement et le mouvement – bien que, en ce qui la concerne, il y ait proprement privation ; néanmoins, elle n'est pas conçue à la manière d'une passion puisqu'on ne la conçoit pas comme quelque chose qui devient, mais comme quelque chose en existence et en repos, et de cette manière, le repos qui est la privation de mouvement n'est pas appréhendé selon la modalité d'une passion, mais d'une espèce de disposition de ce qui reste en repos. En ce qui concerne la durée, une privation propre et simple n'a jamais lieu parce qu'on ne doit pas supprimer totalement la durée, à moins de détruire son sujet [3]. Et, à mon avis, on ne supprime pas non plus le « lieu » par une pure privation, mais par un « lieu » opposé, et le même argument vaut pour le lieu dans les choses qui en sont capables, sans inventer, par là même dans ces catégories ce type de

1. *Ibid.*

2. Cette action n'est pas inhérente dans un agent comme dans un sujet *D.M.* XLVIII, sec. 4, § 15. Cette action se rapporte à l'agent comme à un principe : *D.M.* XLVIII, sec. 1, § 17.

3. Cette durée ne peut être supprimée tant que son sujet est détruit, puisqu'elle n'est rien de plus que la permanence de quelque chose dans l'étant. Voir *D.M.* L, sec. 1, § 7 où Suárez se demande si la durée est quelque chose de réellement distinct de l'être de la chose qui perdure.

privationes, quæ sunt entia rationis; et si aliquo modo concipiuntur positive, est solum concipiendo aliquas relationes, ut absentiam vel distantiam loci aut temporis. Denique respectu habitus concipitur quædam privatio, quia homo non est proprie subjectum vestis, et eo modo quo habere potest rationem privationis, non concipitur ad instar habitus, quia nec concipitur per modum adjacentis sed quasi inhærentis potius, nec effectus ejus concipitur ut proportionem habens cum effectu habitus, sed potius ut omnino extra totam latitudinem ejus. Itaque recte dictum videtur, privationem in universum, si vera et propria sit, apprehendi seu cogitari per modum qualitatis.

23. Negatio cum quo vero genere entis habeat proportionem. – At vero in negatione non videtur ea generalis regula in universum vera, sed distinctione opus est; nam, aut negatio concipitur ut affectio alicujus subjecti, quod caret tali natura vel forma, et tunc eadem fere videtur ratio de negatione quæ de privatione, et facile applicari possunt omnia dicta. Habet tamen ulterius negatio, ut apprehendi possit extra omne subjectum, quod tamen privationi repugnat, cum intrinsece dicat negationem in subjecto apto nato; et hujusmodi negatio non semper apprehenditur per modum qualitatis, sed etiam ad instar aliorum prædicamentorum. Diximus enim supra, entia impossibilia, quæ ad modum substantiarum finguntur, sub negatione comprehendi. Item spatium imaginarium, quod per modum dimensionum concipimus, revera non est propria privatio, sed negatio quædam, quia nullum subjectum aut capacitas realis illi supponitur; pertinet ergo etiam ad negationem. Et idem est de tempore seu successione imaginaria, quæ extra omne subjectum fingitur.

24. Privatio semper concipitur ut inexistens; secus negatio. – Ex quo ulterius colligere licet discrimen inter negationem et privationem, nam privatio semper concipitur ut quid adhærens vel adjunctum alicui subjecto, ut explicatum est; negatio vero non semper, nam ipsum nihil est quædam

privations qui sont des êtres de raison[1]; et si en quelque sorte on les conçoit positivement, on le fait seulement en concevant certaines relations, comme l'absence ou la distance de lieu ou de temps. Finalement, eu égard à l'*habitus*, on conçoit une certaine privation puisque l'homme n'est pas proprement sujet du vêtement et dans le sens où il peut avoir le caractère d'une privation, on ne le conçoit pas à la manière d'un *habitus* puisqu'on ne le conçoit pas à la manière d'un adjacent[2], mais plutôt comme quelque chose de quasi inhérent, et on ne conçoit pas son effet comme analogue avec l'effet de l'*habitus*, mais plutôt comme absolument hors de son domaine. Donc, on semble légitimement affirmer que la privation en général si elle est vraie et adéquate, est appréhendée ou pensée à la manière de la qualité.

23. AVEC QUEL VÉRITABLE GENRE D'ÉTANT LA NÉGATION GARDE-T-ELLE UNE PROPORTION ? – Inversement, cette règle générale ne semble pas universellement vraie dans la négation, mais il faut opérer des distinctions : car, d'une part on conçoit la négation comme l'affection d'un sujet particulier qui est dépourvu d'une telle nature ou forme, et dans ce cas, l'argument en faveur de la négation semble à vrai dire le même que pour la privation, tout ce qui a été dit <à propos de la privation> étant facilement applicable <à la négation>. Or, la négation possède d'autre part le pouvoir d'être appréhendée en dehors de tout sujet, ce qui est aussi en contradiction avec la privation parce qu'elle exprime intrinsèquement la négation dans un sujet naturellement apte à; et cette sorte de négation n'est pas toujours appréhendée à la manière de la qualité, mais également à la manière d'autres prédicats. En effet, nous avons déjà dit[3] que les étants impossibles que l'on forge à la manière des substances, sont compris sous la négation. De la même façon, l'espace imaginaire que nous concevons à la manière des dimensions, n'est pas en réalité une privation propre, mais une négation puisqu'on ne suppose pour cela aucun sujet ou capacité réelle; donc, il appartient également à la négation. Et il en est de même avec le temps ou la succession imaginaire puisqu'on le forge extérieurement à tout sujet.

24. LA PRIVATION EST TOUJOURS CONÇUE COMME INEXISTANTE ; IL N'EN EST PAS AINSI AVEC LA NÉGATION. – À partir de là, on peut en déduire ultérieurement une différence entre la négation et la privation puisque la privation est toujours conçue comme quelque chose d'adhérent ou d'uni à un sujet, comme on l'a expliqué[4]; au contraire, ce n'est pas toujours le cas de la

1. Il s'agit dans les paragraphes 21 et 22 de la privation comme être de raison, et non de la privation comme existant dans les choses elles-mêmes.

2. Au sens de ce qui est situé auprès de, contigu.

3. Voir section 4, § 10.

4. Voir § 7 de cette section.

negatio, quæ nulli rei adhærere intelligitur, et idem constat ex aliis exemplis supra adductis.

25. Inter negatione et privatione quanta diversitas. – Unde etiam conjectare possumus, quando inter hæc duo membra sit, nostro concipiendi modo, essentialis diversitas, quando vero tantum accidentalis seu materialis. Negatio enim, quæ concipitur quasi per se, et extra subjectum ex ratione sua, formaliter differt a privatione, et consequenter etiam ab illa negatione, quæ ex se concipitur ut adhærens alicui, et illud denominans, quia apprehenduntur sub diversis rationibus entis, quales sunt esse per modum existentis per se, aut in se, vel in alio. At vero privatio, et negatio illa, quæ per modum existentis in alio concipitur, non necessario differunt essentialiter, sed juxta diversitatem formarum quibus opponuntur; quomodo etiam negationes inter se et privationes inter se distinguuntur, ut notavit D. Thomas, I, 2, quæstione septuagesima prima, art. 6, ad 1. Quanquam enim hoc præcipue verum sit de negationibus et privationibus fundamentaliter, tamen inde etiam verum habet formaliter in his quatenus entia rationis sunt; cæcitas enim et surditas, etiam quatenus apprehenduntur per modum entium, ut diversa apprehenduntur, et idem est proportionaliter in negationibus inter se collatis. Unde a fortiori, si privatio et negatio opponantur formis essentialiter diversis, etiam ipsæ in suo ordine habebunt similem vel proportionalem diversitatem, non quia privatio et negatio sunt, sed quia talium formarum sunt.

26. Quando vero privatio et negatio sunt ejusdem formæ comparatione diversorum subjectorum, ut negatio visus respectu hominis et angeli, tunc quidem in ratione entis rationis non videntur essentialiter differre, sed tantum denominatione aut relatione sumpta ex ordine ad diversa subjecta. Patet, quia in formis realibus et positivis comparatio ad diversa subjecta

négation puisque le néant lui-même est une négation qu'on ne conçoit pas comme adhérente à quelque chose, et on le met également en évidence à partir d'autres exemples déjà cités [1].

25. QUEL DEGRÉ DE DIVERSITÉ Y A-T-IL ENTRE LA NÉGATION ET LA PRIVATION ? – À partir de là, nous pouvons également conjecturer à quel moment selon notre manière de concevoir [2], il y a entre deux membres une différence essentielle, et à quel moment elle est seulement accidentelle ou matérielle. En effet, la négation que l'on conçoit comme par soi et en dehors du sujet par sa raison, est différenciée formellement de la privation, et par conséquent également de cette négation que l'on conçoit en elle-même comme adhérente à une chose et la désignant [3], parce qu'elles sont comprises sous diverses raisons de l'étant qui sont l'être à la manière de l'existence par soi ou en soi, ou bien en autre chose [4]. Au contraire, la privation et cette négation conçue à la manière de l'existence en autre chose, ne diffèrent pas nécessairement de manière essentielle, mais en accord avec la diversité des formes auxquelles elles s'opposent ; et ainsi on distingue également les négations entre elles et les privations entre elles, comme l'a fait Thomas d'Aquin, I, II, q. 71, a. 6, ad 1 [5]. Car, bien que ceci soit vrai, principalement eu égard aux négations, et que cela le soit fondamentalement [6] eu égard aux privations, cependant, cela est également vrai formellement en elles, en tant que ce sont des êtres de raison ; car la cécité et la surdité, même en tant qu'elles sont appréhendées à la manière des étants, le sont en tant que différentes, et c'est proportionnellement la même chose pour les négations comparées entre elles. C'est pourquoi, *a fortiori*, si la privation et la négation s'opposent dans des formes essentiellement différentes, elles auront aussi dans leur ordre une diversité semblable ou proportionnelle, non parce qu'elles sont privation et négation, mais parce qu'elles sont telles relativement à ces formes déterminées.

26. Or, quand elles sont privation et négation d'une même forme concernant des sujets divers comme la négation de la vue eu égard à l'homme et à l'ange, alors, de toute évidence, elles ne semblent pas se différencier essentiellement dans la raison de l'être de raison, mais seulement dans la dénomination ou la relation à partir de l'ordre de divers sujets. Cela est clair parce que dans les formes réelles ou positives, la comparaison avec des sujets

1. Voir § 23.

2. Cela signifie que la négation et la privation proviennent d'une élaboration de l'intellect et non des choses elles-mêmes.

3. Voir cette section, § 4.

4. C'est-à-dire selon la modalité de la substance ou selon la modalité de l'accident.

5. Thomas d'Aquin, *Summa Theologiae*, I-II, q. 72, a. 9, ad 1, éd. Léonine, VII (1892), p. 23.

6. C'est-à-dire en tant qu'elles se trouvent dans les choses elles-mêmes.

non causat diversitatem essentialem in forma, sed solum diversas denominationes aut relationes, si alioqui entitas formæ secundum se considerata habet idem principium constitutivum; ut albedo in nive et in corvo ejusdem speciei erit, etiamsi in illa sit connaturalis proprietas, in hoc vero violenta et præternaturalis, si ei inesset; et idem motus deorsum, terræ est naturalis, aeri violentus, et tamen non propterea in genere entis in specie differunt. Ita ergo carentia visus in se ejusdem rationis est, quia idem habet semper principium specificans, et sub eadem ratione entis apprehenditur, quamvis, comparata ad angelum, ob ejus incapacitatem retineat solam rationem negationis, comparata ad hominem denominetur privatio. Et ideo sub ratione mali etiam differant, quia illa carentia homini est mala, non angelo, et similiter potest denominari violenta homini, angelo vero connaturalis. Hoc autem intelligendum est de carentia illa secundum se considerata; nam si de illa loquamur veluti in sensu composito, ut denominata privatio, aut pura negatio, sic includit diversos respectus rationis ad diversa subjecta, qui sunt essentiales formis denominatis, ut sunt sub talibus denominationibus.

27. Denique (ut supra dicebam) hic loquimur de negatione prout concipitur per modum incomplexæ formæ; nam si de complexis negationibus sit sermo, sic potest intelligi diversitas essentialis inter carentiam respectu diversorum subjectorum, ad quæ ut negatio vel privatio comparantur. Hæc enim negatio, angelus non habet visum, aut hæc affirmatio, angelus est non videns, longe diversæ sunt ab his, homo est cæcus aut caret visu; nam illæ sunt necessariæ propositiones, hæ vero

divers ne cause pas de diversité essentielle dans la forme, mais seulement diverses dénominations ou relations si, d'autre part, l'entité de la forme considérée en soi a le même principe constitutif[1] ; par exemple, la blancheur de la neige et du corbeau sera de la même espèce bien que chez la première ce sera une propriété connaturelle, tandis que chez ce dernier, elle sera non naturelle et contre nature, si elle existait en lui. Et un même mouvement vers le bas est naturel pour la terre et non naturel pour l'air, et cependant, ils ne sont pas en cela différenciés spécifiquement dans le genre de l'étant. Ainsi donc, l'absence de vision en soi est de même nature puisqu'elle a toujours le même principe spécifique et qu'elle est appréhendée sous la même raison de l'étant, bien que, en comparaison à l'ange, à cause de son incapacité, elle retienne la seule raison de la négation, tandis qu'en comparaison à l'homme, on la dénomme privation. Et c'est pourquoi on les différencie également sous la raison du mal parce que ce manque est mauvais pour l'homme, mais non pour l'ange et, également, on peut l'appeler forcé[2] pour l'homme et connaturel[3] pour l'ange. Or, il faut le comprendre à propos du manque considéré en soi, car si nous nous y référons en l'examinant selon un sens composé[4] qu'on l'appelle privation ou pure négation, dans un tel cas, il inclut diverses relations de raison avec des sujets divers, qui sont essentielles aux formes désignées[5] en tant qu'elles résident sous de telles dénominations.

27. En fin de compte, ainsi que je le disais[6], nous parlons ici de la négation en tant qu'elle est comprise selon le mode d'une forme incomplexe[7] ; car si nous nous référons aux négations complexes, alors on peut concevoir une diversité essentielle dans les manques relatifs aux sujets divers avec lesquels ils sont comparés comme négation ou comme privation. En effet, cette négation « l'ange n'a pas de vision » ou cette affirmation « l'ange est non voyant » sont très différentes de « l'homme est aveugle » ou « est dépourvu de vision »[8], puisque les premières sont des propositions nécessaires, tandis que

1. C'est-à-dire la même causalité formelle.

2. Au sens de non naturel.

3. Connaturel désigne ce qui accompagne une nature quelconque sans aller à son encontre.

4. Concernant le *sensus compositus* et le *sensus divisus*, voir Fonseca, *Institutionum…*, VIII, cc. 6 et 7, éd. Ferreira Gomes, p. 636-646.

5. Suárez emploie ici le terme de « formes » de manière métaphorique pour se référer aux privations ou aux négations pures. Voir § 27.

6. Voir § 12 de cette section ; également, § 15 de cette section.

7. Incomplexe s'applique aux termes, aux propositions et aux syllogismes qui ne sont pas complexes. Ainsi, un syllogisme est dit complexe, si l'un des termes au moins de la conclusion étant complexe, les éléments composant ce terme sont dissociés dans les prémisses. Une notion est dite complexe si le mot principal qui la constitue est assorti d'une explication ou d'une détermination. (Ex. : l'homme est un animal raisonnable.)

8. Suárez évoque ici des jugements ou des propositions négatives.

contingentes : unde essentialem diversitatem habent. Neque id mirum est, quia respectu complexionis ipsa extrema intrinsece comparantur tanquam illam componentia, et ideo variato altero extremo variatur compositio et habitudo complexionis ; secus vero est in ipsa simplici forma secundum se spectata ; illa enim intrinsece non includit hoc vel illud subjectum, sed habitudinem ad subjectum quasi adæquatum.

ces dernières sont contingentes : telle est l'origine de leur diversité essentielle. Et ceci n'est pas étonnant puisque eu égard à la complexité, on compare les extrêmes eux-mêmes, intrinsèquement en tant qu'ils la composent, et donc, lorsque l'un des extrêmes varie, la composition et la relation au complexe varient. Au contraire, il n'en est pas ainsi dans une forme elle-même simple, considérée en soi, étant donné qu'elle n'implique pas intrinsèquement tel ou tel sujet, mais la référence à un sujet à vrai dire adéquat.

SECTIO VI

QUID AD RELATIONEM RATIONIS NECESSARIUM SIT, ET QUOT MODIS FINGI AUT EXCOGITARI POSSIT

1. DESCRIPTIO RELATIONIS RATIONIS. – Cum relatio rationis ab absolutis omnibus distinguatur per communem vel quasi communem rationem relationis, a relationibus autem realibus, ex eo quod vera et realis relatio non est, in genere definiri potest per negationem realis respectus, ita ut relatio rationis sit omnis relatio, quæ realis non est. Quia vero illa negatio non potest intelligi conjuncta cum eo, quod relatio dicit per modum positivi, nisi media fictione aut cogitatione intellectus, ideo relatio rationis in communi positive definiri potest, esse relationem, quam intellectus fingit per modum formæ ordinatæ ad aliud, seu referentis unum ad aliud, quod in re ipsa ordinatum aut relatum non est.

QUAE SINT AD RELATIONEM RATIONIS NECESSARIA

2. Quocirca, cum relatio rationis deficiat a veritate relationis realis, et sit quædam umbra illius, duo videntur ad illam requiri : unum est, ut in ea non concurrant omnia, quæ solent esse necessaria ad relationem realem, qualia sunt subjectum capax, fundamentum reale cum debita ratione fundandi, et realis terminus actu existens cum sufficienti fundamento reali seu ex natura rei, de quibus superius late dictum est. Hæc ergo omnia simul sumpta non possunt communia esse ad relationem rationis, alioqui

SECTION VI

QU'EST-CE QUI EST NÉCESSAIRE À LA RELATION DE RAISON, ET SELON COMBIEN DE MODALITÉS EST-IL POSSIBLE DE L'IMAGINER OU DE LA CONCEVOIR ?

1. DESCRIPTION DE LA RELATION DE RAISON. – Puisqu'on distingue la relation de raison de toutes les choses absolues par la raison, ou à vrai dire par la raison commune de la relation, alors qu'on la distingue des relations réelles parce qu'elle n'est pas une relation véritable et réelle, on peut la définir en général par la négation de la référence réelle, de telle sorte que la relation de raison est toute relation qui n'est pas réelle. Or, puisqu'on ne peut concevoir cette négation unie à ce que la relation exprime de manière positive, si ce n'est au moyen d'une fiction ou d'une pensée de l'intellect, c'est pourquoi on peut définir positivement la relation de raison comme la relation inventée par l'intellect à la manière d'une forme ordonnée à autre chose, ou mettant en relation une chose avec une autre qui, dans la réalité elle-même, n'est pas ordonnée ou référée.

QU'EST-CE QUI EST NÉCESSAIRE À LA RELATION DE RAISON ?

2. C'est pourquoi la relation de raison s'écarte de la vérité de la relation réelle et elle en est une ombre; il semble que pour cette dernière on ait besoin de deux éléments : l'un, c'est que toutes les choses qui d'habitude sont nécessaires à une relation réelle n'y concourent pas, comme c'est le cas pour un sujet apte à, un fondement réel avec la raison de fonder qui est requise[1], et un terme réel existant en acte avec un fondement réel suffisant, ou à partir de la nature de la chose; nous avons longuement abordé ces points antérieurement[2]. Toutes ces choses, donc, considérées simultanément, ne peuvent être communes à la relation de raison puisque dans le cas

1. Voir *D.M.* XLVII, sec. 7, § 10-14.

2. Voir Suárez, D.M. XLVII, sec. 6-9.

in nullo posset distingui talis relalio a relatione reali. Aliud est, ut aliquid eorum, quæ ad relationem realem concurrunt, fundet aliquo modo, saltem remote, relationem rationis, vel potius cogitationem et modum concipiendi, quo relatio rationis confingitur, supplente ipso intellectu id quod in re deest ad verum respectum. Dico autem necessarium esse aliquid in rebus, quod saltem remote fundet, vel occasionem præbeat huic relationi, quia, ut sæpe dixi, agimus de entibus rationis, quæ aliquo modo conferunt ad cognitionem entium realium, quæ semper habent in re aliquod fundamentum. Si autem velimus omnes omnino relationes rationis comprehendere, addere possumus, relationem rationis esse, cui deest aliqua conditio necessaria ad relationem realem, vel cui desunt omnes, ab intellectu autem fingitur vel cogitatur aliquid illis proportionale.

Prima divisio relationis rationis

3. Hæc ergo dici potest prima divisio relationis rationis, in eam quæ omnino est conficta per intellectum absque ullo fundamento ex parte rei, et in eam quæ in re habet aliquod fundamentum, licet non sufficiens ; nomine autem fundamenti nunc intelligo omnes conditiones ad relationem realem necessarias. In priori membro continentur omnes relationes rationis, quæ inter alia entia rationis cogitantur, præsertim si talia entia rationis sint mere conficta, ut est relatio similitudinis inter duas chymaeras, vel dissimilitudinis inter chymæram et hircocervum, et similes. Huc etiam pertinere possunt relationes rationis inter duas privationes, quo modo unus locus tenebrosus dicitur similis alteri, et in spatio imaginario concipitur relatio distantiæ, et in successione imaginaria relatio prioris et posterioris. Quanquam hæ relationes fundatæ in privationibus vel negationibus rerum, aliquod majus in rebus ipsis habeant fundamentum saltem remotum. Tertio, possunt ad hoc membrum reduci relationes rationis inter entia realia possibilia, non tamen existentia, ut est relatio antecessionis Adami ad Antichristum, et similes, quae majus habent in rebus fundamentum, quia extrema earum non

contraire, on ne pourrait distinguer en rien cette relation d'une relation réelle. L'autre élément concerne le fait que que l'un des éléments qui concourt à la relation réelle, fonde en quelque sorte, du moins de manière éloignée, la relation de raison, ou mieux, la pensée et la manière de concevoir par laquelle on invente la relation de raison, l'intellect lui-même remplaçant ce qui fait défaut dans la réalité pour une véritable relation. Et je dis qu'il faut quelque chose dans les choses qui au moins fonde de manière éloignée ou donne l'occasion de cette relation, parce que, comme je l'ai souvent dit [1], nous examinons des étants réels, et ceux-ci ont toujours un fondement particulier dans la réalité. Cependant, si nous voulons embrasser dans l'absolu toutes les relations de raison, nous pouvons ajouter que la relation de raison est celle à qui il manque une condition nécessaire particulière à la relation réelle, ou à qui toutes font défaut, bien que par l'intellect quelque chose qui leur est proportionnel est forgé ou pensé.

Première division de la relation de raison

3. Ainsi donc, la première division de la relation de raison concerne celle qui est entièrement inventée par l'intellect sans aucun fondement dans la réalité et celle qui a un certain fondement, néanmoins insuffisant dans la réalité. Et par fondement, j'entends maintenant l'ensemble des conditions nécessaires à une relation réelle. Dans le premier membre sont contenues toutes les relations de raison auxquelles on pense parmi les autres êtres de raison, principalement si de tels êtres de raison sont simplement fictifs, comme c'est le cas pour la relation de ressemblance entre deux chimères, ou pour celle de la différence entre la chimère et le bouc-cerf, et autres semblables. Les relations de raison entre deux privations peuvent aussi appartenir à ce membre, à la manière dont il est dit qu'un endroit ténébreux est semblable à un autre, ainsi que dans l'espace imaginaire, on conçoit la relation de distance, et dans la succession imaginaire la relation de l'antérieur et du postérieur. Quoi qu'il en soit, ces relations fondées dans les privations et dans les négations des choses ont dans les choses [2] quelque fondement majeur ou du moins éloigné. En troisième lieu, on peut réduire à partir de ce membre les relations de raison entre les étants réels possibles, bien que non existants, comme c'est le cas de la relation de précession d'Adam relativement à l'Antéchrist et autres cas semblables qui ont un plus grand fondement dans les choses parce que leurs extrêmes ne sont pas

1. Voir le *Prologue*, § 1 ; section 1, § 2 ; section 4, § 2 ; section 4, § 10.

2. C'est-à-dire qu'elles ont un fondement plus établi que les relations dans les simples choses fictives.

sunt omnino entia rationis, quamvis, ut apprehenduntur ut extrema vel subjecta relationum, sint entia rationis. Unde in his tribus ordinibus relationum, quos sub illo primo membro numeramus, continetur quædam subdivisio illius membri, et sub illis ordinibus excogitari facile possunt fere omnes modi relationum realium, per quamdam analogiam vel proportionem.

Secunda divisio relationum

4. At vero relationes rationis quæ in rebus existentibus habent aliquod fundamentum, subdistingui ulterius possunt ex diversitate fundamentorum, vel, e contrario, ex varietate defectuum earum conditionum, quæ ad relationem realem requiruntur. Unde sub hoc membro primo constitui possunt relationes illæ quæ tribuuntur rei existenti respectu termini non existentis, sive illud sit ens possibile, sive fictum, ut relatio prioritatis Petri existentis ad Antichristum futurum, vel diversitatis Petri existentis a chymæra. Et pari ratione, ad hunc ordinem spectat relatio rationis correspondens in alio extremo non entis ad ens, seu entis rationis ad ens reale; in his enim deest conditio necessaria ad relationem realem ex parte termini, scilicet, ut sit realis, et realiter existens. Et in hoc ipso ordine subdistingui poterunt cum proportione tres illi modi relativorum, qui fundantur vel in unitate, vel in actione, vel in ratione mensuræ; omnes enim illæ sunt relationes rationis, quando alterum extremum non est reale et existens.

5. Secundo constituuntur sub illo membro relationes quæ concipiuntur inter extrema, quæ sunt reale quid, tamen in re non habent distinctionem realem vel actualem ex natura rei, sed rationis tantum, nam hic est defectus alterius conditionis requisitæ ad relationem realem. Et juxta diversam distinctionem rationis inter extrema hujus relationis, erit etiam diversitas inter hujusmodi relationes. Interdum enim est tantum distinctio rationis ratiocinantis, ut est in relatione identitatis ejusdem ad se

totalement des êtres de raison, même si, tels qu'on les appréhende en tant qu'extrêmes ou sujets de relations, ils constituent des êtres de raison. C'est pourquoi dans ces trois ordres de relations que nous énumérons sous ce premier membre, on retient une subdivision de ce membre, et sous ces arrangements, on peut aisément imaginer presque tous les modes de relations réelles grâce à une certaine analogie ou proportion.

Deuxième division des relations

4. À leur tour, les relations de raison qui ont quelque fondement dans les choses existantes peuvent ultérieurement être subdivisées à partir de la diversité des fondements, ou au contraire, à partir de la diversité des défauts des conditions requises pour la relation réelle. C'est pourquoi on peut placer sous ce premier membre les relations que l'on attribue à la chose existante par rapport à un terme non existant qu'il s'agisse d'un étant possible ou d'un étant fictif, comme la relation de priorité de Pierre existant par rapport à l'Antéchrist futur, ou celle de la différence de Pierre existant par rapport à la chimère. Et pour la même raison, la relation de raison correspondante appartient à cet ordre, à l'opposé extrême du non-étant à l'étant[1], ou de l'être de raison à l'étant réel[2] ; car il leur manque une condition nécessaire pour la relation réelle à partir d'un terme, c'est-à-dire ce qui est réel et ce qui existe réellement. Et selon le même ordre, on pourra subdiviser proportionnellement les trois modalités des relatifs qui se fondront soit dans l'unité, soit dans l'action, soit dans la raison de la mesure[3] ; en effet, elles sont toutes des relations de raison lorsque l'un des extrêmes n'est pas réel et existant.

5. Deuxièmement, on place sous ce membre les relations que l'on conçoit entre les extrêmes qui sont quelque chose de réel, même s'ils ne possèdent pas dans la réalité une distinction réelle ou actuelle à partir de la nature des choses, mais seulement de raison puisqu'ici, une des conditions exigées par la relation réelle fait défaut. Et selon les différentes distinctions de raison entre les extrêmes de cette relation, il y aura également diversité entre les relations de ce type. En effet, parfois il s'agit seulement d'une distinction de raison raisonnante[4], comme dans le cas de la relation d'identité d'une chose avec

1. C'est-à-dire une relation de postériorité de l'Antéchrist à Pierre.

2. C'est-à-dire une relation de différence entre la chimère et Pierre.

3. Voir Aristote, *Métaphysique*, Δ, 15, 1020b 26-31. Suárez, *D.M.* XLVII, sec. 10-15.

4. Concernant la différence entre la *distinctio rationis ratiocinantis* et la *distinctio rationis ratiocinatae*, voir *D.M.* VII, sec. 1, § 4 qui se demande s'il existe dans les choses une autre distinction, outre la distinction réelle et la distinction de raison.

ipsum ; aliquando vero est distinctio rationis ratiocinatae, quæ in re est fundamentalis seu virtualis, ut est relatio distinctionis inter attributa divina et sic de aliis. In hujusmodi autem relationibus, cum prædicto defectu distinctionis in re ipsa supponitur aliquod fundamentum unitatis vel distinctionis in effectibus aut actibus, vel in aliqua re simili, ex qua intellectus sumat occasionem excogitandi similes relationes, ut ex adductis exemplis facile constat. Unde ad hoc etiam genus relationis rationis reduci possunt illæ quæ licet versentur inter res distinctas, non tamen cum sufficienti distinctione fundamenti, quia, nimirum, est unum et idem in utroque extremo, ut est relatio similitudinis vel æqualitatis inter divinas personas, de quo supra dictum est.

6. Tertio, constituuntur in hoc ordine illæ relationes rationis, quæ licet versentur inter res distinctas, et alioqui capaces relationum realium prædicamentalium, ex defectu tamen intrinseci fundamenti sunt rationis, vel in utroque, vel in altero extremo, quæ possunt esse duo membra hujusmet generis. Unde ad hoc genus spectant imprimis relationes omnes, quæ in utroque extremo fundantur tantum in denominatione extrinseca, ut est relatio signi ad placitum, quæ tam in signo, quam in signato est relatio rationis, sive tale signum sit vox, ut nomen, aut verbum, sive sit res, ut sacramentum. Cum enim hæc impositio ad significandum nihil rei ponat in signo nisi denominationem extrinsecam, neque etiam in signato, non potest fundare relationem realem, ut omnes docent. Deinde, ejusdem sunt modi relationis domini et servi inter homines, nam illæ non fundantur nisi in quadam extrinseca denominatione sumpta a voluntate ; et similes sunt aliæ multæ, ut omnes illæ quae oriuntur ex contractibus et voluntatibus humanis, ut inter maritum et uxorem in ratione conjugum, inter ementem et vendentem ex voluntate contrahendi, et sic de aliis.

7. Rursus ad aliud membrum hujus generis pertinent omnes relationes non mutuæ, quatenus in uno extremo rationis sunt, ut sunt relatio visi ad videntem, aut visibilis ad visum, aut scibilis ad scientiam, etc., de quibus

elle-même ; parfois, en revanche, il s'agit d'une distinction de raison raisonnée qui est fondamentale ou virtuelle dans la chose, comme la relation de distinction entre les attributs divins, etc. Or, dans ces relations, jointes ensemble avec le défaut de distinction réelle déjà mentionné, on suppose un certain fondement d'unité ou de distinction dans les effets ou dans les actes, ou dans quelque chose de similaire, à partir de quoi l'intellect saisit l'occasion pour inventer des relations similaires, comme on peut le voir aisément avec les exemples donnés. C'est pourquoi, on peut réduire également à ce genre de relation de raison celles qui, même si elles sont utilisées pour des choses distinctes, ne le sont pas cependant avec une distinction suffisante du fondement, assurément parce qu'il est un et identique dans les deux extrêmes, comme c'est le cas avec la relation de similitude ou d'égalité entre les personnes divines que nous avons déjà évoquée[1].

6. Troisièmement, on place à l'intérieur de cet ordre ces relations de raison qui, même si elles portent sur des choses différentes qui, par ailleurs, sont capables de relations réelles prédicatives, néanmoins, par défaut de fondement intrinsèque, elles sont de raison, tantôt dans les deux extrêmes, tantôt dans un des extrêmes qui se réduit à deux membres de ce genre. Par conséquent, en premier lieu, toutes les relations qui dans l'un et l'autre des extrêmes se fondent uniquement sur une dénomination extrinsèque, appartiennent à ce genre, par exemple, la relation du signe conventionnel, qui est une relation de raison aussi bien dans le signe que dans ce qui est désigné, que le signe en question soit un mot, un nom ou un verbe, ou qu'il soit une chose, par exemple, un sacrement. Donc, parce que cette imposition ne pose rien de réel dans le signe pour signifier, si ce n'est une dénomination extrinsèque, et qu'elle ne pose rien non plus dans la chose désignée, elle ne peut être le fondement d'une relation réelle, comme tous nous l'enseignent. De plus, les relations de maître à esclave chez les hommes ont la même modalité puisqu'elles ne se fondent que dans une certaine dénomination extrinsèque dérivée de la volonté ; et un grand nombre leur sont semblables, comme toutes celles qui tirent leur origine des contrats et des volontés humaines, par exemple, entre le mari et la femme à titre de conjoints[2], entre l'acheteur et le vendeur qui passent un contrat de leur plein gré[3].

7. À leur tour, toutes les relations non réciproques appartiennent à l'autre membre de ce genre en tant qu'elles sont de raison dans un des extrêmes, comme c'est le cas de la relation du vu eu égard au voyant, ou du visible eu égard à la vue, ou de ce qui peut être su eu égard à la science, etc. On en a

1. Voir *D.M.* XLVII, sec. 11, § 13.

2. Voir par exemple : *De legibus*, II, chap. 12, § 6.

3. *Ibid.*

satis dictum est in disputat. XLVII. Et huc etiam revocari possunt omnes relationes Dei ad creaturas existentes, nam etiam illae possent dici fundari in denominatione extrinseca, quia in ipso Deo secundum se non est capacitas, atque adeo nec fundamentum ad tales relationes.

8. Quarto et ultimo possumus aliud membrum constituere earum relationum, in quibus multi ex prædictis defectibus ex necessariis ad relationem realem concurrunt, cum aliquo fundamento remoto ex parte rei, et proximo in aliqua denominatione extrinseca; et hujusmodi videntur esse relationes rationis, quæ intentiones logicales appellantur, ut sunt relationes generis, speciei, prædicati, subjecti, et similes. Quæ quidem relationes interdum tribuuntur vocibus, quoniam prædicationes et definitiones mediis vocibus fiunt, interdum autem rebus, quia illæ sunt, quæ objective cognoscuntur, subjiciuntur et prædicantur; et hae proprie vocantur intentiones logicales, nam priores vel potius pertinent ad grammaticam, vel rhetoricam, vel secundario tribuuntur vocibus ut instrumentis, quibus conceptus manifestamus et de rebus loquimur. In his ergo relationibus licet interdum extrema sint realia, sæpe tamen deficit distinctio sufficiens, ut inter animal et rationale, quatenus comparantur ut genus et differentia; interdum etiam non est sufficiens unitas et existentia in altero extremo ut sic relato, ut est in re universali ut sic respectu singularium, nam quatenus universalis est, neque existit, neque habet in re talem unitatem. Denique nunquam est in ipsis rebus sufficiens fundamentum relationis hujusmodi, quia proxime fundantur in aliqua denominatione extrinseca proveniente ab actu intellectus.

suffisamment parlé dans la dispute XLVII[1]. Toutes les relations de Dieu aux créatures existantes peuvent s'y réduire puisqu'on peut dire d'elles qu'elles se fondent dans une dénomination extrinsèque, car chez Dieu lui-même, considéré en soi, il n'y a pas d'aptitude, et, en conséquence, pas de fondement non plus pour de telles relations.

8. Enfin, quatrièmement, nous pouvons établir un autre membre avec ces relations dans lesquelles concourent de nombreuses déficiences déjà énoncées sur les éléments nécessaires à une relation réelle au moment même où l'on attribue un certain fondement éloigné en partie de la chose, alors que la fondation prochaine consiste en une dénomination extrinsèque. Et les relations de raison auxquelles on donne le nom d'intentions logiques semblent appartenir à ce type, par exemple les relations de genre, espèce, prédicat, sujet, etc. Et certainement ces relations sont parfois attribuées aux mots, puisque les prédications et les définitions se font au moyen de mots, parfois, elles sont également attribuées aux choses puisque ce sont celles qui sont objectivement connues[2], jouent le rôle de sujet et sont prédiquées. Et on les appelle proprement intentions logiques, car les précédentes appartiennent plutôt à la grammaire ou à la rhétorique, ou elles sont attribuées secondairement aux mots en tant qu'instruments par lesquels nous manifestons les concepts et nous parlons des choses. Ainsi donc, dans ces relations, bien que les extrêmes soient parfois réels, néanmoins, la distinction suffisante fait souvent défaut comme entre "animal" et "rationnel", en tant qu'on les compare comme genre et différence ; parfois, il n'y a pas non plus assez d'unité et d'existence dans un des extrêmes ainsi rapporté, comme il arrive avec une réalité universelle en tant que telle, relativement aux singuliers, car ce qui est universel n'existe pas et n'a pas réellement une telle unité <universelle>. En fin de compte dans les choses elles-mêmes, il n'y a jamais un fondement suffisant de la relation selon cette modalité puisqu'elles sont fondées immédiatement ensuite dans une dénomination extrinsèque particulière provenant de l'acte de l'intellect.

1. Voir *D.M.* XLVII, sec. 13, dans laquelle Suárez examine le troisième genre de relation fondé sur la raison de la mesure.

2. Ici, pour Suárez, les choses connues sont des sujets et des prédicats dans les propositions par l'intermédiaire de concepts objectifs ; voir *D.M.* VIII, sec. 3, § 17, dans laquelle Suárez se demande si la vérité de la connaissance existe seulement dans la composition et la division, ou également dans les conceptions simples.

De secundis intentionibus

9. Triplicem intellectus operationem triplex sequitur relatio rationis. – Unde juxta triplicem operationem intellectus triplex ; etiam est ordo talium relationum, nam ex prima operatione consurgunt relationes generis, speciei, definitionis, definiti, etc. ; ex secunda operatione relatio prædicati, subjecti, copulæ, propositionis ; ex tertia, relatio antecedentis, consequentis, medii, extremitatis, etc. Hæ namque relationes non conveniunt rebus secundum se, sed ut denominatis ab aliqua operatione intellectus, et ideo semper rationis sunt, et non reales, etiamsi contingat interdum versari inter res existentes et distinctas. Non tamen sunt hæ relationes gratis confictæ, sed sumpto aliquo fundamento ex re, qualis est aut realis convenientia, in qua fundatur abstractio universalis, quæ etiam variatur in genus, speciem, etc., ex eo quod convenientia major est vel minor ; vel realis identitas aut unio unius cum alio, in qua fundatur affirmatio unius de alio ; vel realis emanatio unius ab alio, aut concomitantia, vel aliquid simile, in qua fundatur illatio a priori vel a posteriori.

10. Relationes generis, speciei, et similes, cur nomen secundae intentionis usurparint. – Atque ob hanc causam solent hæ ultimæ relationes rationis peculariter appellari secundæ intentiones, quasi resultantes ex secunda intentione seu attentione vel consideratione intellectus, quo nomine proprie vocatur intellectio reflexiva, quia supponit aliam circa quam versatur. Quanquam vero omnia entia rationis, ut supra diximus, dici possint aliquo modo fundari in operatione intellectus, ex qua consurgurit, quæ operatio semper supponit alium conceptum entis realis, ad cujus instar vel cujus occasione ens rationis concipitur, proprie tamen illa operatio est reflexa, et (ut ita dicam) est per se secunda, quæ cadit in aliam cognitionem, vel in objectum prout denominatum a priori cognitione, et inde participans aliquas proprietates. Quia ergo illæ relationes logicales semper fundantur in hujusmodi cognitione reflexa, ideo peculiariter dicuntur secundæ intentiones, seu

Les intentions secondes

9. Les trois sortes de relations de raison sont suivies de trois opérations de l'intellect. – C'est pourquoi, en accord avec les trois sortes d'opérations de l'intellect, il y a également un ordre triple de ces relations. Car, à partir de la première opération découlent des relations de genre, espèce, définition, défini, etc. ; à partir de la deuxième opération découle la relation de prédicat, sujet, copule, proposition ; à partir de la troisième, la relation d'antécédent, de conséquent, de milieu, d'extrême, etc. En effet, toutes ces relations n'appartiennent pas aux choses en elles-mêmes, mais en tant qu'elles sont désignées par quelque opération de l'intellect, et sont toujours par conséquent de raison et non réelles, même s'il arrive que parfois elles se produisent entre les choses existantes et distinctes. Cependant, ces relations ne sont pas inventées gratuitement, mais en prenant un fondement particulier du côté de la chose, comme c'est le cas soit de la convenance réelle dans laquelle se fonde l'abstraction de l'universel qui se diversifie ensuite en genre, en espèce, etc., selon que la convenance est plus grande ou plus petite ; soit dans le cas de l'identité réelle ou de l'union d'une chose avec une autre dans laquelle est fondée l'affirmation d'une chose par rapport à une autre, soit dans le cas de l'émanation réelle d'une chose à partir d'une autre, ou de la concomitance ou de quelque chose de similaire sur quoi se fonde l'inférence *a priori* ou *a posteriori*.

10. Pourquoi les relations de genre, espèce et autres similaires, ont reçu le nom d'intention seconde ? – C'est pour cette raison qu'on a l'habitude d'appeler ces dernières relations de raison, de manière spécifique intentions secondes, comme si elles résultaient d'une intention seconde, d'une attention ou d'une considération secondes de l'intellect ; par ce nom d'intention seconde, on désigne proprement l'intellection réfléchie puisqu'elle en présuppose une autre sur lequel elle agit. Car, bien que de tous les êtres de raison, comme nous l'avons déjà dit [1], on puisse dire qu'en quelque sorte ils se fondent dans l'opération de l'intellect dont ils résultent, et que cette opération suppose toujours un autre concept différent de l'étant réel, sur le modèle duquel ou à l'occasion de laquelle on conçoit l'être de raison, cependant, à proprement parler, cette opération est réfléchie et seconde par soi, pour ainsi dire, quand elle porte sur une autre connaissance ou sur l'objet pour autant qu'il est dénommé par une connaissance *a priori* et qu'elle en tire de celle-ci certaines de ses propriétés. Ainsi donc, parce que ces relations logiques se fondent toujours dans une connaissance réfléchie de ce genre, elles reçoivent également spécifiquement le nom d'intentions secondes, ou de

1. Voir section 2, § 16.

secundæ notiones objectivæ, quia secundæ notioni seu intentioni formali objiciuntur. Unde etiam per antonomasiam solent hæ relationes rationis vocari res secundæ intentionis, non quia omnis res cognita per intellectionem reflexam sit ens rationis, constat enim ipsam intellectionem realem posse reflexe cognosci, sed quia suum esse habet tantum objective in secunda seu reflexiva cognitione intellectus.

11. Hinc vero ulterius nascitur, ut possit intellectus supra ipsasmet secundas intentiones iterum reflecti, et convenientias vel differentias inter ipsas considerare, et eas definire, vel ex eis discurrere, atque ita in eis similes relationes fundare; ut ex genere et specie abstrahit relationem universalis, et illud denominat genus, et sic de aliis; et tunc iam illæ relationes non tantum sunt rationis ob alios defectus, sed quia non versantur proxime inter res reales, vel existentes, et ideo cum dicuntur hæ relationes fundari aliquo modo in rebus, intelligendum est de primis relationibus hujus ordinis. Plura vero de his relationibus dicere, ad particulares scientias spectat, quia hæ relationes in infinitum fere multiplicari possunt per fictiones vel reflexiones intellectus, ideoque tam de illis quam de tota hac doctrina hæc dixisse sufficiat, quæ in Dei gloriosi laudem cedant.

notions objectives secondes, parce qu'elles s'offrent comme objets à une notion seconde ou intention formelle. C'est pourquoi on a également l'habitude d'appeler par antonomase [1] ces relations de raison, des réalités d'intention seconde, non parce que chaque chose connue par une intellection réfléchie est un être de raison, puisque nous sommes certains que l'intellection réelle elle-même peut être connue par la réflexion, mais parce qu'elles n'ont [2] leur être qu'objectivement dans la connaissance réflexive de l'intellect.

11. Il s'ensuit en outre à partir de là que l'intellect peut réfléchir encore sur ces intentions secondes elles-mêmes, considérer et déterminer les convenances et les différences entre elles, ou bien discourir à partir d'elles et fonder de la sorte d'autres relations semblables ; ainsi par exemple, il abstrait la relation d'universel du genre et de l'espèce et il l'appelle genre, de même dans d'autres cas. Et ainsi ces relations ne sont plus uniquement de raison à cause d'autres déficiences [3] mais parce qu'elles ne s'appliquent pas immédiatement aux choses réelles ou existantes ; et c'est pourquoi lorsqu'on dit que ces relations sont fondées d'une certaine façon dans les choses, cela doit être compris des premières relations de ces séries. Il appartient aux sciences particulières d'en dire plus sur ces relations puisque de telles relations peuvent presque être multipliées à l'infini au moyen de fictions ou de réflexions de l'intellect, et par conséquent, tout ce que nous avons dit à leur sujet, aussi bien en ce qui les concerne qu'en ce qui concerne l'ensemble de cette science, s'avère suffisant, et nous désirons que cela aboutisse à la gloire de Dieu.

1. L'antonomase ou synecdoque d'individu, « consiste, tantôt à désigner un individu, ou par le nom commun de l'espèce, ou par le nom d'un autre individu de la même espèce que lui ; tantôt à désigner une espèce par le nom d'un individu, ou par le nom d'une autre espèce, par rapport à laquelle elle est à-peu-près ce qu'est un individu par rapport à un autre individu », P. Fontanier, *Les Figures du discours*, Flammarion, 1977, p. 95.

2. *Habent* dans l'édition de Salamanque et de Mainz, au lieu de *habet* dans l'édition Vivès.

3. Les manques qui font qu'elles ne sont pas des relations réelles.

BIBLIOGRAPHIE

I) Œuvres de Suárez

– *Opera omnia*, éd. Vivès (Paris, 1856-1877), 28 vol. Elle constitue l'édition de référence.
Vol. 25) *In Metaphysicam Aristotelis. Disputationes Metaphysicae* (I – XXVII).
Vol. 26) *Disputationes metaphysicae* (XXVIII – LIV).

– *Opera*, Venise, S. Coletti, 1740-1751, 23 vol.

– *Disputationes metaphysicae*, texte et traduction espagnole par S. Rábade Romeo, S. Caballera Sánchez, et A. Puigcerver Zanon, Éd. Gredos, Madrid, 1960-1966, 7 vol.

– *Disputationes metaphysicae*, reprint G. Olms, 1965, 2 vol.

II) Instruments bibliographiques

Sommervogel C., *Bibliothèque de la Compagnie de Jésus*, t. VII, Schepens-Picard, Bruxelles-Paris, 1896, (Éditions de la Bibliothèque S.J., Louvain, 1960), col. 1661-1687).

Voir Suárez, François, 1548-1617, « Bibliographia de Historia Societatis Iesu. Archivum Historicum Societas Iesu, vol. 17, (1948), par E. Lamalle, de 1948 à 1951, et par L. Polgar de 1952 à 1996.

De Scoraille R., *François Suárez de la Compagnie de Jésus d'après ses lettres, ses autres écrits inédits et un grand nombre de documents nouveaux*, 2 vol. Lethielleux, Paris, 1912-1913, notamment p. 369-424.

Monnot, P., article : Suárez François. I. Vie et œuvres, « Dictionnaire de Théologie Catholique », t. XIV, coll. 2638-2649.

Sola F. De P., « Suárez y las ediciones de sus obras. Monografía bibliográphica con ocasión del IV centenario de su nacimiento 1548-1948 », Ed. Atlantida, Barcelona, 1948.

– « Bibliografía suareziana. Reseña de lo principal publicado en libros y revistas acerca de Suárez desde el centenario de su muerte, desde 1917 a 1947 », « Estudios Eclesiásticos », 22, (1948), p. 603-672.

Iturrioz J., « Bibliografía suareciana », « Pensamiento », 4, (1948), p. 603-638.

– « Bibliografía suareciana », « Razón y Fe », 138, (1948), p. 479-497.

BATLLORI M., « Les fonds manuscrits de Suárez dans les bibliothèques et archives de Rome », in : Actas del Congreso Internacional de Filosofía. Centenario de Suárez y Balmes, (Barcelona, 1948), Éd. Instituto Luis Vives de Filosofía, Madrid, 1949-1950, t. III, p. 329-333.

SANTOS-ESCUDERO C., Bibliografía suareciana de 1948 a 1980, « Cuadernos Salmantinos de Filosofía », 7, (1980), p. 337-375.

III) ÉDITIONS ET TRADUCTIONS DES *DISPUTES MÉTAPHYSIQUES*

– Première édition : *Metaphysicorum Disputationum, in quibus et universa naturalis theologia ordinate traditur, et quaestiones omnes ad duodecim Aristotelis libros pertinentes accurate disputantur.* Tomus prior. Autore R.P. Francisco Suárez e Societate Iesu...Tomus Posterior... Salmanticae, apud Ioannem et Andream Renaut fratres, 1597.

– Édition publiée en Allemagne, à Mangonza, (...In Germania nunc primus excusi. Moguntiae. Excudebat Balthasarus Lippius, Sumptib. Arnoldi Mylij, 1600). Puis 1605 et 1630.

– Édition publiée à Venise en 1605, (Apud Io. Baptistam Colosinum). Puis 1619 et 1751.

– Édition publiée à Paris en 1605, (Apud Michaëlem Sonnium), puis 1861.

– Édition de Genève en 1608 (Coloniae <Allobrogum>, Excudebat Franciscus Helvidius), puis en 1614 et 1636.

– Édition de Barcelone, 1883-1884, (Apud Viduam et Filios J. Subirana).

TRADUCTIONS PARTIELLES DES *DISPUTES MÉTAPHYSIQUES*

– *Introducción a la metafísica*, (1re éd. Madrid, Édit. Espasa Calpe, 1943), 215 p.

– *La esencia del ente finito*. (Disputatio Metaphysica XXXI). Trad. de E. T. Bartra, Ciencia y fe, 6 : 22, (1950), p. 85-97.

– *Investigaciones metafísicas*, (Madrid, Édit. Espasa Calpe, 1re éd. 1954), 228 p.

– *De las propriedades del ente en general y de sus principios*. Trad. del latin, prol. y notas de Manuel Fuentes Benot, (Buenos Aires, Édit. Aguilar, 1955), 81 p. ; éd. (1961), 76 p.

– *On formal and universal unity*. Transl. by J.-F. Ross, (Milwaukee-Wisconsin, Marquette University Press, 1964), 123 p.

– *Ueber die Individualität und das Individuationsprinzip*, éd. trad. annotée par R. Specht, 2 vol. Hambourg, 1976.

– *Suárez on individuation. Metaphysical Disputation V : Individual Unity and its principle*, Transl. and Introd. by J.J.E. Gracia, Marquette University Press, Milwaukee, (Wis.), 1982.

– *On the essence of finite being as such. On the existence of that essence and their distinction*, (DM. XXXI), Transl. and Introd. by N.J. Wells, Marquette University Press, Milwaukee (Wisc.), 1983.

– *Metaphysical Disputations X and XI and selected Passages from Disputation XXIII and others works*, in : J.J.E. Gracia et D. Davis, The Metaphysics of Good and Evil according to Suárez, Philosophia Verlag, München-Wien, 1989.

– *On beings of reason*, (De entibus rationis). Metaphysical Disputation LIV, Transl. and Introd. by J.P. Doyle, Marquette University Press, Milwaukee (Wisc.), 1994.

– *Disputazioni Metafisiche I – III*, Introduzione, traduzione, note e apparati di Costantino Esposito, testo latino a frente, Milan, Rusconi, 1996.

– *Disputes Métaphysiques I – III*, Introduction, « Suárez et la renaissance de la métaphysique », traduction, notes, bibliographie, par J.-Paul Coujou, Paris, Vrin, 1998.

– *Dispute XXXI, L'essence de l'étant fini en tant que tel, son être, et leur distinction réciproque*, Introduction, « La généalogie d'une ontologie de l'essence », traduction, notes, bibliographie, par J.-P. Coujou, Paris, Vrin, 1999.

IV) ŒUVRES CLASSIQUES

ALBERT LE Grand, *Opera omnia*, éd. A. Borgnet, Paris, Vivès, 1890-1899 (38 vol.).

ALEXANDRE D'APHRODISE, *Alexandri Aphrodisiensis In Aristotelis Metaphysica commentaria*, Éd. M. Hayduck, Commentaria in Aristotelem Graeca, edita consilio et auctoritate Academiae Litterarum Borussicae, vol. 1, Reimer, Berlin, 1891 ; De Gruyter, Berlin, 1956.

ALEXANDRE DE HALÈS, *Summa theologica*, éd. Collegium S. Bonaventurae, 1924-1948 (4 vol.).

ANTOINE André, *Quaestiones Antonij Andree super XII libros metaphysice novissime diligenti examine recognite...*, Venetiis, impensio heredum..., Octaviani Scoti, 1523.

ARISTOTE, *La Métaphysique*, trad. J. Tricot, Paris, Vrin, 1964.

– *Éthique à Nicomaque*, trad. J. Tricot, Vrin, 1972.

– *La politique*, trad. J. Tricot, Vrin, 1977.

– *Rhétorique*, trad. M. Dufour, Les Belles Lettres, 2 vol., 1967.

– *Du ciel*, trad. P. Moraux, Les Belles Lettres, 1965.

– *De l'Ame*, trad. J. Tricot, Vrin, 1977.

– *Organon*, I, *Catégories*, II, *De l'interprétation*, Trad. J. Tricot, Vrin, 1977.

– *Les Premiers Analytiques*, trad. J. Tricot, Vrin, 1971.

– *Les Seconds Analytiques*, trad. J. Tricot, Vrin, 1979.

– *Les Topiques*, trad. J. Tricot, Vrin, 1974.

– *De la génération et de la corruption*, trad. J. Tricot, Vrin, 1971.

– *Traité sur les parties des animaux*, trad. J.-M. Leblond, Aubier Montaigne, 1945.

– *Histoire des animaux*, trad. P. Louis, Les Belles Lettres, 3 vol., 1964-1969.

– *Physique*, trad. Couloubaritsis et Stevens, Vrin, 1999.

– *Éthique à Eudème*, trad. V. Décarie, Vrin, 1978.

– Averroès, *Opera Aristotelis cum Averrois Commentariis*, éd. Venise, 1562 (reprint Minerva, 1964).

AVICENNE, *Metaphysica*, éd. Venise, 1495.

– Avicenna latinus, *Liber de philosophia prima sive scientia divina*, éd. S. Van Riet, Louvain–Leyde, 1977-1983 (3 vol.).

– *La métaphysique du Shifa*, trad. G.-C. Anawati, Paris, 1978-1985 (2 vol.).

– *Le livre des directives et remarques*, trad. A.-M. Goichon, Paris, 1947, 1998 [2].

– *Le livre de science*, trad. M. Achena et H. Massé, Paris, 1955.

BOÈCE, *The Theological Tractates*, éd. Stewart-Rand-Tester, Londres-Cambridge (Mass.), 1973.

CAPRÉOLUS Jean, *Defensiones Theologiae Divi Thomae*, éd. Paban-Pègues, Tours, 1900-1908.(Reprint Minerva, Frankfurt, a. M., 1966).

CICÉRON, in *Les Stoïciens*, La Pléiade, Éd. Gallimard, 1962.

DAMASCÈNE : *De Primis Principiis*, Éd. C. E. Ruelle, Damascii Successoris Dubitationes et Solutiones de Primis Principiis In Platonis Parmenidem, Paris, 1889, t. I-II, réimpr. Bruxelles, 1964 et Amsterdam, 1966; et L. G. Westerink, & J. Combès, Damascius, *Traité des Premiers principes*, Paris, Les Belles Lettres, 3 vol., 1986-1991.

DOMINIQUE DE FLANDRE, *Dominici de Flandria In duodecim libros Metaphysicae Aristotelis, secundum expositionem... Angelici Doctoris, lucidisimae atque utilissimae quaestiones*, (Venetiis, 1946), studio et opera C. Morrelles, Coloniae Agrippinae, typis A. Kempensis, 1621; repr. an. de l'édition de Venise, 1499 : Minerva, Frankfurt a. M., 1967.

FONSECA P., *Commentarium in Metaphysicorum Aristotelis libros*, Cologne, 1615 (reprint G. Olms, 1964); *Institutionum dialecticarum libri octo*, Lyon, 1611.

– GILLES DE ROME, *Aegidii Romani Quaestiones metaphisicales... Venetiis, per Petrum de Quarengijs Bergomensem*, 1499; repro. an. de l'édition de Venesise, 1501 : Minerva, Frankfurt, a. M., 1966.

Expositio Aegidii Romani super libros posteriorum Aristotelis, Venetiis, per Georgium Arrivabenum, impensis heredum O. Scoti, 1530; repro. an. de l'édition de Venise de 1488 : Minerva, Frankfurt, a. M., 1967.

GRÉGOIRE DE RIMINI, *Gregorius de Arimino in Primi sententiarum...*, C. Chevallon, Parisiis, 1543. *Lectura super primum et secundum Sententiarum*, Éd. A. Damasus Trapp, 6 vol., de Gruyter, Berlin-New York, 1979.

HERVÉ DE NÉDELLEC, *Quodlibeta Hervei (Subtilissima Hervei Natali Britonis theologi acutissimi Quodlibeta)*, Venetiis, 1486; repro. anastatique : Gregg, Ridgewood (N.J.), 1966.

JAVELLI Ch., *Tractatus de transcendentibus*, in *Opera omnia*, Lyon, 1568.

JEAN DUNS SCOT, *Opera omnia*, éd. Wadding, 12 vol., Paris, (Vivès), 1891-1895.

– *Sur la connaissance de Dieu et l'univocité de l'étant*, Introduction, traduction et commentaire par O. Boulnois, P.U.F., 1988.

– *Le principe d'individuation*, Introduction, traduction et notes par G. Sondag, Vrin, 1992.

JEAN DE JANDUN : *Quaestiones in XII libros Metaphysicae*, Venise, 1560.

– *Super libros Aristotelis de anima subtilissimae Quaestiones*, Venise, 1552.

NIFO : *De sensu agente*, Venise, 1497.

De intellectu, Venise, 1503.

Expositio in IV libros De caelo et mundo, Sessa Aurunca, 1514.

De immortalitate animae libellum, Venise, 1521.

Subtilissima collectanea commentariaque in libros... De anima, Venise, 1523.

Parva naturalia, Venise, 1523.

In librum Destructio destructionum Averrois commentarii, Lyon, 1529.

Aristotelis ... Topica inventio ... interpretata atque exposita ... Paris, 1540.

Expositio super acto Aristotelis libros de physico auditu, Venise, 1552.

Super libros Priorum Aristotelis, Venise, 1553.

Expositio subtilissima necnon collecanea commentariaque in tres libros Aristotelis de anima, Venise, 1559.

Opuscula moralia et politica, Paris, 1645.

PARMÉNIDE, *in* : *Les Présocratiques*, Éd. Gallimard, La Pléiade, 1988.

PEREIRA B., *Benedicti Pererii De communibus omnium rerum naturalium principiis et affectionibus libri XV, qui plurimum conferunt, ad eos octo libros Aristotelis, qui de Physico auditu inscribuntur, intelligendos* ..., Romae ex typ. I. Tornerii, 1585.

SONCINAS, *Pauli Soncinati Quaestiones Metaphysicales acutissimae*, Éd. J. Rossettus Vincentius, Venezia, 1568 ; repro. an. de l'édition de Venise, 1588 : Minerva, Frankfurt a. M., 1967.

SOTO Dominique, *Logica*, Douai, 1613 (reprint Minerva).

Dominici Soti Super octo libros physicorum Aristotelis commentaria, Salmanticae, Ildefonsi a Terranova & Neyla, 1582.

SYLVESTRE DE FERRARE, *Francisci de Sylvestris Ferrariensis Commentarium in Summan Contra Gentiles S. Thomae Aquinatis, in : Sancti Thomae Aquinatis Opera Omnia*, Éd. Léonine, t. XIII-XV, Rome, 1918-1930.

THÉMISTIUS, *Themistii Analiticorum posteriorum Paraphrasis*, Éd. M. Wallies, Commentaria in Aristotelem Graeca, edita consilio et auctoritate Academiae Litterarum Borussicae, vol. 5, Reimer, Berlin, 1900, (Repro. an. de l'édition de Venise, 1499, Interprete Hermolao Barbaro : Minerva, Frankfurt, a. M., 1978).

THOMAS D'AQUIN, *Summa contra Gentiles*, éd. léonine, t. XIII-XIV, Rome, 1918 et 1930.

– *Quaestiones disputatae De veritate*, éd. Léonine, t. XXII, Rome, 1970 ss.

– *Somme de théologie*, trad. française A. Raulin, A.-M. Roguet, Paris, Le Cerf, 1984.

– *In octo libros physicorum Aristotelis expositio*, éd. P. M. Maggiolo, Marietti, 1965.

– *In Aristotelis librum de Anima commentarium*, éd. A.M. Pirotta, Marietti, 1959.

– *In decem libros Ethicorum Aristotelis ad Nichomachum expositio*, éd. R.M. Spiazzi, Marietti, 1964.

– *In duodecim libros Metaphysicorum expositio*, éd. M.R. Cathalla, Marietti, 1964.

– *In Aristotelis libros Peri Hermeneias et Posteriorum Analyticorum expositio*, éd. R.M. Spiazzi, Marietti, 1964.

THOMAS DE VIO, Cajetan, *De Nominum analogia, De conceptu entis*, éd. P. N. Zammit, Rome, 1934.

– *Caietani Commentaria in Summan theologiae Divi Thomae Aquinatis, in : Sancti Thomae Aquinatis Opera Omnia*, Éd. Léonine, t. IV-XII, Rome, 1888-1906.

In De ente et essentia D. Thomae Aquinatis Commentaria, (1496), Éd. M. H. Laurent, Marietti, Turin, 1934.

V) ÉTUDES

A) OUVRAGES COLLECTIFS

– « Archives de Philosophie », 18, (1949), n. 1 : « Suárez. Modernité traditionnelle de sa philosophie », 128 p.

– « Archives de philosophie », num. spécial Suárez, tome 42, avril-juin 1979, p. 177-294.

– « Cuadernos salmantinos de filosofía », Simposio « Francisco Suárez », num. VII, 1980, 389 p.

– « American Catholic Philosophical Quartely », 65, (1991), n. 3 : Francisco Suárez. Edited by J. Gracia, p. 257-405.

B) ÉTUDES SUR LA MÉTAPHYSIQUE DE SUÁREZ

ABRANCHES CASSIANO S.I., « As verdades eternas e os possiveis na metafisica de Suárez », « Revista portuguesa de filosofia », 4, (1948), p. 364-380.

ALCORTA J.-I., *La teoría de los modos en Suárez*, Édit. CSIC–Instituto « Luis Vives » de Filosofía, Madrid, 1949.

ALEJANDRO J.-M., *La gnoseología del Doctor Eximio y la acusación nominalista*, Comillas, Santander, 1948.

– « La gnoseología de lo universal en el Doctor Eximio y la dificultad criticista », « Pensamiento », 4, (1948), p. 425-448.

– « Gnoseología de lo singular segùn Suárez », « Pensamiento », 4, (1948), p. 131-152.

– « La filosofía del conocimiento en Suárez y Kant », in : Actas del 4. centenario del nacimiento de Francisco Suárez, 1548-1948, Dirección General de Propaganda, Madrid, 1949-50, t. I, p. 231-233.

ASHWORTH E.-J., « Suárez on the Analogy of Being : Some historical Background », « Vivarium », 33, (1995), p. 50-75.

BACIERO c., Los problemas de la subsistencia creada en Suárez, Vasquez y Lugo, « Miscelanea Comillas », 57, (1972), p. 205-243.

BALTHASAR H.U. von, Herrlichkeit, Bd. III. 1 : Im Raum der Metaphysik, Johannes Verlag, Einsiedeln, 1965, Ch. 1-3.

BARALE P., Critica del Rosmini alla definizione suareziana del Concetto, in Atti del XII Congresso intern. di Filosofia, Venezia, 1958, Sansoni, Firenze, 1961, vol. 12, p. 9-16.

BEUCHOT M., « La esencia y la existencia en los escolásticos post-medievales. La lucha entre Francisco Suárez y Juan Martinez de Prado », « Doctor Communis », 45, (1992), p. 153-161.

BORZYSZKOWSKI M., « Koncepcja Bytu w metafizyce Suáreza », (Le concept de l'être dans la métaphysique de Suárez), « Studia Warminskie », I, (1964), p. 393-407.

– « Z problematyki suarezjanskiej teorii przyczynowosci », (« Quelques problèmes de la théorie suarézienne de la causalité »), »Studia Warminskie », 3, (1966), p. 317-364.

CASE E.M., *A Critique of the Formative Thought Underlying Francis Suárez's Concept of Being*. The Catholic University of America Press, Waschington, 1959.

Conze E., *Der Begriff der Metaphysic bei Franciscus Suárez. Gegenstandsbereich und Primat der Metaphysik*, Meiner, Leipzig, 1928.

COUJOU Jean-Paul, *Suárez et le refondation de la métaphysique comme ontologie*, Étude et traduction de l'*Index détaillé de la Métaphysique d'Aristote de F. Suárez*, Louvain-Paris, éditions Peeters, tome XXXVIII, 1999.

– *Le vocabulaire de Suárez*, Paris, Ellipses, 2001.

COURTINE J.-F., *Suárez et le système de la métaphysique*, Paris, P.U.F., 1990.

– « Différence ontologique et analogie de l'être. Le tournant suarézien », in « Bulletin de la Société française de Philosophie », 1989, num. 2.

CRONIN T.J., « Eternal Truths in the Thought of Suárez and Descartes », « The Modern Schoolman », 38, (1960-1961), p. 269-288 et 39, (1961-1962), p. 23-38.

– *Objective being in Descartes and in Suárez*, Rome, 1966 (Analecta Gregoriana, 154).

DOIG J.C., « Suárez, Descartes, and the objective reality of Ideas », « The New Scholasticism », 51, (1977), p. 350-371.

DOYLE J.P., *The metaphysical nature of the proof for God's existence according to Francis Suárez S.I.*, University of Toronto Press, Toronto, 1966.

– « Suárez on the analogy of Being », in « The Modern Scoolman », XLVI, 1969.

– « Suárez on beings of reason and truth », « Vivarium », 25, (1987), p. 47-75 ; 26, (1988), p. 51-71.

DROUIN P.E., « L'entitatif et l'intentionnel : Étude comparée de la doctrine thomiste et de l'enseignement suarézien », « Laval théologique et philosophique », 6, (1950), p. 249-313.

DUTTON B., « Suárezian foundations of Descartes' ontological argument », « The modern Schoolman », 70, (1993), p. 245-258.

ELORDUY E., « El concepto objetivo en Suárez », « Pensamiento », 4, (1948), p. 335-423.

– « Influjo de Fonseca en Suárez », « Revista portuguesa de filosofia », 11, (1955), p. 507-519.

– « San Augustín y Suárez », « Augustinus », 13, (1968), p. 167-212.

ESPOSITO C., « Ritorno a Suárez. Le Disputationes metaphysicae nelle critica contemporanea », in : A. Lamacchia (a cura di), *La filosofia nel Siglo de Oro. Studi sul tardo Rinascimento spagnolo*, Levante Editori, Bari, 1995, p. 465-573.

FERNANDEZ Burillo S., *La génesis de la metafisíca en Francisco Suárez*, Granada, 1988.

– « Introducción a la teoría del conocimiento de Francisco Suárez », « Pensamiento », 48, (1992), p. 211-230.

– « Francisco Suárez : teologo y filósofo del humanismo renacentista. Una metafísica del ser como « acción », « Espiritu », 42, (1993), p. 45-54.

– « Suárez y el ontologismo », « Cuadernos Salmantinos de Filosofía », 20, (1993), p. 213-243.

FERRATER MORA J., *Suárez y la filosofía moderna, Cuestiones disputadas*, Madrid, 1955.

FLECKENSTEIN J. O., « Der Aristotelismus von Suárez und der Funktionalismus in der Wissenchaft des leibnizschen Infinitesimalkalküls », in : « Actas del Congresso internacional de Filosofia. Centenario de Suárez y Balmes », (Barcelona, 1948), Éd. Instituto Luis Vives de Filosofía, Madrid, 1949-1950, t. II, p. 317-325.

GAMARRA D.O., *Esencia y objeto*, P. Lang, Berne-Frankfurt a. M.-New-York-Paris, 1990.

GARCIA LOPEZ J., « La concepción suarista del ente y sus implicaciones metaffsicas », « Anuario Filosofico », (Pamplona), 2, (1969), p. 137-167.

GEMMEKE E., *Die Metaphysik des sittlich Guten bei Franz Suárez*, Herder, Freiburg-Basel-Wien, 1965.

GIACON C., *Suárez, La Scuola*, Brescia, 1945.

– *La Seconda Scolastica*, vol. 2 : Precedenze teoretiche ai problemi giuridici. Toledo, Pereira, Fonseca, Molina, Suárez, Fratelli Bocca, Milano, 1946, et vol. 3 : I Problemi giuridico-politici. Suárez, Bellarmino, Mariana, 1950.

GILSON E., *Index scolastico-cartésien*, (1913), seconde édition revue et augmentée, Vrin, Paris, 1979.

– « Aux origines de l'ontologie », in *L'être et l'essence*, p. 144-163, Paris, Vrin, 1981.

GIRONELLA Juan Roig, « Para la historia del nominalismo y de la reacción antinominalista de Suárez », in « Pensamiento » 17 (1961).

GNEMMI A., *Il fondamento metafisico. Analisi di struttura sulle Disputationes metaphysicae di F. Suárez*, Milan, 1969.

GOMEZ ARBOLEYA F., *Francisco Suárez*, (1548-1617). Situación espiritual, vida y obras, metafísica, Public. de la Catedra F. Suárez, Universidad de Granada, Grenade, 1946.

GRACIA J.J.E., « What the individual adds to the common nature according to Suárez », « The New Scolasticism », 53, (1979), p. 221-233.

– « Suárez y la individualidad », « Cuadernos Salmantinos de Filosofía », 10, (1983), p. 157-182.

– « Suárez's conception of metaphysics : a step in the direction of mentalism ? », « American Catholic Philosophical Quartely », 65, (1991), p. 287-309.

– « Suárez and the doctrine of the transcendantals », « Topoi », 11, (1992), p. 121-133.

– « Suárez and the metaphysical mentalism : the last visit », « American Catholic philosophical Quartely », 67, (1993), p. 349-354.

– « Individuation in Scholasticism. The latter Middle Ages and the Counter-Reformation » (1150-1650), New York, State University of New York Press, 1994.

GUY A., *Histoire de la philosophie espagnole*, Toulouse, 1983.

– « L'analogie de l'être selon Suárez », « Archives de Philosophie », 42, 1979, p. 275-294.

HELLÍN J., *La analogía del ser y el conocimiento de Dios en Suárez*, Madrid, 1947.

– « Lineas fundamentales del sistema metafísico de Suárez », « Pensamiento », 4, (1948), p. 123-167.

– « Sobre la unidad del ser en Suárez », « Giornale di Metafisica », 3, (1948), p. 455-486.

– « Sobre el ser esencial y existencial en el ser creado », in : « Actas del Congreso Internacional de filosofia. Centenario de Suárez y Balmes », (Barcelona, 1948), Éd. Instituto Luis Vives de Filosofía, Madrid, 1949-1950, t. II, p. 517-561.

– « Existencialismo escolastico suareciano », « Pensamiento », 12, (1956), p. 157-178.

– « El ente real y los possibles en Suárez », « Espíritu », 10, (1961), p. 146-163.

– « Obtención del concepto del ente, objeto de la metafísica », « Pensamiento », 17, (1961), p. 135-164.

– « El concepto formal en Suárez », « Pensamiento », 18, (1962), p. 407-432.

– « Las verdades esenciales se fundan en Dios, segun Suárez », « Revista de Filosofía », 22, (1963), p. 19-42.

– « El ente y la existencia en Suárez », « Espíritu », 29, (1980), p. 45-54.

– « Mas sobre el existencialismo escolástico suareciano », « Espiritu », 30, (1981), p. 161-169.

HŒRES W., « Bewusstsein und Erkenntnisbild bei Suárez », in « Scholastik », 36, (1961), p. 192-206.

HONNEFELDER L., *Die formale Bestimmung der Seiendheit und realität in der Metaphysik des Mittelalters und der Neuzeit (Duns Scotus, Suárez, Wolff, Kant, Peirce)*, Hambourg, F. Meiner, 1990.

IRIARTE J., « La proyección sobre Europa de una gran metafísica – o – Suárez en la filosofía de los días del Barroco », « Razón y fe », 138, (1948), p. 229-263.

ITURRIOZ J., « En torno al ockamismo de Suárez », « Estudios eclesiásticos », 19, (1945), p. 61-130.

– « Fuentes de la metafísica de Francisco Suárez », « Pensamiento », 4, (1948), p. 31-89.

– *Estudios sobre la metafísica de Francisco Suárez*, Madrid, 1949.

JANSEN B., « Die Wesenart der Metaphysik des Suárez », « Scholastik », XV, (1940), p. 161-185.

KAINZ H.P., « The suarezian position on being and the real distinction. An analytik and comparative study », « The Thomist », 34, (1970), p. 289-305.

KNIGHT D.M., « Suárez's approach to substantial form », « The Modern Schoolman », 39, (1961-1962), p. 219-239.

KRONEN J.D., « Essentialism old and new : Suárez and Brody », « The Moden Schoolman », 68, (1990-1991), p. 123-151.

LECHNER M., « Die Erkenntnislehre des Suárez », « Philosophisches Jahrbuch », 25, (1912), p. 125-150.

LEISWEISMEIER J., *Die Gotteslehre bei Suárez*, Verlag F. Schöningh, Paderborn, 1938.

LUDWIG G., *Metaphysische Grundfragen der Erziehungswissenschaft. Der Satz des Aristoteles : Alle Menschen streben von Natur aus nach Wissen in der Interpretation des Francisco Suárez*, Henn, Wuppertal, 1970.

MARION J.-L., *Sur la théologie blanche de Descartes*, Paris, P.U.F., 1981.

– *Sur le prisme métaphysique de Descartes*, P.U.F., Paris, 1986.

MARTINEZ GOMEZ L., « Lo existencial en la analogía de Suárez », « Pensamiento », 4, (1948), p. 215-243.

– « Suárez y las raíces espirituales del Barroco español », « Cuadernos Salmantinos de Filosofia », 16, (1989), p. 127-145.

MATILLA MARTINEZ M., « Formulas escolásticas en las Disputaciones Metafísicas de F. Suárez : su funcionalismo sintáctico », « Durius », 4, (1976), p. 66-71.

MÜLLER H.J., *Die Lehre vom verbum mentis in der spanischen Scolastik. Untersuchungen zur historischen Entwicklung und zum Verständnis dieser Lehre bei Toletus, den Conimbricensern un Suárez*, Phil. Diss., Münster, (Westf.), 1968.

MUNKACSY G., « Suárez és az ontologia elötörtenete », « Vilagossag » (« Suárez et la préhistoire de l'ontologie »), 12, (1971), p. 202-211.

MURALT A. de, *Néoplatonisme et aristotélisme dans la métaphysique médiévale*, p. 24-26, Paris, Vrin, 1995.

NEIDL W.M., *Der Realitätsbegriff des Franz Suárez nach den Disputationes metaphysicae*, Hueber, München, 1966.

NORENA C.P., « Heidegger on Suárez : The 1927 Marburg Lectures », « International Philosophical Quartely », 23, (1983), p. 407-424.

– « Suárez and Spinoza. The metaphysics of modal being », « Cuadernos Salmantinos de Filosofía », 12, (1985), p. 163-182.

– « Suárez and the Jesuits », « American Catholic Philosophical Quartely », 65, (1991), p. 267-286.

OWENS J., « The number of terms in the suarezian discussion of essence and being », « The Modern Schoolman », 34, (1957), p. 147-191.

PECCORINI F.L., « Suárez struggle with the problem of the one and the many », « The Thomist », 36, (1972), p. 433-471.

– « Knowledge of the singular : Aquinas, Suárez and recents interpreters », « The Thomist », 38, (1974), p. 605-655.

PINCHARD B., *Métaphysique et sémantique. Autour de Cajetan. Étude et traduction du* De Nominum Analogia, Paris, Vrin, 1987, p. 68-72.

PIRES CELESTINO S.I., « Acto da essência ou essência em acto ? » « Revista portuguesa de filosofia », 4, (1948), p. 412-414.

RAST M., « Die Possibilienlehre des Franz Suárez », « Scholastik », 10, (1935), p. 340-368.

RIVA F., « La dottrina suareziana del concetto e le sue fonti storiche », « Rivista di Filosofia neo-scolastica », 71, (1979), p. 689-699.

ROBINET A., « Suárez dans l'œuvre de Leibniz », « Cuadernos Salmantinos de Filosofía », 7, (1980), p. 191-209.

ROIG GIRONELLA J., « La sintesis metafísica de Suárez », « Pensamiento », 4, (1948), p. 169-213.

– « La analogia del ser en Suárez », « Espíritu », 36, (1987), p. 5-48.

ROMPE E.M., *Die Trennung von Ontologie und Metaphysik. Der AblösungsprozeB und seine Motivierung bei Bnedictus Perrius und anderen Denkern des 16. und 17. Jahrhundert*, Phil. Diss., Bonn, 1968, p. 121-139.

RÖSSELER H., « Die Entstehung der sinnlichen Wahrnehmung und der Verstandeserkenntnis nach Suárez », « Philosophisches Jahrbuch », 35, (1922), p. 185-198.

SANZ V., *La teoría de la posibilidad en Francisco Suárez*, Ediciones Universidad de Navarra, S.A, Pamplona, 1989.

SCHEIDER M., « Der angebliche philosophische Essentialismus des Suárez », « Wissenschaft und Weisheit », 24, (1961), p. 40-68.

SIEGFRIED H., *Wahreit und Metaphysik bei Suárez*, Bonn, Bouvier, 1967.

SIEGMUND G., « Die Lehre vom Individuationsprinzip bei Suárez », Philosophisches Jahrbuch, 41, (1928), p. 50-70 et p. 172-198.

SOLANA M., « Doctrina de Suárez sobre el primer principio metafísico », Pensamiento, 4, (1948), p. 245-270.

SPECHT R., « Über den Stil der Disputationes metaphysicae von Francisco Suárez », « Allgemeine Zeitschrift für Philosophie », 13, (1988), n. 3, p. 23-35.

STENGREN G.L., *Human intellectual knowledge of the material singular according to Francis Suárez*, Dissertation at Fordham University, Bronx, New York, 1965, 4° 244.

TEIXIDOR Aloisius S.I., « De universalibus iuxta Doctorem Eximium, Franciscum Suárez », « Philosophisches Jahrbuch », 25, (1912), p. 445-461.

TUSQUETS J., « François Suárez : sa métaphysique et sa critériologie », in : Carrera Artau J.-Tusquets J. (éd.), Apports hispaniques à la philosophie chrétienne de l'Occident, B. Nauwelaerts, Louvain-Paris, 1960, p. 73-116.

ULRICH F., *Inwiefern ist die Konstruktion der Substanz-konstitution massgebend für die Konstruktion des Materiebegriffes bei Suárez, Duns Scotus und Thomas*, Phil. Diss., München, 1955.

USCATESCU Barron J., « El concepto de metafísica en Suárez : su objeto y dominio », « Pensamiento », 51, (1995), n° 200, p. 215-236.

VOLPI F., « Suárez et le problème de la métaphysique », « Revue de Métaphysique et de Morale », 98, (1993), p. 395-411.

VRIES J. de, « Die Erkenntnislehre des Franz Suárez und der Nominalismus », « Scholastik », 20-24, (1949), p. 321-344.

WELLS N.J., « Suárez, Historian and critic of the modal distinctions between essential and existential being », « The New Scholasticism », 36, (1962), p. 419-444.

– « Suárez on the eternal truths », « The Modern Schoolman », 58, (1980-1981), p. 73-104, 159-174.

– « Objective reality of ideas in Descartes, Caterus und Suárez », « Journal of the History of Philosophy », 28, (1990), p. 33-62.

WERNER K., *Franz Suárez und die Scholastik der letzten Jahrunderte*, Ratisbonne, 2 vol., 1861 ; rééd. New York, 1963.

YELA UTRILLA J.F., El ente de razón en Suárez, « Pensamiento », 4, (1948), p. 271-303.

– « Suárez y la unidad de la filosofía », in : « Actas del Congresso Internacional de filosofia. Centenario de Suárez y Balmes », (Barcelona, 1948), Éd. Instituto Luis Vives de Filosofía, Madrid, 1949-1950, t. I, p. 157-196.

ZARAGÜETA J., « La filosofía de Suárez y el pensamiento actual », Grenade, Ferrater J., 1941.

ZIMMERMANN A., *Ontologie oder Metaphysik ?, die Diskussion Über den Gegenstand der Metaphysik im 13. und 14. Jahrundert*, Leyde-Cologne, 1965, p. 86, 108, 358.

ZUBIMENDI MARTINEZ J., « La teoría de las distinciones de Suárez y Descartes », « Pensamiento », 40, (1984), p. 179-202.

INDEX DES NOMS PROPRES

ALEXANDRE D'APHRODISE (1200-1280) 49
ARISTOTE (384-322 av. J.-C.)10, 11, 13, 23, 28, 29, 32, 34, 36, 41, 47, 49, 53, 55, 63, 105, 107, 109, 127, 129, 141, 143, 145, 147, 149, 151, 153, 155, 159, 161, 177

AUGUSTIN (saint) (354-430) 24, 91, 111
AVERROÈS (1126-1198) 14, 57, 59

CAJETAN (1468-1534) 57, 109, 123, 157
CAPRÉOLUS (1380-1444) 109, 139

DUNS SCOT (1267-1308) 10, 59, 75, 79, 95
DURAND DE SAINT POURÇAIN († 1332) 18, 57, 59, 73, 95

FERRARE Sylvestre de (1474-1528) 109, 139

FONSECA Pierre de (1528-1599) 169

HURTADO DE MENDOZA Pierre (1578-1648) 119

MEYRONNES François de († ap. 1328) 10, 51, 61
MIRANDULANUS († 1565) 51

OCKHAM Guillaume d' (1285-1347) 34

PLATON 26

SONCINAS († 1494) 57, 69, 109, 135, 139
SOTO Dominique (1494-1560) 22, 93

THOMAS D'AQUIN (1225-1274) 11, 13, 17, 23, 24, 27, 49, 55, 57, 61, 65, 83, 95, 105, 109, 115, 119, 123, 127, 167

VASQUEZ Gabriel 77

INDEX RERUM

actes 12, 21, 43, 51, 73, 75, 79, 101, 135, 179
action 15, 26, 27, 29, 37, 41, 71, 75, 77, 119, 123, 127, 129, 157, 159, 163, 177
analogie 12, 15, 16, 17, 37, 40, 47, 53, 63, 65, 115, 161, 177
antécédent 43, 73, 77, 107, 117, 183

chimère 14, 15, 16, 22, 25, 26, 34, 35, 36, 40, 59, 61, 91, 117, 121, 131, 151, 155, 175, 177
concept formel 18, 57, 69, 71, 101
concept objectif 18, 57, 71, 101
contraires 33, 97, 113, 147, 149
copule 31, 35, 36, 43, 141, 155, 183
création 14, 19, 24, 26, 31, 37, 38, 39, 42, 44, 133, 137, 157

définition 11, 29, 43, 59, 155, 183
dénomination 15, 17, 18, 20, 21, 24, 26, 27, 29, 41, 42, 43, 53, 55, 59, 63, 67, 69, 71, 73, 75, 77, 79, 81, 83, 87, 91, 111, 119, 127, 129, 167, 179, 181
division 9, 23, 25, 26, 28, 30, 31, 36, 40, 49, 63, 105, 107, 115, 117, 119, 121, 123, 131, 137, 139, 143, 149, 175, 177, 181

espace 13, 25, 27, 40, 117, 125, 155, 165, 175
espèce 11, 17, 18, 20, 26, 28, 32, 38, 42, 43, 44, 67, 117, 139, 143, 163, 169, 181, 183, 185

étant réel 9-13, 15, 16, 19, 21, 23, 36, 43, 44, 47, 65, 79, 81, 83, 85, 87, 107, 125, 141, 153, 157, 177, 183
existence 9, 10, 13, 14, 17, 18, 19, 21, 22, 29, 32, 33, 37, 38, 40, 41, 43, 53, 59, 69, 75, 83, 99, 163, 167, 181

fiction 18, 71, 77, 137, 173

genre 11, 20, 26, 28, 32, 37, 42, 43, 44, 59, 67, 73, 89, 97, 113, 115, 121, 127, 141, 143, 147, 157, 161, 165, 169, 179, 181, 183, 185

identité 16, 36, 41, 43, 77, 113, 157, 177, 183
imagination 10, 18, 22, 81, 91, 101
impossible 13, 14, 16, 22, 35, 61, 91, 97, 131, 147
intention seconde 43, 183

métaphore 14, 15, 16, 17, 24

nature 12, 15, 17-21, 29, 31, 33, 36, 38, 41, 49, 53, 57, 67, 69, 87, 93, 115, 137, 153, 157, 159, 161, 165, 169, 173, 177
néant 24, 34, 37, 38, 157, 167
nécessité 11, 93, 159
négation 13, 14, 23-27, 30-40, 85, 87, 99, 105, 107, 109, 111, 113, 115, 117, 123, 125, 129, 131, 133, 135, 137, 139, 141, 143, 145, 147, 149, 151, 153, 155, 157, 159, 163, 165, 167, 169, 173

prédicat 13, 16, 19, 20, 23, 35, 37, 42, 43, 55, 87, 107, 119, 141, 149, 153, 155, 161, 181, 183
prédication 24, 31, 35, 105, 137
privation 12-14, 19, 23-26, 30-40, 47, 73, 87, 99, 105, 107, 113, 115, 117, 123, 125, 129, 133, 135, 137, 139, 141, 143, 145, 147, 149, 151, 153, 155, 157, 159, 161, 163, 165, 167

réel 9-16, 18-20, 22, 23, 25-29, 31, 34-37, 39, 40, 42-44, 47, 51, 53, 55, 57, 59, 63, 69, 73, 75, 77, 79, 81, 83, 85, 87, 107, 117, 123, 127, 129, 141, 153, 155, 161, 173, 175, 177, 179, 181, 183
relation 9, 11, 13, 14, 16-21, 23-31, 36-44, 49, 53, 55, 59, 61, 63, 67, 69, 75, 77, 79, 83, 85, 87, 91, 97, 99, 103, 105, 107, 111, 113, 115, 117, 119, 123, 125, 127, 129, 139, 155, 159, 163, 167, 171, 173, 175, 177, 179, 181, 183, 185

sujet 16-19, 24, 25, 31-40, 42, 43, 51, 55, 67, 87, 103, 107, 111, 115, 125, 137, 139, 141, 143, 145, 147, 149, 151, 153, 155, 157, 161, 163, 165, 167, 171, 173, 181, 183, 185

transcendantaux 9

universel 18-21, 26, 43, 73, 91, 121, 165, 181, 183, 185

volonté 18, 21, 28, 42, 73, 75, 81, 89, 95, 127, 179

TABLE DES MATIÈRES

LES ÊTRES DE RAISON ET L'EXTENSION LOGIQUE DU CHAMP DE L'ONTOLOGIE
par Jean-Paul COUJOU

Introduction 9
Détermination de l'essence de l'être de raison 13
Origine et fonction des êtres de raison 14
Comparaison entre les êtres de raison et les étants réels 15
Détermination de la cause de l'être de raison 17
Problème de la légitimité de la division de l'être de raison en négation, privation et relation 23
Analyse comparée de la négation et de la privation 30
Détermination des conditions nécessaires à la relation de raison 39

FRANCIS SUÁREZ

DISPUTE LIV : LES ÊTRES DE RAISON (DE ENTIBUS RATIONIS)

PROÊME 47
SECTION I : Si l'être de raison existe, quelle essence peut-il avoir ? 51
SECTION II : L'être de raison a-t-il une cause ? et quel genre de cause est-ce ? 67
SECTION III : La division de l'être de raison en négation, privation et relation est-elle correcte ? 105
SECTION IV : La division de l'être de raison en négation, privation et relation est-elle suffisante ? 117
SECTION V : En quoi la négation et la privation s'accordent-elles ou se différencient-elle en tant qu'êtres de raison ? 133

SECTION VI : Qu'est-ce qui est nécessaire à la relation de raison, et selon combien de modalités est-il possible de l'imaginer ou de la concevoir ? 173

BIBLIOGRAPHIE 187

INDEX DES NOMS PROPRES 199
INDEX DES TERMES 201

TABLE DES MATIÈRES 203

ACHEVÉ D'IMPRIMER
EN JUILLET 2001
PAR L'IMPRIMERIE
DE LA MANUTENTION
A MAYENNE
N° 233-01

Dépôt légal : 3e trimestre 2001